THÉORIE

DE LA

PROCÉDURE CIVILE.

THÉORIE

DE

LA PROCÉDURE

CIVILE,

PRÉCÉDÉE D'UNE INTRODUCTION ;

Par M. Boncenne,

AVOCAT A LA COUR ROYALE
ET DOYEN DE LA FACULTÉ DE DROIT DE POITIERS.

Tome Troisième.

PARIS, | **POITIERS,**

VIDECOQ, LIBRAIRE, | SAURIN FRÈRES,

PLACE DU PANTHÉON, 4 ET 6. | IMPRIMEURS.

1844

1846

POITIERS. — IMPRIMERIE DE F.-A. SAURIN.

THÉORIE

DE LA

PROCÉDURE CIVILE.

CHAPITRE IX.

DES JUGEMENTS PAR DÉFAUT ET OPPOSITIONS.

(Liv. 2, tit. 8, art. 149 — 165 du Cod. de proc.)

Lorsque l'ajournement a été signifié avec Art.
toutes ses formes et toutes ses garanties, si la
personne ajournée ne comparaît pas, c'est-à-
dire ne constitue pas un avoué, ou si comparaissant elle ne propose aucun moyen contre
la demande, *nihil dicit*, suivant l'expression
des lois anglaises, le juge prononce *par défaut*.

Le demandeur lui-même manque-t-il à son
assignation? on présume qu'il n'ose plus soutenir une action trop légèrement introduite;
c'est une sorte de désistement tacite. L'autre

III.
1

Art. partie obtient son *congé* de cour, et le remboursement des frais qu'elle a dû faire pour venir se présenter.

Voilà un aspect général des jugements par défaut.

Ce n'est pas qu'une absence réelle, un véritable éloignement du lieu où siége le tribunal, doivent nécessairement et réellement exister pour qu'il y ait *défaut ;* il suffit du refus de comparaître en jugement : *Abesse videtur qui in jure non est* (1). *Non defendere videtur, non tantùm qui latitat, sed et is qui* PRÆSENS *negat se defendere, aut non vult suscipere actionem* (2). A Rome, les défaillants se retiraient quelquefois derrière les colonnes et les statues du forum (3). Chez nous on peut, à son gré, ne

---

(1) L. 4, § 5, *ff. de damno infecto.*

(2) L. 52, *ff. de regulis juris.*

(3) *Is quoque qui in foro circa columnas aut statuas se occultat, videtur latitare.* L. 7, § 13, *ff. quibus ex causis,* etc. Le texte dit *stationes,* mais Cujas veut qu'on lise *statuas.* Wissembach rejette cette correction, et il ajoute : *Statio, ibi est locus in quem certis temporibus certum genus hominum contrahitur.* Pline dit dans une de ses lettres, liv. 1er : *Plerique in stationibus sedent, tempusque audiendis fabulis conterunt.* Voyez aussi Valère-Maxime, *lib.*

paraître pas, ou se montrer à découvert, et Art.
s'entendre juger par défaut.

Toutefois, en bonne justice, ces jugements
n'ont jamais été irrévocablement portés. On
sent au fond de cet argument que la loi tire de
l'absence ou du silence de l'une des parties
quelque chose de douteux qui admet une infi-
nité de suppositions, et qui ne se peut prêter
à l'absolu d'une sentence définitive, jusqu'à ce
que de nouveaux délais et la vaine attente
d'une opposition viennent donner aux premières présomptions le caractère de la certitude.

Cette théorie des jugements par défaut, avec
ses rigueurs provisoires, ses voies de recours
et ses cas indéterminés de rétractation; la
nécessité de fixer un terme aux fuites et aux
détours de la mauvaise foi; la répression des
abus qui filtrent à travers cette variété d'accidents; toutes ces choses à prévoir et à com-
biner, devaient faire surgir une foule de difficultés que les législateurs anciens et modernes
ont essayé de résoudre avec plus ou moins de
bonheur.

2, *cap.* 1; Juvénal, *sat.* 11, et Aulu-Gelle, *Noct. attic.*
13.

Art.   Croyez que ce serait encore un insurmon-
table écueil pour la vanité de ce radicalisme,
qui se reprend à rêver aujourd'hui la destruc-
tion de nos codes, et qui n'a rien à mettre à
leur place, si ce n'est la simple équité de la loi
de nature, que chacun expliquerait et appli-
querait à sa manière : *Sentimus autem non
deesse nasutulos, sciolos, qui ingenii ambitione
excitati, doctrinâ verò cassi, æquum quid esset
judicent, quod maximè est iniquum* (1). Il serait
curieux de voir les naïves règles de l'âge d'or
aux prises avec les vieilles ruses d'un siècle
tant expérimenté, et avec cet art de corruption
et de fraude qui a forcé la justice à devenir
elle-même un art.

    Chez les Romains, quand le demandeur se
présentait seul, le juge décernait contre l'autre
partie une première injonction de comparaître
dans un délai de dix jours au moins; *primum
edictum* (2). Cette injonction, notifiée au défaillant, était suivie de deux autres, à des inter-
valles qui ne pouvaient être moindres que celui

---

(1) Wissembach, *Disput. ad leg.* 90, *ff. de reg. jur.*
(2) L. 68, *ff. de judiciis et ubi quisque*, etc.

du premier édit (1). Si toutes restaient sans Art. effet, on en venait à l'édit péremptoire, *edictum peremptorium*, lequel annonçait qu'après une citation nouvelle, la cause serait définitivement jugée, soit qu'il y eût, ou qu'il n'y eût pas de comparution : *etiam absente diversâ parte* (2). Au jour fixé la sentence était prononcée, et le condamné par défaut ne pouvait en appeler (3).

La loi permettait au juge, suivant la nature et les circonstances du procès, de réduire le nombre des édits, et même de se borner à l'édit péremptoire, ce qui s'appelait *unum pro omnibus* (4).

Après la sévérité de ces dispositions, venait la faveur des exceptions.

Ceux qui étaient absents pour les affaires de la république, ou pour se défendre ailleurs dans une cause plus importante ; les malades, les mineurs, les pupilles qui n'avaient pas de défenseur, ne pouvaient être taxés de contu-

---

(1) L. 69 et 70, *eodem*.
(2) L. 71 et 73, *eodem*.
(3) L. 73, *eodem*.
(4) L. 72, *eodem*.

Art. mace, et soumis à la rigueur de l'édit péremptoire (1).

Remarquez aussi que le juge, en prononçant *par défaut*, ne devait pas moins donner gain de cause au défaillant, lorsque le droit de celui-ci était évident : *Interdum vel absens, si bonam causam habuit, vincet* (2).

J'ai dit au chapitre II de mon second volume, en parlant de la *mannition* ou ajournement selon les lois franques, comment on punissait le défaut de comparution *dedans les nuicts;* car les Francs ne comptaient pas leurs délais par jours, mais par nuits (3). Le défendeur devait recevoir, à diverses reprises, quatre sommations de se présenter; il encourait une amende de quinze sols, au profit du demandeur, pour chaque défaut sur les trois premières sommations, ce qui ne le dégageait aucunement de sa dette (4); et s'il man-

---

(1) L. 53 et 54, *ff. de re judicatâ.*
(2) L. 73, *ff. de judic. et ubi,* etc.
(3) T. 2, p. 78, 2ᵉ édit.
(4) Voyez pour la valeur de cette amende de quinze sols, en la comparant à notre monnaie, mon premier volume, Introduct., p. 413.

-quait d'obéir à la quatrième, ses biens étaient Art. séquestrés ; puis, au bout de l'an, ils étaient confisqués, et le prince en disposait suivant son bon plaisir (1).

A l'époque où le parlement fut rendu sédentaire, il fit un règlement sur *les défauts et contumaces*. On n'y retrouve plus ni l'amende, ni le séquestre, ni la confiscation. Les mœurs judiciaires commençaient à s'adoucir.

« Si vous veux monstrer, disait Bouteiller, par quants défauts on peut attaindre sa querelle. Sachez que suivant le stille de parlement, en action civile, si le défendeur fault au premier jour qui lui est assigné, la partie demanderesse obtient défaut, et commission à l'autre parlement après s'ensuivant (2), pour voir juger le profit d'iceluy défaut (3), et procéder en sa querelle, comme de raison sera.

(1) T. 2, p. 74 et suiv.

(2) Voyez pour les tenues des parlements, mon Introduct., t. 1, p. 112 et suiv.

(5) Il y a deux points à distinguer dans le jugement des *défauts*.

D'abord on donne défaut ; c'est constater la non-comparution : puis on adjuge *le profit* du défaut ; c'est faire droit sur la demande, c'est déclarer l'effet du défaut.

Art. Et si à celui second jour, qui sera au second
parlement, encores le défendeur défault, le
demandeur aura tant attaint sur luy qu'il sera
descheu de toutes deffences. Et de rechef,
dedans iceluy second jour, sera le défaillant
réadjourné à voir juger le profit des deux défauts. Et au tiers adjournement, le demandeur
attaindra sa demande, sur la vérification qui
faicte en sera par la cour. Et supposé que le
défaillant n'y vînt, la cour ne laisseroit pour
ce à faire droict sur les défauts des sus-
dicts (1). »

C'était à peu près le système du droit romain.

Les défauts se prenaient au greffe des tribunaux, c'est-à-dire qu'on allait y requérir
acte de la non-comparution de la partie qui
ne se présentait pas. Ces actes du greffe étaient
expédiés, grossoyés et signifiés, à mesure
qu'ils se succédaient. Or la pratique s'empara
des scrupules de la loi, pour exploiter plus
abondamment, pour multiplier les *défauts*, et
pour réitérer trois ou quatre fois les réajournements, avant d'arriver à l'issue du litige.

(1) *Somme rural*, tit. 5.

L'ordonnance de Villers-Cotterets, donnée Art. en 1539 par François Ier, vint réduire à deux les *défauts* et les nouvelles assignations qui devaient précéder la sentence (1). Mais il était trop difficile de faire céder à petits coups une tradition rivée dans la rouille du temps. Cette réforme n'était pas assez tranchante ; elle res-semblait à une transaction , et l'on n'en tint aucun compte.

L'ordonnance de 1667 fit mieux.

Elle ajouta au délai de l'ajournement un autre délai, pendant lequel le procureur du défendeur devait se présenter au greffe, et se constituer. Après l'expiration du temps donné, quand il n'y avait pas eu de *présentation*, le demandeur prenait acte du défaut, puis il allait à l'audience se faire adjuger ses con-clusions, sauf vérification, et sans autres procédures, sommations, ni réajournements.

_____

(1) « En toutes matières civiles et criminelles, où l'on avait accoutumé user de quatre défauts, suffira d'y en avoir deux , bien et deuëment obtenus par ajourne-ment fait à personne ou à domicile, sauf que les juges *ex officio* en pourront donner un troisième, si lesdits ajournements n'ont été faits à personne, et s'ils voyent que la matière y fust disposée. » Art. 24.

Art. C'était le défaut *faute de comparoir* (1).

Le défendeur avait-il comparu? il devait fournir ses défenses dans un délai égal à celui qu'il avait eu pour se présenter; et, s'il ne les fournissait pas, le demandeur n'avait autre chose à faire que d'obtenir jugement. C'était le défaut *faute de défendre* (2).

Cette distinction subsiste toujours. Mais nous ne connaissons plus l'insignifiante formalité des présentations, et la levée préalable des défauts au greffe. Le système du code est plus simple et plus positif (3). Le fisc seul y a perdu.

149. « Si le défendeur ne constitue pas avoué, ou si l'avoué constitué ne se présente pas au jour indiqué pour l'audience, il sera donné défaut. »

150. « Le défaut sera prononcé à l'audience sur l'appel de la cause, et les conclusions de la partie qui le requiert seront adjugées, *si elles*

(1) Ordonnance de 1667, tit. 3, art. 5, et tit. 11, art. 3.

(2) *Ibid.*, tit. 5, art. 1, 3 et 4; tit. 11, art. 2, 4 et 5.

(3) Voyez le chap. 3 du tom. 2, pag. 264 et suiv.

se trouvent justes et bien vérifiées : pourront Art.
néanmoins les juges faire mettre les pièces sur
le bureau, pour prononcer le jugement à l'audience suivante. »

Tel est le défaut proprement dit, le défaut
contre le défendeur.

Les articles que je viens de rapporter ne
permettent pas de condamner sans examen les
gens que l'on ne voit ni comparaître, ni se
défendre. Il en résulte évidemment que le ministère public doit être entendu, lorsque la
nature de la cause exige qu'elle lui soit communiquée.

Cependant, à Genève, en revisant le code
de procédure, on a supprimé la disposition qui
prescrit aux juges de n'adjuger par défaut les
conclusions du demandeur, qu'autant qu'elles
se trouvent justes et bien vérifiées. Je crois que
c'est à tort.

L'expérience aurait prouvé, suivant le rapport de M. Bellot, que cette vérification est
inexécutable. C'est *inexécutée* qu'il fallait dire ;
mais *inexécutable*, on ne le conçoit pas.

D'un autre côté, ajoute-t-il, deux présomptions s'élèvent en faveur des conclusions : la
première tirée de ce que la non-comparution

Art. et le silence du défendeur annoncent assez que le droit est contre lui, et qu'il n'a rien à répondre ; la seconde, de ce que, en thèse générale, la probabilité est plus pour le demandeur que pour le défendeur (1).

Il y a dans ce système quelque chose de trop brusque et de trop impatient. Pourquoi la témérité de l'attaque serait-elle moins présumable que l'impossibilité de la défense ? Si le tribunal devant lequel je suis assigné est incompétent à raison de la matière, ne doit-il pas d'office se dessaisir du procès ? Les règles des juridictions dépendent-elles de mon silence ou de mon défaut de comparution ? Si je suis traduit en jugement pour une dette de jeu, ou pour le payement d'un pari, la loi ne repousse-t-elle pas l'action, sans que je sois obligé de venir à l'audience citer l'article 1965 du code civil ? et le juge doit-il me punir de cette honorable confiance dans ses lumières, qui seule, peut-être, m'a fait croire à l'inutilité de ma comparution ? Comment voulez-vous donc que les magistrats veillent au maintien de l'ordre

(1) Exposé des motifs de la loi sur la procédure civile, pour le canton de Genève, pag. 99.

et des bonnes mœurs, si vous n'exigez pas que
les causes de la demande soient mises à découvert, et que les conclusions soient exactement
vérifiées?

Le défaut emporte contestation, disaient
nos anciens : *Nam qui tacet non utique fatetur* (1).... *Qui tacet habetur pro invito et contradicente* (2). Or toute contestation en justice
emporte jugement, et tout jugement emporte
vérification.

« Auparavant que donner aucunes sentences
contre les défaillants, contumax et non comparants, le demandeur sera tenu de faire apparoir du contenu en sa demande (3). »

L'absence du défendeur ne peut jamais être
un motif suffisant pour le condamner, parce
que seule elle ne peut donner à son adversaire
un droit qu'il n'avait point. Si ce principe ne
se trouvait pas déjà sur les tables de nos lois,
il faudrait l'y graver. En l'effaçant dans le
code de Genève, on a mis à sa place le vieux
brocard qui donne toujours tort aux absents.
Cela peut convenir aux intrigues du monde,

(1) L. 142, *ff. de reg. juris.*
(2) Wissembach, *ad regulas juris*, p. 157.
(3) Ordonnance de 1539, art. 27.

Art.

Art. mais la justice des magistrats découle d'une autre source : *Litigatoris absentia Dei præsentiâ repleatur* (1).

Quand c'est le demandeur qui ne se présente pas pour soutenir son action, le défaut n'a plus le même caractère ; il ressemble à un désistement : *Suspicari licet eum probè minus litem auspicatum, ac de victoriæ spe jam dejectum esse* (2). Vous retrouvez là l'*eremodicium* des Romains, et le NON SUIT de nos voisins d'outre-mer, qui ont pris dans toutes les langues les termes de leurs formules judiciaires. Alors le défendeur n'a point besoin de se défendre ; les juges le congédient, puisque celui qui l'avait provoqué ne se montre pas dans la lice.

154. « Le défendeur qui aura constitué avoué pourra, sans avoir fourni de défenses, suivre l'audience par un seul acte, et prendre défaut contre le demandeur qui ne comparaîtrait pas. »

Tel est le défaut-congé, ou le défaut contre le demandeur.

(1) L. 13, § 4; *Cod. de judiciis.*
(2) Imbert, *Instit. forens., lib. 1, cap.* 15.

Ici la loi ne prescrit aucun examen aux juges. Art.
Cette différence s'explique assez d'elle-même ;
elle naît de la nature des choses et d'une sorte
d'intervertissement dans la position des parties (1).

Toutefois on pourrait être entraîné à croire
que les conclusions doivent être vérifiées, dans
le cas où le défaut est requis par le défendeur,
comme dans celui où il est accordé au demandeur, si l'on s'en rapportait à l'exposé que
fit M. Faure, en présentant au corps législatif
le vœu du tribunat sur les deux premiers
livres du code. Il s'exprima ainsi : « Le défendeur a la faculté de suivre l'audience par un
seul acte, aussitôt qu'il a constitué un avoué ;
il peut se dispenser de fournir des défenses,
car il est possible qu'il les regarde comme
superflues, *et qu'il lui paraisse suffisant d'attendre la vérification que fera le tribunal.* Il est
d'autant plus juste de donner cette faculté au
défendeur, qu'il ne doit jamais dépendre de
celui qui a fait donner l'assignation, d'éloigner,
suivant son intérêt ou son caprice, le jugement
de l'affaire. »

(1) Voyez les Questions de droit de M. Merlin, v° défaut, § 1er bis, et les arrêts qu'il cite. Voyez aussi l'article 434 du code de procédure.

Art. La confusion est évidente. C'est une de ces fautes qui se glissent inaperçues dans la rédaction d'un travail de longue haleine, et qui ne tirent pas à conséquence. Le tribunat n'avait rien énoncé de semblable dans sa discussion sur l'article 154, de laquelle le rapport de M. Faure dut être un résumé fidèle (1). Le plus simple retour d'attention suffit pour qu'on se dise qu'il est impossible de *vérifier* une demande, alors que celui qui l'avait formée ne paraît pas, et n'offre à l'examen des juges ni pièces, ni preuves, ni moyens.

Mais une question plus sérieuse vient se rattacher à ces explications.

J'ai dit que le défaut du demandeur pouvait être considéré comme une sorte de désistement de l'instance.

L'office des juges se doit donc réduire, en ce cas, à donner acte du désistement que le défendeur est censé accepter, en requérant le défaut.

Suivez la trace de l'analogie, et vous arriverez à cette conséquence, que tout le profit

(1) Voyez la *Législation civile*, etc., de M. Locré, t. 31, p. 428.

du défaut consiste à replacer les parties dans Art. l'état où elles étaient avant la demande, c'est-à-dire que ce sera comme s'il n'y eût pas eu d'ajournement.

Autre conséquence : le jugement qui constate uniquement que le demandeur n'a pas comparu, n'est point, à vrai dire, un jugement de condamnation, c'est une simple déclaration donnée sur un fait patent, et sans que le fond du droit subisse le plus léger examen. Il ne sera donc pas besoin de recourir contre ce jugement, soit par opposition, soit par appel, pour reproduire l'action (1). Ce serait un contre-sens, car celui qui ne s'est pas présenté afin de soutenir sa demande, ne peut pas se plaindre de ce qu'on a déclaré qu'il ne se présentait pas. Sa position est tout autre que celle du défendeur qui a manqué de répondre à l'assignation. Celui-là doit être condamné toutes les fois que les conclusions prises contre lui sont trouvées justes, parce qu'il serait trop facile de se mettre à l'abri d'une condamnation, s'il ne fallait, pour se procurer cette pré-

(1) Sauf la prescription qui peut s'accomplir dans cet entre-temps.

Art. cieuse immunité, que se dispenser de comparaître.

C'est bien ainsi que l'entendaient nos maîtres.

On sait déjà qu'à Rome il fallait, pour constituer le défendeur en défaut, l'ajourner préalablement deux ou trois fois, en vertu de l'édit péremptoire décerné par le préteur (1), et que, nonobstant son absence, il ne devait pas moins gagner sa cause, si elle était bonne : *Sive responderit, sive non responderit, agetur causa et pronuntiabitur; non utique secundum præsentem, sed interdum vel absens,* SI BONAM CAUSAM HABUIT, VINCET (2).

L'hypothèse contraire était prévue. C'était le demandeur qui avait fait défaut au jour de l'audience : alors le juge ne devait point s'occuper du mérite de la cause et décider en faveur de l'autre partie, pour la récompenser d'être venue ; il se bornait à rayer l'édit péremptoire : *Quod si is qui edictum peremptorium impetravit, absit die cognitionis, is verò adversùs quem impetratum est adsit, tunc circumducendum erit edictum peremptorium ;*

_____

(1) Voyez ci-dessus, pag. 5.
(2) L. 73, *ff. de judiciis,* etc.

NEQUE CAUSA COGNOSCETUR , NEC SECUNDUM PRÆ- ART.
SENTEM PRONUNTIABITUR (1).

À la renaissance des études du droit, quand se rouvrirent les sources de la science, ceux qui nous donnèrent des traités sur le fait de la justice n'adoptèrent point d'autres idées sur la nature et les effets du défaut encouru par le demandeur.

Bouteiller, en sa *Somme Rural,* que Cujas appelait *optimus liber*, fit un titre sur les défauts et contumaces. Venant au défaut pris par l'ajourné : « Si le demandeur fault, disait-il, le défendeur aura congé de cour, et c'est le profit du défaut en tel cas, puisque litiscontestée ne seroit la demande, *et pourroit le demandeur réintenter une autre fois sa demande, par nouvel adjournement.* Mais après litiscontestation, non ; car il seroit descheu de sa demande, et n'y pourroit plus retourner (2). »

(1) *Ead. leg.*; § 1.

(2) C'est qu'alors il y aurait eu plaidoiries et jugement contradictoires. *Lis contestata videtur ; cùm judex per narrationem negotii causam audire cœpit. L. unic. Cod: de litis contest.*

º Voyez la Pratique de Lange, 1ʳᵉ part., liv. 4, chap. 27, et Rodier, sur les art. 1 et 13 du tit 14 de l'ord. de 1667.

ART.   Un peu plus tard, Imbert (1) et Despeis-
ses (2) professaient la même doctrine. On en
avait fait des axiomes : *Actor cadit ab instan-
tiâ, non tamen à causâ.... ex integro licet
actori postea actionem movere.*

Mais M. Merlin, qui s'est aussi occupé de
cette question, ne veut pas que, pour la résoudre, on remonte plus haut que l'ordonnance
de 1667. Il y voit une dérogation formelle à
tout ce que l'on avait pu penser et écrire jusque-là, et voici comme il raisonne : « En
disant, titre 14, article 4, que pour le profit
du congé ou défaut obtenu contre le demandeur, le défendeur serait *renvoyé absous*, l'ordonnance n'a-t-elle pas décidé que le demandeur ne pourrait plus reproduire sa demande
en justice tant qu'il n'aurait pas fait réformer
par les voies de droit le jugement qui, d'après
le défaut prononcé contre lui, avait *absous* le
défendeur ? »

Cette induction suppose que les mots : *le
défendeur sera renvoyé absous*, équivalaient

(1) *Instit. forens.*, lib. 1, 13.
(2) Traité de l'ordre judiciaire, tit. 2, *des Défauts*,
n° 13.

à ceux-ci : *le demandeur sera déclaré mal fondé* ART. *dans sa demande*. C'est ce qu'a dit Rodier (1), et M. Merlin, qui le cite, adopte son interprétation.

J'incline à penser que Rodier s'est trompé. Le style de l'ordonnance de 1667 était beaucoup plus vieux qu'elle. On crut devoir y conserver les termes des anciens édits, et les formules surannées transmises par la pratique. Dans les siècles reculés, on était plus près de la racine des mots. *Absous*, du latin *solutus ab*, s'employait en matière civile comme en matière criminelle ; mais on y ajoutait l'indication relative d'un régime, afin d'en déterminer le sens. On disait *absous* d'un ajournement, d'une demande (2), et *absous* d'une accusation, d'un crime.

J'expose de suite mes preuves, et je les prends dans leur application spéciale à l'objet de cette discussion.

Le *Parfait Praticien* de Tagereau, qui parut dans les premières années du seizième siècle, proposait cette question : « Quel profit emporte

_____

(1) Sur les art. 1 et 2 du tit. 5 de l'Ord. de 1667.

(2) *Absolvere, id est dare licentiam, facultatem discedendi*. Ducange.

Art. le défaut-congé? » et il répondait : « Envoyé *absous* de l'instance et de l'assignation (1). »

Voet a dit : *Quod si actor, statuto tempore, sui copiam non faciat, reus petit se* AB INSTANTIA ABSOLVI.

Certes, ce ne fut point avec une autre acception que l'usage fit passer le mot *absous* dans l'article 4 du titre 14 de l'ordonnance de 1667.

Il y a plus : la première rédaction de cet article portait, qu'en cas de défaut du demandeur, le défendeur serait renvoyé sur-le-champ *absous des conclusions contre lui prises*. Cette nouvelle disposition était remarquable, mais elle fut retranchée du projet ; *absous* resta seul avec sa sous-entente primitive.

Vous voyez donc qu'avant 1667, le profit du congé renvoyait simplement le défendeur absous de l'assignation ou de l'instance, et que, pour faire dire autre chose à l'ordonnance, il a fallu y ajouter ce qui avait été rayé par ceux qui la rédigèrent.

_____

(1) *Le Parfait Praticien* de Tagereau, par demandes et par réponses, a été réimprimé en 1663 par Desmaisons, avec des notes et observations.

Comment cette autre chose a-t-elle pu s'ac- An.
créditer? C'est qu'on n'a pas mis dans l'étude
de la procédure assez de recherche et d'examen.
On a dédaigné d'en faire une science.

Toutefois Bornier, l'un des commentateurs
de l'ordonnance, maintenait que la différence
était grande entre les effets du profit du défaut
contre le demandeur, et ceux du profit du défaut contre le défendeur : « car le défendeur
qui a obtenu congé n'est pas pour cela *absous*
de l'action, mais seulement congédié de l'instance, *ab observatione judicii* (1). »

Rodier convenait aussi qu'au parlement de
Toulouse, le défaut-congé n'emportait que le
relaxe de l'assignation.

Le code de procédure nous a été donné.
L'article 154, que j'ai déjà rapporté, dispose
que si le demandeur ne comparaît pas, le
défendeur n'a point à s'expliquer sur l'action,
et qu'il n'a qu'à *prendre défaut*. Point d'autre
avantage n'est attaché à ce défaut, que la
liberté de s'en aller; l'ajournement est comme
non avenu.

(1) Confér. des ord., t. 1, p. 38 et 39.

ART. Il semble que cette tradition, qui avait tourmenté contre nature le sens de l'ordonnance, ne pouvait plus trouver d'échos; il semble que l'on devait généralement reconnaître que le demandeur défaillant n'avait besoin que d'un nouvel ajournement pour relever son action, et que ce n'était pas la peine de former opposition à un simple jugement de congé.

Mais les doutes se sont ranimés à l'aide de l'article 434, qui se trouve au titre de la procédure devant les tribunaux de commerce. On y lit : « Si le demandeur ne se présente pas, le tribunal donnera défaut, et renverra le défendeur *de la demande*. »

Cela veut-il dire que le tribunal déclarera la demande mal fondée, sans vérification aucune ? Alors ce ne serait qu'une exception en faveur du commerce, exception qui pourrait être justifiée par le danger qu'il y aurait souvent à laisser trop longtemps incertaine la décision de la cause.

S'il en est ainsi, l'exception confirmerait la règle.

Ou bien n'est-ce, en d'autres termes, que la répétition de l'article 154 ? Renvoyer de la

demande, n'est-ce pas comme si l'on avait dit : Art.
renvoyer de l'exploit de demande, ou congédier
le défendeur?

Les procès-verbaux du conseil d'État, les
discours des orateurs du gouvernement et du
tribunat sont muets sur ce point. L'art. 434 n'a
pas eu les honneurs de la plus petite discussion ;
j'en conclus qu'il n'a été qu'une innocente
redite, car s'il eût été destiné à expliquer,
réformer, ou modifier un texte antérieur,
assurément on n'aurait pas manqué d'en faire
quelque mention.

Je puis invoquer à l'appui de mon opinion
un arrêt de la cour de Turin (1), un autre de
la cour de Bruxelles (2), un troisième de la
cour de Besançon (3), et un quatrième de la
cour de Paris (4).

Mais la cour de cassation a jugé autrement (5). Elle a dit que c'était par application
du principe *Actore non probante reus absolvitur,*
que l'article 154 du code de procédure donnait
gain de cause au défendeur qui comparaissait,

(1) 23 août 1809.
(2) 26 avril 1810.
(3) 4 décembre 1816.
(4) 30 décembre 1816.
(5) 29 décembre 1825.

ART. contre le demandeur qui ne comparaissait pas, sans qu'il fût besoin d'examen et de vérification.

Je suis pénétré du respect que commande cette grave autorité : on doit avoir de soi-même une grande défiance, quand on se hasarde dans une direction contraire. Toutefois je demande la permission d'observer que le principe *actore non probante* semble comporter la nécessité d'une vérification; que ce principe a été extrait de la loi 4, *Ccd. de Edendo*, qui n'a pas le moindre rapport avec les jugements de défaut; que cette loi suppose au contraire une litiscontestation; que seulement elle concerne et l'obligation imposée au demandeur d'avoir en main ses preuves toutes prêtes, et la faveur accordée au défendeur de ne pouvoir être forcé de produire les siennes d'avance : *Qui accusare volunt probationes habere debent, cùm neque juris neque æquitatis ratio permittat ut alienorum instrumentorum inspiciendorum potestas fieri debeat. Actore enim non probante, qui convenitur, et si nihil ipse præstet, obtinebit.*

Et si le demandeur qui ne se présente pas a fait signifier copie de ses titres en tête de son ajournement, comment appliquera-t-on le principe *actore non probante?*

C'est assez pour démontrer que le *défaut-* Art.
congé ne se fonde pas sur ce principe, mais
sur la présomption que la demande a été
abandonnée.

M. Merlin, résumant sa doctrine, dit que
lors même que le juge aurait fait plus que la
loi ne permet, en prononçant par *défaut-congé*
la condamnation du demandeur sur le fond
du procès, il y aura toujours un jugement qui,
tout illégal qu'on le suppose, n'en produira
pas moins son effet, jusqu'à ce qu'il ait été
attaqué et réformé.

Cela est indubitable. Tout jugement revêtu
de ses formes extérieures, fût-il un assemblage de la plus monstrueuse injustice, de
la plus flagrante violation de la loi, et du plus
audacieux excès de pouvoir, devra subsister
et sera exécutoire tant qu'il n'aura pas été
attaqué et réformé. Mais telle n'est pas notre
question. Il s'agit de savoir si le jugement de
défaut-congé, rendu dans les termes de l'article 154 du code, affecte le fond de la cause,
et s'il faut qu'il soit entrepris par une opposition, pour que la demande puisse être reproduite.

Il est temps que je me résume à mon
tour.

ART. Je comprends très-bien, quand le demandeur ne vient pas pour soutenir sa provoca-
tion, que les juges disent à l'autre partie qui
se présente : Allez, nous vous donnons congé.
Car ils ne peuvent pas se faire les champions
du poursuivant, et le suppléer dans son absence. Mais je ne conçois point, en ce cas,
la légalité d'un jugement qui donne gain de
cause au défendeur, sans que le tribunal
se mette en peine de savoir ce que c'est que la
cause.

Rodier lui-même, sur qui M. Merlin s'appuie aujourd'hui, a fait la critique de son propre système, en se laissant déborder par ses
conséquences. Si le défendeur, quoique défaillant, a-t-il dit, doit gagner son procès,
lorsque la demande intentée contre lui n'est
pas trouvée juste, pourquoi ne vérifierait-on
pas également les conclusions du demandeur
qui fait défaut, et pourquoi ne les adjugerait-
on pas, s'il apparaît qu'elles sont fondées?

Or, ni la cour de cassation, ni M. Merlin,
ne veulent admettre, et c'est à bon droit,
qu'il soit permis de vérifier les conclusions du
demandeur qui ne se présente pas, et qu'on
puisse lui faire gagner son procès. La même
raison ne doit pas permettre qu'on puisse le

lui faire perdre. Encore une fois, il n'y a là Art. qu'un défaut à constater, et un congé à donner.

Je n'ai plus à m'occuper, dans le reste de ce chapitre, que des *défauts* encourus par le défendeur.

Je parlerai d'abord du défaut *faute de comparution*, c'est-à-dire, faute de constitution d'avoué ; puis je viendrai au défaut *faute de défendre*, c'est-à-dire, faute de conclure et de plaider.

Le défendeur ne comparaissant pas, les conclusions du demandeur sont adjugées, pourvu qu'elles soient vérifiées et trouvées justes ; on connaît cela. Mais il s'agit de savoir si les juges auraient la faculté, en se fondant sur la nature compliquée de la demande, et afin de vérifier mieux, d'ordonner une enquête, une instruction par écrit. Quant à l'enquête, on en citerait un exemple (1) ; toutefois je ne pense pas qu'il doive être suivi. Des faits énoncés dans un ajournement, et qui ne sont ni méconnus ni déniés, ont en leur faveur une assez forte présomption

(1) Arrêt de la cour de Rennes, du 20 juillet 1816.

ART. de vérité, pour que le tribunal se dispense de faire appeler des témoins (1). En ce qui touche l'instruction par écrit, il n'a jamais été permis de pousser jusqu'à ce point la sollicitude d'une vérification par défaut. La déclaration du 12 août 1669 défendait aux juges d'appointer les parties *pour les profits des défauts*, et d'y prendre aucunes épices. Le code de procédure veut que le défaut soit donné *à l'audience*, sur l'appel de la cause. Néanmoins, il ajoute que les juges pourront faire mettre les pièces sur le bureau, pour prononcer le jugement à l'audience suivante. Cette disposition est évidemment incompatible avec l'idée d'une instruction plus ample qu'un simple délibéré (2).

Le nombre des personnes assignées, la présence des unes, et l'absence des autres, ont

---

(1) Excepté lorsqu'il s'agit de séparation entre époux, d'interdiction, et autres matières qui tiennent à l'ordre public, dans lesquelles le silence et même les aveux des parties ne peuvent tenir lieu de la preuve des faits allégués.

(2) Voyez, pour les anciens appointements, pour les *délibérés* et pour l'instruction par écrit, tome 2, chapitre 6.

souvent fait naître des difficultés de position Art.
que la loi nouvelle a dû comprendre dans ses
prévisions.

Il peut se faire que plusieurs défendeurs soient
ajournés pour le même objet, et que l'époque à
laquelle chacun devra comparaître soit plus ou
moins reculée, à raison de la distance inégale
de leur domicile, ou parce que toutes les assignations n'ont pas été signifiées dans le même
temps. Le demandeur aura-t-il la faculté de
requérir successivement défaut contre ceux qui
ne se rendront pas, à mesure que les délais
qui leur avaient été départis viendront à échoir?
Non; *aucun défaut* ne pourra être pris avant
que, par l'expiration du plus long délai, les plus
éloignés se trouvent constitués en demeure de
se présenter.

Supposez maintenant qu'à l'échéance de ce
plus long délai, toutes les parties assignées
soient défaillantes. Tous les défauts seront vidés
par le même jugement; l'avoué qui prendrait
des condamnations séparées supporterait seul
et sans répétition les frais de son luxe de procédure.

L'ancienne jurisprudence avait emprunté

Art. au règlement de 1738 (1) ces deux dispositions qui nous régissent encore. Elles ont un but commun : celui d'économiser les frais, et d'empêcher que l'ensemble de la cause ne soit scindé : *Nulli prorsùs audientia præbeatur qui causæ continentiam dividit* (2). Du reste, il ne faut pas les confondre, comme on l'a fait jusqu'à présent, et croire que la perte des frais soit la seule peine attachée à l'infraction de l'une et de l'autre.

J'expliquerai cela tout à l'heure. Mais je dois, avant d'y venir, achever d'exposer le système de la loi, à l'aide d'une troisième hypothèse. La voici :

Le terme de l'ajournement est arrivé pour tous les défendeurs. Il en est qui comparaissent, il en est qui ne comparaissent pas.

Autrefois le jugement qui intervenait, en ce cas, était par défaut contre les défaillants, et contradictoire avec les présents; ce qui faisait pour le même procès deux décisions distinctes, dont l'une était irrévocable, si le taux de l'affaire n'excédait pas les limites du dernier res-

---

(1) Pour l'instruction des affaires au conseil du roi.
(2) L. 10, *Cod. de judiciis.*

sort, et l'autre pouvait être rétractée par les Art.
juges qui l'avaient rendue, et parcourir après,
s'il y avait lieu, tous les degrés de juridiction.
L'unité de la cause était rompue, les frais se
multipliaient énormément, et, de ces nouvelles
fractions de débats qui se succédaient à part,
on voyait sortir une affligeante contrariété de
jugements ou d'arrêts.

Les rédacteurs du code ont trouvé le moyen
de corriger ces abus ; c'est une de leurs plus
heureuses innovations.

Dans l'hypothèse donnée, le tribunal commence par décerner acte du *défaut* des parties
qui n'ont pas constitué d'avoué, mais il ne prononce rien encore sur le mérite de la demande.
Il joint simplement *le profit du défaut* au reste 153.
de la cause, et la décision du tout est suspendue
jusqu'à une autre audience dont le jour est fixé.

Durant cette suspension, le demandeur fait
signifier aux défaillants le jugement de jonction,
ou de *défaut joint*, comme on dit au palais,
avec réassignation au jour où l'affaire doit être 153.
appelée de nouveau. Pour plus grande sûreté,
c'est un huissier commis par le tribunal qui
porte cette signification.

Si la réassignation ramène à l'audience ceux
qui d'abord avaient fait défaut, l'instruction

III.   3

Art. du procès prend son cours naturel. Ne viennent-ils pas ? on procède comme s'ils y étaient; car assez de précautions ont été prises pour qu'ils aient dû venir. Un seul jugement est rendu qui comprend toute la cause, qui règle toutes les parties, tant absentes que présentes, et qui produit tous les effets d'un jugement contradictoire.

On a demandé d'abord si cette obligation de joindre le défaut à la cause, et de réassigner, était prescrite à peine de nullité. La cour de Rennes a décidé la négative (1), attendu que l'article 1030 du code défend de déclarer nul aucun exploit ou acte de procédure, lorsque la nullité n'est pas formellement prononcée par la loi : comme si l'article 1030, qui n'a été fait que pour les exploits et actes de procédure dont l'exécution est confiée aux officiers ministériels, pouvait s'appliquer jamais aux jugements et aux devoirs des juges ! Puis il s'est agi de savoir s'il y avait lieu à jonction en toutes matières, et la cour d'Amiens a dit qu'il ne fallait pas joindre en matière sommaire (2).

(1) Arrêt du 30 août 1810.
(2) Journal des avoués, t. 23, p. 7.

La cour de cassation a fait justice de ces dangereuses erreurs. Elle a considéré « que l'article 53 du code, conçu en termes absolus, sans distinction entre les affaires ordinaires et les causes sommaires, ou celles qui doivent être jugées sommairement, fixait les limites du pouvoir des juges, et *dictait* le jugement qu'ils étaient tenus de rendre, dans le cas où, de deux ou plusieurs parties assignées, les unes font défaut et les autres comparaissent ; que l'*obligation qu'il leur imposait*, dans ce cas particulier qui n'avait pas été prévu par l'ordonnance de 1667, était générale et devait l'être, parce que les abus résultant de la négligence ou de la prévarication de quelques huissiers, le danger des fréquentes contrariétés de jugements, les lenteurs, les frais multipliés occasionnés par les oppositions successives des défaillants (abus et dangers signalés au corps législatif par les orateurs du gouvernement et du tribunat), n'étaient pas moins préjudiciables aux parties et à l'administration de la justice dans les matières sommaires, que dans les affaires ordinaires (1). »

(1) Arrêt du 15 janvier 1821. Journal des avoués, tom. 23, pag. 8.

ART.   Cette doctrine de la cour suprême est celle des auteurs les plus recommandables (1). Ils n'ont point méconnu cette pensée d'ordre public qui présida à la conception de l'article 153; ils ne l'ont point rapetissée par d'étroites assimilations de pratique. M. Poncet a dit, avec grande raison, que lors même que les parties n'auraient point conclu à la jonction du défaut, le tribunal n'en serait pas moins tenu de la prononcer *d'office.* Procéder autrement ne serait point une simple irrégularité qui se peut couvrir, mais une nullité qui reste toujours irritante.

Ce point est hors de doute aujourd'hui; il va servir à l'explication que j'ai promise ci-dessus, page 32.

151.   Lorsque plusieurs parties ont été citées pour le même objet, à différents délais, il ne doit être pris défaut contre aucune d'elles qu'après l'échéance du plus long délai. Je suis forcé

---

(1) M. Carré, t. 1, p. 370; M. Poncet, *Traité des jugements,* t. 1, p. 92; M. Favard, *Répertoire,* t. 3, p. 166; M. Dalloz, *Jurisp. génér.,* t. 9, p. 703. Voyez aussi un arrêt de la cour de Rouen, *Recueil périod.* de M. Dalloz, t. 25-2-91.

de revenir sur cette disposition , afin de rechercher à quelle peine on s'expose en y contreve-
nant.

Cette peine ne peut être autre , dit-on généralement, que celle de supporter les frais des
défauts trop hâtivement requis. La loi le déclare en termes formels, pour le cas où tous
les défaillants n'ont pas été compris dans le
même jugement. Or, c'est afin qu'il n'y ait qu'un
seul jugement, que l'on doit attendre l'accomplissement du plus long délai ; les deux règles
n'en font qu'une, leur infraction ne doit donc
pas entraîner des peines différentes.

Je suis peut-être dans l'erreur, mais il me
semble que cette interprétation fausse l'esprit
du code.

Après l'expiration du plus long délai , sans
qu'aucun des défendeurs se soit présenté,
l'état de la cause est fixé ; il ne peut y avoir
lieu ni à jonction, ni à réassignation ; un
seul jugement doit être pris contre tous, parce
qu'on n'a pas voulu que l'avoué du demandeur fît une spéculation de frais, en prenant
un défaut contre chaque défaillant. S'il n'en
tient compte et s'avise de se faire donner des
jugements séparés, les frais resteront à sa
charge. La loi n'avait là qu'une vue de pure

ART. économie ; son but est atteint. Étendre la peine jusqu'à la nullité des jugements, c'eût été une absurde rigueur ; car il fallait que jugement il y eût, sauf qu'il n'en fallait qu'un.

Mais, si l'on se presse de requérir défaut contre l'un des assignés pour qui le délai est expiré, avant que le terme de comparution soit échu pour un autre, la différence est grande. Ne peut-il pas arriver que cet autre se présente et constitue un avoué ? Ne devra-t-on pas, dans cet état de choses, joindre et réassigner ? Maintenant je prie qu'on me dise ce qu'il y aura à joindre, et à quelle fin on réassignera le défaillant, alors que déjà le profit du défaut aura été adjugé contre lui.

Nous voilà donc retombés dans l'abus des oppositions successives, dans l'indéfini de la procédure, et dans la contrariété des jugements !

Il est reconnu que cette mesure de jonction et de réassignation tient à l'ordre public ; qu'elle doit être ordonnée même d'office, et qu'à ne pas l'observer il y a nullité absolue. La conséquence est facile à déduire : N'est-ce pas encourir la peine de nullité que d'agir dans un sens tout opposé à la loi, et de façon à rendre

inexécutable ce qu'elle a prescrit à peine de Art.
nullité ?

On m'objectera avec M. Pigeau (1) et avec
M. Carré (2), que cette obligation d'attendre le
plus long délai serait d'une souveraine injustice, dans le cas où les chefs de conclusions se
pourraient diviser entre les parties assignées,
et où l'une d'elles, constituée en demeure de
comparaître par son délai particulier, tournerait à l'insolvabilité. Je répondrai que rien
n'empêchait le demandeur, pour un objet essentiellement divisible, d'intenter une action
séparée contre chacun des défendeurs; mais
que, les ayant tous réunis dans la même poursuite, la règle doit être inflexiblement appliquée; parce que, je le répète encore, il faut
que le plus long délai soit expiré, pour que
l'on sache s'il y a lieu ou non à joindre le profit
du défaut et à réassigner les défaillants.

C'est le sort des innovations, même des
bonnes, de n'être pas toujours parfaitement
comprises, et de susciter autour d'elles maints
systèmes de restrictions et de subtiles distinctions.

(1) Comment., t. 1, p. 344.
(2) Lois de la procéd., t. 1, p. 368.

Art.   Vous avez remarqué toutes les précautions
du législateur pour mettre les droits sacrés de
la défense hors de l'atteinte des accidents et
des surprises.

Vous voyez comment il a su allier ces garanties avec les avantages que la justice doit
se promettre d'une disposition qui épargne le
temps et les frais, qui force, s'il est permis
d'ainsi parler, tous les intérêts d'une cause à
converger dans le même foyer, et à recevoir le
même jugement, au lieu de s'éparpiller dans
vingt cadres de procès, et dans autant de décisions contraires.

Vous savez que le premier ajournement a
déjà mis en défaut celles des parties assignées
qui ne comparaissent pas. Mais le tribunal ne
décide rien encore, la cause reste entière ; il se
borne à joindre le défaut, et il confie à l'exactitude et à la fidélité d'un huissier qu'il désigne, la mission de réassigner les défaillants
à un autre jour. Les *comparants*, ou les avoués
qu'ils ont constitués, entendent la fixation de
ce jour auquel ils doivent se présenter de nouveau ; et, lorsqu'il est arrivé, la cause est appelée, discutée et jugée. Qu'il y ait encore, ou
qu'il n'y ait plus de défaillants, le jugement est
réputé contradictoire. La voie de l'opposition
est fermée.

Non pas pour tous, répondent, en se ré- Art.
criant, quelques auteurs qui veulent que l'on
distingue (1) :

Ceux dont l'absence a nécessité le jugement
de jonction, disent-ils, et qui, sur la réassignation, persistent à ne pas comparaître, ne seront
point admis à former opposition, parce que la
réassignation était une sorte de recours qui leur
était ménagé pour purger le défaut. C'était
comme une première opposition que véritablement ils ne faisaient pas eux-mêmes, mais
que la justice avait commandé de faire dans
leur intérêt, et qui ne peut plus être suivie
d'une seconde, d'après la maxime : *Opposition
sur opposition ne vaut.* En d'autres termes :
deux fois appelés, ils se sont deux fois abstenus
de se présenter; il est juste que le jugement
qui survient produise contre eux tout l'effet
d'un jugement contradictoire.

Mais il n'en est pas de même, ce sont toujours

(1) M. Pigeau, *Procéd. civ.*, t. 1, p. 567, *nouv. édit.* ;
M. Favard, *Répert.*, t. 3, p. 167; M. Thomines-Des-
mazures, *Comment.*, t. 1, p. 290.

M. Carré avait d'abord adopté l'opinion de M. Pigeau,
dans son *Analyse*, question 512; mais il l'a abandonnée.
Voyez *Lois de la procéd.*, t. 1, p. 375.

Art. ces auteurs qui distinguent, à l'égard des parties qui, *comparaissant lors du jugement de jonction*, n'ont fait défaut qu'à l'audience où la cause a été réappelée et jugée. C'est leur premier manquement, l'opposition doit donc leur être permise. L'opposition est une voie de droit qui ne peut jamais être fermée qu'en vertu d'un texte précis de la loi, et ce texte n'existe pas.

Là-dessus, les cours royales se sont divisées (1).

Toutefois, je me hâte de dire que l'opinion contraire à celle que je viens de rapporter est beaucoup plus généralement admise. Il faut espérer que seule elle restera, et que la loi ne sera point gâtée.

Ne serait-ce pas une belle création que cette théorie du *défaut joint*, avec son cortége d'oppositions à perte de vue ! Figurez-vous donc une instance dans laquelle un grand nombre de défendeurs ont été assignés. Tous comparaissent d'abord, un seul excepté. Celui-là est réassigné

_____

(1) Voyez leurs arrêts divers dans le Journal des avoués, t. 15, p. 313 et suiv.; et dans M. Dalloz, t. 9, p. 705 et suiv.

en vertu du jugement de jonction. Il vient;
mais alors un des premiers qui s'étaient présentés fait défaut. La cause est jugée. Le nouveau défaillant forme son opposition. On revient à l'audience. Un autre fait défaut à son
tour. Encore un jugement, encore une opposition ; et ainsi de suite, jusqu'à épuisement
complet. Certes il y en aura pour longtemps.

Ce système n'a pas même le faible mérite de
ces inductions que la rigidité d'un raisonnement fait quelquefois effleurir à la surface des
textes; car la lettre et l'esprit de la loi s'accordent évidemment pour le repousser.

« La lettre, a dit la cour de cassation, refuse
en termes généraux l'opposition à un jugement
rendu définitivement sur le fond, après la
jonction du défaut, lors du jugement définitif;
et le vœu de l'article 153 ne serait pas rempli,
si l'on admettait plusieurs parties, qui feraient
défaut tour à tour, à revenir par opposition
contre ce jugement; ce qui entraînerait des
lenteurs, et exposerait les parties à voir rendre
plusieurs jugements renfermant des dispositions
contraires dans les matières indivisibles, et
pourrait faire renaître les inconvénients qui
résultaient du silence de l'ordonnance de 1667,

ART. auquel le code de procédure a voulu remédier (1). »

J'ajouterai qu'il importe de ne pas se méprendre sur la nature du jugement qui joint un défaut au fond de la cause. Ce jugement ne juge ni ne préjuge aucun des points litigieux; il laisse intactes les nullités de l'exploit, les difficultés de compétence, toutes les exceptions et toutes les défenses. En un mot, il ne couvre rien; ce n'est autre chose qu'une simple mesure d'instruction, une sorte d'agencement qui dispose les différentes parties du procès à recevoir une commune décision.

Hors cette spécialité créée pour les jugements rendus après la jonction, et la réassignation des défaillants, tout jugement par défaut peut être attaqué par la voie de l'opposition. Notez cependant, une fois pour toutes, que ce recours n'est plus admis contre le second jugement qu'un défaillant laisse rendre sans comparaître encore, et qui le *déboute* de son oppo-

165.

(1) Arrêt du 13 novembre 1823. Journal des avoués, t. 29, p. 80 et suiv. Voyez aussi M. Carré, t. 1, p. 375; le Praticien français, t. 1, p. 440; M. Berriat-Saint-Prix, pag. 398, note 10; M. Dalloz, *Jurisp. génér.*, tom. 9, pag. 705, etc.

sition au premier défaut : il faut un terme A<small>RT</small>. à tout. De là cette maxime : *Opposition sur opposition ne vaut.*

L'opposition est portée devant le tribunal qui a rendu le jugement par défaut. Elle ne tend pas directement à le faire réformer, car les juges n'ont pas le pouvoir de se réformer eux-mêmes, mais à le faire rétracter. Une seule partie avait été entendue; celle qui était absente vient demander qu'on la replace dans la position où elle serait s'il n'y eût eu rien de prononcé, et qu'on l'admette à se défendre : *audiatur et altera pars.* Le premier degré de juridiction n'a point été rempli tant que dure le délai de l'opposition.

L'ordonnance de 1667 ne permettait pas aux juges inférieurs de recevoir des oppositions à leurs sentences rendues par défaut en premier ressort (1). On ne pouvait qu'en appeler. Le procès-verbal des conférences nous apprend le motif de cette prohibition : c'était afin que les condamnations par défaut devinssent plus rares. On disait que la facilité des oppositions rendait les gens paresseux à se défendre, qu'ils ne s'en mettaient en peine

(1) Tit. 14, art. 5.

Art. qu'à la dernière extrémité, et qu'en leur faisant sentir plus sévèrement la nécessité de
comparaître dès l'entrée de la cause, ils crain-
draient de se laisser condamner sans rien dire,
et de se trouver réduits à porter dans les cours
un appel peu favorable. Mais, pour refréner un
abus, on ouvrait la brèche à un autre ; le
premier président de Lamoignon l'avait prédit.
Les manœuvres redoublèrent pour surprendre
des sentences par défaut ; les appels se multi-
plièrent, et ce fut une grande vexation aux
pauvres plaideurs, que ces longs voyages pour
aller chercher dans les parlements une justice
fort coûteuse et fort lente. Un accord universel
conserva partout l'usage de l'opposition. *Nam
leges non solùm suffragio legislatoris, sed
etiam tacito consensu* OMNIUM, *per desuetudinem
abrogantur* (1).

En général, un jugement ne peut être mis
à exécution s'il n'a été préalablement signifié.
On conçoit de reste que cette règle ne doit
pas fléchir pour ce qui concerne les jugements
par défaut ; et davantage il n'est besoin de
dire que la signification doit être faite à per-

(1) L. 32, § 1, *ff. de legibus.*

sonne où domicile, lorsqu'il s'agit d'un défaut ART.
faute de constitution d'avoué.

Une autre règle veut que la signification et
l'exécution ne frappent pas du même coup, et
qu'un intervalle de temps donne à la partie
condamnée le loisir de se consulter sur le parti
qu'elle devra prendre (1). C'est pourquoi les
jugements par défaut ne peuvent être exécutés
avant l'échéance de la huitaine, à compter de 155.
leur signification.

Ce délai est franc, car le jour de la signification, étant le point de départ, ne s'y trouve
pas compris, et la huitaine ne sera achevée
qu'après l'écoulement entier du dernier des
jours dont elle se compose. Supposez la signification faite le 1er du mois, l'exécution ne
pourra avoir lieu avant le 10.

Je crois aussi qu'il faut y ajouter un jour par
trois myriamètres de distance entre le domicile
du défaillant et le lieu où siége le tribunal
qui l'a condamné. Autrement le but de la loi
serait manqué. Il serait trop injuste de ne pas
accorder plus de temps à celui qui demeure au
loin qu'à celui qui se trouve tout établi là où

(1) Voyez tome 2, chap. 7 des jugements, p. 450 et
suiv.

ART. se doivent faire les diligences et les actes nécessaires pour arrêter l'exécution, et se pourvoir utilement. M. Carré n'admet l'augmentation du délai que pour certains cas particuliers,
et suivant leur exigence (1). Je ne puis me
rendre à cette distinction, toute contraire à la
teneur de l'article 1033, puisqu'il s'agit des
effets d'une signification à personne ou domicile. Les distinctions qui ne sont ni faites, ni
indiquées dans la loi, visent toujours à l'arbitraire; il vaut mieux se tenir au texte pur,
surtout alors que son application générale n'offre d'autre inconvénient que celui d'étendre
la faveur de la défense.

Toutefois le texte contient une exception que
l'on connaît déjà : il permet aux tribunaux
d'ordonner qu'un jugement par défaut sera
135. provisoirement exécuté aussitôt après la signification qui en aura été faite, et, nonobstant
opposition, dans les cas d'urgence prévus par
l'article 135. L'exécution provisoire peut également être autorisée hors de ces cas, avec ou
sans caution, s'il y a péril en la demeure, et
toujours par le même jugement.

(1) T. 1, p. 379.

Je prie qu'on veuille bien se reporter aux ART. explications que j'ai données, dans mon second volume, sur l'exécution provisoire (1). Il serait inutile de les répéter.

Me voici rendu à ce qui touche les nouvelles garanties dont les auteurs du code ont cherché à entourer spécialement cette partie si délicate des oppositions.

« Ici, disait M. Treilhard (2), je dois découvrir sans ménagement une grande plaie de l'ordre judiciaire : il n'est que trop souvent arrivé qu'un huissier prévaricateur a manqué de donner une copie de son exploit à la personne qu'il assignait ; c'est ce qu'on appelle, en langue vulgaire, *souffler une copie*. Le malheureux qu'on a dû citer ne peut pas se montrer sur une interpellation qu'il ignore : on prend contre lui un jugement par défaut. Si la prévarication se prolonge, on lui soustrait encore la copie de la signification du jugement. Il vit dans une sécurité profonde, et, lorsque tous les délais pour se pourvoir sont écoulés,

(1) Pag. 559 et suiv.
(2) Exposé des motifs sur les livres 1 et 2 de la première partie du code de procédure.

III. 4

Art. il peut être écrasé par une procédure dont il n'a pas même soupçonné l'existence.

» On a dû s'occuper sérieusement du remède à un mal qu'on n'a pu se dissimuler ; je crois pouvoir annoncer que l'abus, ou plutôt le délit, est écarté sans retour.

» Une première précaution consiste à ordonner que les jugements rendus par défaut contre les parties qui n'ont pas constitué d'avoué, seront toujours signifiés par un huissier commis à cet effet par le juge, et l'on peut sans témérité présager que les significations ne seront pas soustraites.

» Cette première mesure est suivie d'une seconde plus efficace encore.

» Les jugements par défaut, quand il n'y a pas d'avoué constitué, devront toujours être exécutés dans les six mois, sinon ils seront réputés comme non avenus. Pourquoi s'empresse-t-on d'obtenir un jugement, si l'on ne veut pas s'en servir ?

» L'opposition, de la part du défaillant, sera recevable jusqu'à l'exécution ; pour couper court à toute espèce de subtilité, on a dû définir ce qu'on entend par exécuter un jugement. L'exécution n'est réputée faite qu'après

un acte nécessairement connu de la partie dé- Art.
faillante. Jusque-là, celle-ci peut se rendre
opposante au jugement; la déclaration de son
opposition suspend toute poursuite. Ainsi disparaîtra pour toujours la possibilité d'une procédure frauduleuse et clandestine, dont l'objet
était d'égorger un citoyen qui ne pouvait se
défendre. Ainsi sera extirpé jusque dans sa
racine un mal qui, jusqu'à ce jour, avait
résisté à tous les efforts employés pour le détruire. »

Il était impossible de mettre en relief avec
plus de vigueur et d'énergie les résultats de
cette déplorable incurie de nos pères, et de
faire subir à leur pratique un plus sévère
examen. C'est au philosophe à recevoir la leçon
des temps passés; c'est au législateur à la mettre
en œuvre. Toutefois nous avons expérimenté,
à notre tour, que ce n'est pas chose facile que
de refaire des lois, et d'animer cet assemblage
d'articles brefs et resserrés, d'une vie nouvelle
qui donne à leur application sa morale et sa
force intellectuelle. L'accoutumance des praticiens les retient dans les sentiers battus, et
met les jeunes systèmes sous la tutelle des vieux
errements; tandis que l'outrecuidance des

ART. autres s'en va commentant à sa guise des vues dans lesquelles ils n'ont pas assez pénétré, isolant les textes, brisant leurs rapports, et poussant à l'excès les conséquences de la rénovation.

La signification de tout jugement par défaut contre une partie qui n'a pas constitué avoué, doit être faite par un huissier commis, ainsi que la réassignation en cas de défaut joint. Il faut que la justice soit rassurée, autant qu'elle peut l'être, sur la remise de l'exploit. Voilà le motif de la loi; il est assez connu. La signification faite par un autre huissier serait nulle, parce qu'il y aurait manque de compétence, et parce que le doute sur la remise de l'acte se devrait naturellement résoudre contre cette usurpation de pouvoir, et en faveur du recours qu'elle tendrait à fermer.

Mais si la partie elle-même reconnaît qu'elle a reçu la signification, sera-t-elle bien reçue à demander la nullité de l'exploit qu'elle tient à la main, en disant que l'huissier qui l'a donné n'est pas celui que le tribunal avait désigné? C'est comme si l'on demandait une caution après le payement de la dette. Toute sûreté est acquise, et la nullité ne serait plus qu'une rigueur sans objet, un effet sans cause.

Il y a dans ce sens un arrêt de la cour de cas- Art.
sation, du 7 décembre 1813 : « Attendu que le
sieur D.... ne peut pas se plaindre de ce que le
jugement du 8 février 1808 ne lui avait pas
été signifié par un huissier à ce spécialement
commis, puisqu'il a avoué avoir reçu la copie,
au bas de laquelle il a même consigné une réponse (1). » Cependant *la rigueur du droit* a fait
pencher M. Carré vers l'opinion contraire (2).
C'est être trop rigide.

Toujours occupée des odieuses manœuvres
d'autrefois, qui livraient irrévocablement la
fortune et la liberté d'un homme à des poursuites dont il avait ignoré les premiers actes,
la loi ne se contente pas de cette garantie d'un
huissier commis pour la signification des jugements par défaut ; elle veut encore que ces jugements soient exécutés dans les six mois de *leur
obtention*; et elle ajoute : *sinon ils seront réputés* 56.
non avenus. C'est-à-dire qu'il ne sera pas nécessaire de se pourvoir pour faire déclarer leur
caducité, et qu'au besoin il suffira d'opposer
cette prescription acquise dont l'effet les a mis
à néant, ou les a fait tomber en *non chaloir*,

(1) Sirey, 14-1-137.
(2) Lois de la procéd., t. 1, p. 383.

Art. comme l'aurait fort bien exprimé le vieux langage.

Le terme ordinaire de la prescription pour
les jugements est de trente années. Conservez
cette longue vie à un jugement par défaut, dont
l'existence n'est peut-être pas soupçonnée de
celui qui doit être un jour écrasé de son poids;
on laissera le temps couler jusqu'à ce que l'ou-
bli, l'absence, la mort, ou d'autres événements aient dispersé les titres, ou fait périr
les preuves qui auraient pu couper court aux
poursuites et confondre le poursuivant; l'opportunité du moment sera épiée, et l'on exé-
cutera. *Præsumptio doli est adversùs eum qui
petitionem differt post mortem adversarii, quo
tempore defensionem ejus difficiliorem esse
speret* (1). Le législateur s'est affranchi de ces
craintes; il a établi une prescription nouvelle,
et il a dit : « Pourquoi s'empresse-t-on d'obtenir un jugement, si l'on ne veut pas s'en
servir ? »

158. Une autre disposition a dû sortir de ces
efforts vers le mieux : l'opposition sera recevable jusqu'à l'exécution. Que si l'on s'avisait
encore de *souffler* des copies d'ajournements,

_____

(1) Mornac, *de prob. et præsumpt.*

de significations, de commandements, ce serait Art.
une malice stérile; elle ne ferait courir aucun
délai fatal. Mais l'exécution ne se dissimule
pas; elle avertit en frappant les biens ou la
personne; c'est un éveil qui met assez violemment en demeure, pour que l'opposition ne
puisse plus être différée.

Je dirai bientôt comment le jugement est
réputé exécuté.

Je prie qu'on veuille bien ne pas perdre de
vue que je ne m'occupe ici que des jugements
par défaut *faute de comparution;* car toutes ces
précautions que j'explique seraient d'une absurde inutilité à l'égard d'une partie qui a
certainement reçu l'assignation, puisqu'elle a
constitué un avoué, et qui a été condamnée
par défaut; non parce qu'elle n'a pas pu, mais
parce qu'elle n'a pas voulu se défendre.

L'inexécution dans les six mois n'anéantit
que le jugement, elle laisse subsister l'instance.
Cette espèce de péremption n'a rien de commun avec celle qui fait l'objet du titre 22 du
second livre du code de procédure, laquelle
n'a jamais lieu de plein droit, et ne s'acquiert
que par la discontinuation des poursuites pendant trois ans. On s'est mis d'abord à disputer

Art. là-dessus (1). Aujourd'hui ce n'est plus un doute : l'ajournement lui-même conserve toute sa force et tous ses effets, comme l'instance qu'il a introduite, et sur cet ajournement le demandeur peut obtenir une nouvelle sentence (2). Lorsque le projet des deux premiers livres du code fut communiqué à la section de législation du tribunat, elle adopta l'art. 156, « en observant qu'il n'y aurait que le jugement de périmé, que l'action subsisterait, que même l'exploit pourrait encore produire son effet. » M. Locré nous apprend qu'au conseil d'État cette addition n'a pas paru nécessaire, attendu que l'article n'a trait qu'au jugement, et laisse l'action dans les termes du droit commun (3). Évidemment le mot *action* est pris ici dans son acception d'*instance*. Voyez ma

_____

(1) Arrêt de la cour de Limoges du 24 janvier 1816; Journal des avoués, tom. 15, pag. 598. La même cour a rendu un arrêt contraire le 10 mai 1819; *ibidem*, page 529.

(2) Voyez MM. Pigeau, *Comment.*, tome 1, page 356; Favard, *Répert.*, t. 3, p. 173; Carré, *Lois de la proc.*, t. 1, p. 387; Berriat-St-Prix, t. 2, p. 674 et 765; Dalloz, *Jurisp. génér.*, t. 9, p. 743, et les arrêts qu'ils citent; M. Merlin, *Répert.*, t. 17, p. 388.

(3) *Législation civile*, etc., t. 21, p. 89.

remarque à ce sujet, tome 1er, chapitre *des* Art.
Actions, page 55. Toutefois, si la nouvelle sentence est encore rendue par défaut faute de
comparution, et non exécutée dans les six
mois, elle aura le sort de la première.

Il est temps de se fixer en définitive sur la
vraie nature de cette disposition, afin de résoudre les diverses difficultés qu'elle a fait
naître.

Je le répète : c'est une prescription en faveur de l'ignorance possible du défendeur ;
c'est une peine contre l'astuce possible du demandeur.

Or la prescription commencée peut être in-
terrompue par une reconnaissance du débiteur,
et la prescription acquise peut être effacée par
sa renonciation (1).

Celui qui a été condamné par défaut a donc
la faculté d'acquiescer au jugement, afin d'é-
viter l'éclat et les frais d'une exécution rigoureuse, et de solliciter un délai qui sauve son
crédit et le reste de sa fortune. De même il est
libre de faire revivre la condamnation après
les six mois, en se soumettant à subir ses effets.

(1) Code civil, art. 2220 et 2248.

ART. La bonne foi n'est pas prohibée : *Nemo pro-hibetur bonam fidem agnoscere.*

La cour de Metz n'en a pas moins décidé, le 26 mai 1819, que la nullité du jugement était absolue, inaccommodable par quelque acquiescement que ce fût, et que la disposition de l'article 156 ne ressemblait ni à la péremption d'instance qui doit être demandée, ni à la prescription, qui ne peut être suppléée d'office par les juges. Cet arrêt n'a pas été approuvé (1).

(1) Le rédacteur du Journal des avoués dit que la cour de Bourges a rendu un arrêt semblable, le 7 février 1822. C'est une erreur.

Il s'agissait dans l'arrêt de Metz d'un acquiescement contre lequel la partie condamnée réclamait seule, en disant qu'elle n'avait pu le donner.

Dans l'espèce de l'arrêt de Bourges, c'était un créancier, un tiers, qui, voulant profiter de la péremption acquise à son débiteur, soutenait avec raison qu'on ne pouvait pas lui opposer une renonciation de ce débiteur, laquelle était sous signature privée et n'avait pas de date certaine.

La différence était grande, comme on le verra ci-après.

L'arrêt de Metz se trouve au tome 15 du Journal des avoués, page 415, et celui de Bourges, au tome 24, page 43.

Je reprends la trace des règles touchant les Art. prescriptions. Il est dit au code civil que les créanciers, ou toutes autres personnes ayant intérêt à ce que la prescription soit acquise, sont fondés à l'opposer, quoique le débiteur y renonce (1). D'où je conclus qu'un jugement éteint, à défaut d'exécution dans les six mois, ne peut être ravivé, *au préjudice des tiers*, par la volonté du défaillant.

Cette conclusion a besoin d'être expliquée. Voici un exemple :

Il s'agit d'un ordre ouvert pour la distribution du prix d'une vente d'immeubles, entre des créanciers hypothécaires. L'un d'eux a pris inscription en vertu d'un jugement par défaut qui n'a point été exécuté dans les six mois, mais que le débiteur a tenu pour exécuté, par une déclaration d'acquiescement. Les autres créanciers, dont le rang est plus éloigné, repoussent le premier, et lui disent : Vous n'avez plus de jugement, partant plus d'hypothèque, plus d'inscription.

Si l'acquiescement du débiteur a une date certaine, s'il a été enregistré avant l'expiration des six mois, les créanciers contestants ont tort.

(1) Art. 2225.

En recevant cet acquiescement, au lieu de passer outre et d'exécuter, quand il le pouvait encore, le porteur du jugement a rempli dignement le vœu de la loi, toujours favorable à cette espèce de satisfaction réciproque qui termine un litige. S'il l'eût repoussée, s'il eût impitoyablement procédé par saisie de meubles, par expropriation forcée, par emprisonnement, sa créance se serait gonflée d'une énormité de frais, et les facultés du débiteur commun ne se trouveraient pas dans un état plus rassurant. Les autres créanciers sont donc sans intérêt, sans raison et sans droit, pour quereller le jugement, l'hypothèque et l'inscription.

Le maintien du jugement et de ses effets ne se fonde-t-il que sur une déclaration du débiteur, laquelle n'aurait point acquis la certitude légale de sa date avant l'échéance des six mois ? La question n'a plus le même aspect. Rien ne prouve que l'acquiescement a remplacé l'exécution dans le temps où elle devait être faite ; car la date, quelle que soit celle qu'on y ait apposée, ne peut remonter au-delà du jour où la pièce a été produite. Le débiteur n'a pas eu la puissance de rendre meilleure, à son gré, la condition d'un créancier, et de le relever des nullités ou des déchéances que la dernière ART. heure des six mois avait scellées. Ici revient ce principe du code civil : Toute personne ayant intérêt à ce que la prescription *soit acquise*, a le droit de l'opposer, quoique le débiteur y renonce.

On objecterait en vain que c'est une exception personnelle au débiteur, pour en induire que les créanciers ne peuvent exercer les droits et les actions qui sont exclusivement attachés à sa personne (1). Il n'y a de droits exclusivement attachés à la personne, dans le sens de l'article 1166 du code civil, que ceux qui ne passent pas aux héritiers, ou qui, étant de nature à expirer avec la personne, ne peuvent pas être cédés par elle de son vivant : *quæ personæ sunt, non transeunt ad hæredem* (2). Je ne crois pas qu'on aille jusqu'à prétendre que la prescription ou la péremption d'un jugement ne peut être opposée par les héritiers de la

(1) Code civil, art. 1166. C'est ce que dit M. Carré, t. 1, p. 388, à la note.

(2) L. 196, *ff. de regulis juris*. Voyez sur cette distinction des droits attachés à la personne, et de ceux qui ne le sont pas, M. Merlin, *Questions de droit*, v° hypothèque, § 4, n° 4.

Art. partie condamnée. Or, les droits qui passent aux héritiers passent aux créanciers ; et, sans qu'il soit besoin d'entrer dans une discussion incidente dont le développement serait fort long, l'article 2225 du code civil ne fait-il pas assez connaître que le droit de faire valoir une prescription acquise n'est pas un de ces droits exclusivement attachés à la personne du débiteur.

On ne serait pas plus heureux en ajoutant, avec M. Carré (1), « que les *tiers* seuls pourraient quereller la certitude de la date ; que les créanciers ne sont pas des tiers, à l'égard de leur débiteur ; qu'ils sont ses *ayants cause*, et qu'ils n'ont pas qualité pour se prévaloir d'un moyen auquel il a renoncé (2). L'article 2225 est encore là pour répondre. Il y a sans doute beaucoup de cas où les créanciers sont les *ayants cause* de leur débiteur, mais ils ne le sont plus toutes les fois que le débiteur a traité ou contracté au préjudice d'un droit que la loi les autorise à faire valoir. L'acquéreur aussi

(1) Tom. 1, pag. 388.
(2) Code civil, art. 1322 et 1328. Notez que M. Carré convient que la péremption du jugement par défaut, non exécuté dans les six mois, est une véritable prescription.

est en général l'*ayant cause* de son vendeur; Art.
cependant l'acquéreur d'une maison ou d'un
bien rural peut expulser le fermier qui n'a
pas un bail authentique, ou un bail dont la
date soit *certaine* avant la vente (1). La col-
lision des intérêts en fait un *tiers*. M. Toullier
lui-même, qui, de tous les auteurs, est celui
dont la doctrine a donné la plus vaste portée
à la représentation des *ayants cause*, « ne voit
pas comment on irait jusqu'à considérer les
créanciers saisissants, ou poursuivant l'ordre,
comme les *ayants cause* du débiteur. On ne peut
donc pas, continué-t-il, leur opposer les actes
sous seing privé consentis à l'un d'eux par ce
dernier. Ils ont le droit de critiquer, comme
périmé, un jugement par défaut non exécuté,
en vertu duquel l'un d'entre eux prétend
exercer une hypothèque judiciaire. La péremption est une prescription, etc. (2). »

La jurisprudence paraît aujourd'hui se fixer
sur ce point (3).

(1) Code civil, art. 1743.
(2) T. 8, p. 382 et suiv.
(3) Voyez les arrêts rapportés par M. Dalloz, *Jurisp.
génér.*, t. 9, p. 733, et *Recueil périod.*, 1826-1-437,
2-23; 1828-2-61 et 81. M. Carré est resté à peu près

ART.   Mais il est une autre difficulté, pour laquelle je ne puis rendre ce consolant témoignage.

Un jugement par défaut a prononcé une condamnation contre plusieurs débiteurs solidaires. L'exécution, dans le délai légal, envers un seul de ces débiteurs, empêche-t-elle que la péremption ne soit acquise pour les autres?

Cette question ainsi posée, qui se trouve à chacune des pages de tous les recueils, entretient dans les balances de la justice une oscillation désespérante pour les jurés chercheurs d'arrêts.

Les raisons de part et d'autre ont été suffisamment développées et discutées. Elles sont partout. Je me contenterai d'en donner ici le sommaire.

On dit pour l'affirmative : La péremption établie par l'article 156 du code de procédure étant une vraie prescription, les poursuites faites contre l'un des débiteurs solidaires forment une interruption à l'égard de tous (1). Ce

seul de son avis; il s'appuyait sur un arrêt de la cour de Caen, qui depuis a décidé autrement.

Cette question, alors très-controversée, fut le sujet de l'une des épreuves du concours ouvert à Toulouse en 1822, pour la chaire que j'ai l'honneur d'occuper.

(1) Code civil, art. 1206.

principe, puisé dans le droit romain (1), s'ap- ^{Art.}
plique à toutes les prescriptions.

L'idée de la solidarité est incompatible avec l'hypothèse d'un titre qui subsisterait pour l'un, et qui périrait pour les autres.

Le jugement est le titre du créancier. Il se prescrit par six mois à défaut d'exécution, comme tout autre titre se peut prescrire par un délai plus ou moins long ; mais, pour le sauver, il suffit que des poursuites d'exécution viennent interrompre la prescription envers un des débiteurs.

La péremption est fondée sur ce que la négligence de celui qui a obtenu le jugement peut avoir quelque chose de suspect. Certes il serait trop déraisonnable d'imputer un mauvais dessein au créancier qui, dans le délai de la loi, a fait contre l'un des codébiteurs condamnés toutes les diligences d'exécution.

On répond pour la négative : La péremption des jugements par défaut ne doit pas être assimilée à la prescription ; elle a d'autres règles, elle produit d'autres effets.

« La prescription est un moyen d'acquérir ou de se libérer par un certain laps de

(1) *L. ultimâ C, de duobus reis.*

III. 5

Art. temps (1). » Or, la péremption ne fait acquérir aucun droit , ne libère d'aucune obligation,
l'action subsistant toujours, quoique le jugement ne subsiste plus.

Le jugement n'est un titre pour le créancier
que sous la condition qu'il sera exécuté dans
les six mois. Cette condition manque-t-elle?
le titre s'évanouit. A-t-elle été remplie envers
l'un des débiteurs seulement? le jugement n'est
plus un titre à l'encontre des autres.

Il n'est pas contestable qu'une demande isolément formée contre l'un des codébiteurs solidaires produirait une condamnation qui ne
frapperait que celui-là : de même, lorsqu'un
jugement obtenu contre tous n'a été exécuté
que sur un seul, la condamnation est réputée
non avenue, relativement à ceux qui n'ont pas
été compris dans l'exécution ; ce qui n'empêche
pas que le fond du droit ne soit conservé à
l'égard de tous.

Cette opinion avait pour elle l'appui de M.
Merlin (2). Le *Journal des Avoués* n'a pas man-

(1) Cod. civ., art. 2219.
(2) *Répertoire*, t. 17, v° *péremption*, sect. 2, § 1,
n° 12.

qué de citer une aussi puissante autorité comme Aur. un contre-poids à l'arrêt du 7 décembre 1825, dans lequel la cour suprême avait considéré que « l'article 1206 du code civil devait s'appliquer à tous droits, actions et actes susceptibles d'être *prescrits* ou *périmés*, et par conséquent à la *prescription* ou *péremption* établie par l'article 156 du code de procédure. »

Après la relation de cet arrêt, l'estimable rédacteur a inséré l'observation suivante :

« M. Merlin s'élève avec force contre cette jurisprudence. Il entre dans les plus grands développements, et vouloir analyser sa discussion serait l'affaiblir ; nous ne pouvons qu'engager nos lecteurs à la lire ; le profond savoir de ce jurisconsulte, et sa brillante logique, en font une des dissertations les plus intéressantes du Répertoire. Il combat l'opinion de M. Carré, et la jurisprudence de la cour de Bruxelles, dont il rapporte un arrêt du 1er avril 1822, en disant que cet arrêt porte sur une base absolument fausse (1). »

Cependant, voici que dans une dernière édition du Répertoire, M. Merlin, qui venait de saper *la base absolument fausse* du système

_____

(1) Journal des avoués, t. 30, p. 279.

ART. de M. Carré et de la cour de Bruxelles, ajoute
à sa dissertation une ligne fort inattendue,
pour annoncer qu'en définitive c'est au système
de M. Carré qu'il faut se tenir.

Le secret de cette abjuration si brusque, si
brève, et si désappointante, se trouve dans les
Questions de droit, au mot *chose jugée*, § 18,
n°s 2 et 3. Là M. Merlin enseigne qu'un jugement rendu *pour* ou *contre* un débiteur solidaire, a l'autorité de la chose jugée *pour* ou
contre les autres codébiteurs.

« On y trouve, dit-il, un concour parfait
des conditions à ce requises. D'une   une
dette solidaire est la même dans sa   nce
et dans sa cause, pour chacune d.   les
qui y sont obligées. D'un autre côté,   codé-
biteur solidaire *pour* ou *contre* lequel le jugement a été rendu, ne forme moralement qu'un
seul et même individu avec les autres codébiteurs, parce qu'ils n'ont pu s'obliger solidairement à la même dette, sans se constituer
mandataires l'un de l'autre pour la payer, et
par suite, pour se représenter mutuellement
dans tous les actes et toutes les procédures qui
tendraient à la faire payer, et pour faire valoir,
dans leur intérêt commun, tous les moyens

qu'ils pourraient avoir de s'exempter de la ABT.
payer. »

Il y aurait à disserter beaucoup sur cette
doctrine, qui donne la force de la chose jugée,
envers tous les débiteurs solidaires, au jugement rendu contre un seul. Tel n'était pas le
sentiment du président Favre dans ses *Ratio-
nalia*, sur la loi 28, § 3, ff. *de jurejurando*.
On y lit : *Nec sententia contra unum ex correis
lata, alteri nocet.*

Mais cette question n'est pas la nôtre. Le
jugement est rendu contre tous les débiteurs
solidaires : il s'agit de savoir, comme je l'ai dit,
si l'exécution subie par l'un d'eux empêche
la péremption à l'égard des autres. Je n'ai jamais su en douter. L'affirmative s'est toujours
présentée à mon entendement, nette, claire,
appuyée sur la base des principes régulateurs
de la prescription.

En matière de solidarité, la procédure engagée contre tous les débiteurs est une, indivisible. Il est équitable, *humanum*, pour me
servir de l'expression de la loi romaine (1),
que l'exécution volontaire ou forcée du même
jugement embrasse dans ses effets celui qui

_____

(1) *L. ultimâ, Cod. de duobus reis,*

Art. l'a soufferte, et ceux qui n'ont pas été démenés jusque-là, parce que ces effets ont une cause commune :: *cùm debiti causa ex eâdem actione apparuit.*

Une prescription, quelle que soit sa nature, n'est opposable qu'au créancier qui a négligé d'exercer son droit dans un délai prescrit. Or, on ne peut alléguer que le créancier qui a fait exécuter son jugement sur l'un des codébiteurs solidaires n'a pas exercé tout son droit; car chacun d'eux est tenu de toute la dette, *cùm ex unâ stirpe, unoque fonte effluxit;* et la dette ne peut subsister pour l'un, et ne subsister pas pour les autres. Si vous obligez le créancier à consommer, chez tous, les actes rigoureux d'une exécution, vous les aggraverez, en réalité, d'une masse énorme de frais, pour leur ménager, en théorie, la faveur de la péremption.

Il se peut qu'un jugement ait été rendu par défaut contre quinze ou vingt endosseurs d'une lettre de change, ou d'un billet à ordre. Ils sont tous solidairement obligés (1). Le porteur sera donc astreint à faire marcher huissiers et recors dans toutes les directions pour

(1) Code de commerce, art. 140 et 187.

les exécuter tous, avant l'expiration des six ART.
mois, sous peine de perdre ses avantages à
l'égard de ceux que les distances et le manque
de temps l'auront forcé d'épargner !

Supposez que le créancier n'ait fait ses diligences d'exécution, à l'encontre d'un des débiteurs solidaires, que dans les derniers jours des
six mois. Il était dans les limites de son droit.
Mais si ce droit a péri relativement aux autres,
tandis qu'il s'accomplissait à l'égard de celui
qui seul avait été soumis aux contraintes, la
subrogation ne pourra donc pas avoir lieu au
profit de ce dernier, comme le veulent les articles 1214 et 1251 du code civil ? Il n'y aura
donc plus ni jugement, ni hypothèque, ni
inscription à céder en échange du payement
de la dette entière ? Les sûretés du recours que
promet la loi seront donc livrées aux caprices, et
peut-être aux calculs d'une collusion éhontée ?

Il ne faudrait que de pareilles éventualités
pour discréditer un système.

Enfin, les rédacteurs du code de procédure
n'ignoraient pas que plusieurs défendeurs
pouvaient être solidairement condamnés par
défaut. Ont-ils commandé autant d'exécutions
partielles qu'il y aurait de défaillants ? Non :

ART. ils ont donc laissé tout entiers les principes du droit commun, touchant l'interruption des prescriptions.

Lorsque la question fut plaidée pour la première fois devant la cour royale de Poitiers, en 1821, je présentai cette considération d'un mandat réciproque qui dérive de la solidarité, et que M. Merlin a si disertement fait valoir depuis dans ses Questions de droit. Ce fut le principal motif de l'arrêt :

« Attendu que les poursuites dirigées contre l'un des codébiteurs solidaires pouvaient interrompre la prescription contre les autres, puisqu'ils sont censés mandataires les uns des autres pour l'exécution de leur obligation, et des condamnations prononcées contre eux;

» Attendu que le payement fait par l'un d'eux a libéré toutes les parties condamnées envers le créancier commun, et que par conséquent le jugement a reçu une pleine et entière exécution à l'égard de tous ceux contre qui il avait été rendu solidairement; qu'ainsi l'article 156 du code de procédure ne peut être invoqué dans l'espèce. »

On sait déjà, par l'explication des motifs de la loi, que la péremption ne s'applique ni aux jugements par défaut rendus faute de conclure

et plaider, ni à ceux rendus après la jonction Art.
du défaut et la réassignation des défaillants,
ni à ceux rendus sur une opposition à un premier défaut. Je dois ajouter qu'elle est également inapplicable aux jugements par défaut
émanés des juges de paix. Je ne puis en donner
de meilleures raisons que celles qui se trouvent
dans un arrêt de la cour de cassation du 13 septembre 1809 ;

« Attendu que cette sorte de péremption pénale n'ayant pas été prononcée par la loi contre
les jugements par défaut des justices de paix,
bien qu'elle se soit explicitement occupée et de
ces jugements et de l'opposition dont ils sont
susceptibles, et du délai et de la forme de ces
oppositions, le tribunal de Montdidier n'a pu
la prononcer et l'appliquer sans ajouter à la
loi.

» Attendu que la disposition de l'article 156,
loin d'être générale et commune à tous les jugements par défaut, de quelque tribunal qu'ils
émanent, est purement spéciale aux jugements
par défaut rendus par les tribunaux inférieurs ;
que cela est si vrai, qu'elle n'est placée que
dans le livre 2 du code, et non dans le livre 1
relatif aux justices de paix ; et que, quand la
volonté du législateur a été d'étendre et de pro-

Art, roger cette disposition, il l'a expressément et positivement manifestée. Ainsi, pour les cours d'appel, il a dit, article 470 : *Les autres règles établies pour les tribunaux inférieurs seront observées dans les tribunaux d'appel.* Ainsi, pour les tribunaux de commerce, il a dit, article 643 du code de commerce : *Les articles* 156, 158 *et* 159 *du code de procédure civile, relatifs aux jugements par défaut rendus par les tribunaux inférieurs, seront applicables aux jugements par défaut rendus par les tribunaux de commerce;*

» D'où il suit nécessairement que, n'ayant pas énoncé la même intention d'étendre la disposition de l'article 156 aux jugements par défaut rendus en justice de paix, le législateur a voulu se tenir, et s'est tenu, à l'égard de ceux-ci, à ce qu'il avait statué et prescrit par le titre 3 du livre 1;

» Attendu qu'il n'est pas dans l'attribution des juges de s'ingérer des motifs de cette différence; qu'il suffit que la loi l'ait établie pour que le tribunal de Montdidier n'ait pas pu, en confondant des dispositions spéciales, distinctes et séparées, appliquer aux jugements par défaut des justices de paix ce que la loi n'a statué qu'au regard des jugements par défaut des

tribunaux inférieurs, des tribunaux de com- Art.
merce et des cours d'appel ;

» Casse, etc. (1). »

Cependant l'école a plus de liberté pour
chercher les secrets du législateur et pour interroger son esprit ; je crois qu'on trouverait
les motifs de cette différence signalée par la
cour suprême, en consultant la nature particulière de la juridiction des juges de paix. Les
justiciables y sont presque toujours groupés autour de leur tribunal; un jugement par défaut
n'est guère ignoré dans le canton ; et puis le
juge a reçu la mission de s'enquérir des causes
de l'absence du défendeur. Il peut les savoir
par lui-même, ou par les causeries de l'audience, qu'on me passe ce mot ; des parents,
des voisins, des amis de la partie citée, peuvent
expliquer des circonstances propres à faire
présumer qu'elle n'a pas reçu la citation. Alors
le juge a la faculté, en adjugeant le défaut, de
fixer, pour l'opposition, le temps qui lui paraît
convenable. Ce n'est pas tout : la loi accorde
au défaillant la faveur de se faire relever de la
fatalité des délais ordinaires, et de former op-

(1) Sirey, t. 9-1-417.

ART. position en tout temps, s'il justifie qu'il n'a pas été instruit de la procédure. Avec de telles précautions, eût-il été bien utile d'armer en guerre, et de soumettre aux rigueurs obligées d'une exécution péremptoire, les petits intérêts qui s'agitent dans ces justices familières?

Or est-il que les jugements ou arrêts par défaut faute de comparution, rendus par les tribunaux inférieurs, par les juges de commerce, ou par les cours royales, et qui n'ont pas été exécutés dans les six mois de leur obtention, sont comme non avenus, et que l'opposition est recevable jusqu'à l'exécution.

156.

158.

L'exécution est volontaire ou forcée.

Exécuter volontairement, c'est exprimer la volonté de reconnaître la justice de la demande, et de se soumettre au jugement; c'est acquiescer, et renoncer à toutes voies de recours; c'est, par exemple, demander un délai pour payer : *Ad solutionem dilationem petentem adquievisse sententiæ manifestè probatur* (1). Le payement des frais est encore un acquiescement; c'est reconnaître qu'à bon droit on a succombé.

(1) L. 5, *Cod. de re judicatâ.*

L'exécution forcée est celle qui frappe les biens ou la personne ; elle ne peut être dissimulée, ignorée ; c'est un éveil qui met assez violemment en demeure, comme je l'ai dit plus haut, pour que l'opposition ne puisse plus être différée.

Voici les termes de la loi : « Le jugement est réputé exécuté lorsque les meubles saisis ont été vendus, et que le condamné a été emprisonné ou recommandé (1), ou que la saisie d'un ou plusieurs de ses immeubles lui a été notifiée, ou que les frais ont été payés, ou enfin lors- qu'il y a quelque acte duquel il résulte nécessairement que l'exécution du jugement a été connue de la partie défaillante. »

Cette dernière disposition ne se trouvait pas dans le projet.

Quand on vint à discuter l'article 156 au conseil d'Etat, séance du 14 floréal an XIII, M. Muraire objecta : « Qu'il n'était pas toujours possible d'exécuter un jugement dans les six mois ; quelquefois il y a des pièces à véri-

---

(1) La *recommandation* est l'opposition qu'on fait à la mise en liberté d'un prisonnier déjà arrêté à la requête de quelqu'un.

ART. fier, des liquidations à faire; enfin on est obligé de procéder à des opérations préalables qui prennent beaucoup plus de temps. »

M. Treilhard répondit : « Que l'on ne proposait pas d'exiger que l'exécution *fût parfaitement consommée* dans les six mois. L'article 159 explique le mot *exécution*; l'art. 156 (relatif à la péremption) se contente d'un acte quelconque que la partie condamnée n'ait pu ignorer, et qui l'ait avertie de l'*existence du jugement.* »

« Alors il est indispensable, répliqua M. Muraire, de généraliser l'article 159, et, au lieu de se réduire au petit nombre de cas qu'il énonce, on doit décider que le jugement sera réputé exécuté toutes les fois qu'il sera intervenu un acte patent que la partie condamnée n'aura pu ignorer. »

Les deux articles furent représentés à la séance suivante (1) avec cet amendement. M. Defermon dit : « Que l'on apercevait facilement l'intention que les auteurs du projet avaient eue en proposant l'article 159. Ils se sont placés dans l'hypothèse où la signification

(1) Le 28 floréal an XIII.

aurait été soustraite, et ils ont voulu ménager Art.
au condamné le moyen de former opposition
au jugement *dont il n'aurait connu l'existence*
que par l'exécution. Rien de plus juste ; mais
il faudrait borner la disposition au cas pour
lequel elle a été faite, et ne pas admettre cette
opposition tardive, lorsqu'il serait prouvé
d'une manière quelconque que la partie condamnée *a connu le jugement* assez à temps pour
se pourvoir avant qu'on vînt l'exécuter. »

M. Treilhard fit observer : « Que l'on avait
seulement voulu rassembler toutes les circonstances qui caractérisent l'exécution du jugement, et dont il résulte que la partie n'a pas
pu l'ignorer. Ces dispositions sont nécessaires
pour guider le juge dans l'application de la règle
générale établie par l'article précédent (1), à
laquelle il n'est pas dérogé, *et qui remplit les
vues* de M. Defermon. »

Ici la discussion se termina ; les articles et
les amendements furent définitivement adop-
tés (2).

(1) C'est l'art. 158, portant que l'opposition sera recevable jusqu'à l'exécution.

(2) Voyez la Législation civile, etc., de M. Locré,
t. 24, p. 280 et 352.

Art. C'est en pénétrant ainsi dans l'intimité du conseil des sages, c'est en étudiant les commentaires donnés par le législateur lui-même aux dispositions de sa loi, que l'on voit s'aplanir les aspérités de l'application, et se montrer à nu les erreurs d'une doctrine et d'une jurisprudence quelquefois trop ambitieuses.

Remarquez d'abord, pour ce qui concerne la péremption, que les auteurs du code n'ont point eu la pensée d'exiger une exécution complète, achevée dans les six mois, lorsque l'espèce du procès réclame un temps plus long (1).

S'il s'agit d'une demande en interdiction, d'une séparation entre époux, le défaut de comparution du défendeur ne dispense pas le tribunal d'ordonner la preuve des faits allégués ; les dépens sont réservés en définitive, et le jugement qui ne contient pas de condamnation ne peut être exécuté par aucune voie de contrainte. Mais il recevra toute l'exécution

_____

(1) Voyez dans ce sens un arrêt de la cour de Toulouse, du 10 mars 1831, rapporté au Journal des avoués, t. 41, p. 658.

que sa nature comporte, par les diligences qui ART.
seront faites afin de parvenir à l'enquête.

Il arrive souvent que le débiteur condamné
ne possède point de meubles, point d'immeubles. On fait alors à son domicile un procès-verbal *de carence*, c'est-à-dire que l'huissier
constate qu'il n'y a rien trouvé qui pût être
saisi, que la matière saisissable y manque,
caret. Le jugement est réputé exécuté ; à l'impossible nul n'est tenu. Cela soit dit seulement
pour empêcher la péremption ; car j'estime
que s'il n'était point prouvé que le débiteur
ait eu connaissance du procès-verbal, l'opposition au jugement ne pourrait pas cesser d'être
recevable (1).

Et si vous avez à démener quelqu'un de ces
gens qui n'ont point d'*ostel*, qui *repairent*
tantôt ici, tantôt là, qui demeurent partout et
que les huissiers ne rencontrent nulle part (2),
en quel lieu, de quelle manière, sur quoi
ferez-vous exécuter votre jugement? Les six
mois suffiront-ils pour suivre en divers pays

(1) Voyez M. Pigeau, *Comment.*, tome 1, pag. 354 et
363.

(2) Voyez mon second volume, chapitre des Ajournements, page 89, et l'article 69 du code de procédure,
§ 8.

Art. les traces d'une course vagabonde ? L'huissier portera ses significations et ses actes de perquisitions au domicile du procureur du roi. C'en sera assez, puisque vous n'avez pas pu davantage. La loi qui donne sa force au titre, n'y a point attaché la condition insensée de saisir un débiteur que la main de la justice ne peut atteindre. Il faut dire la même chose de l'étranger qui ne possède rien en France. Ainsi point de péremption ; mais la faculté d'opposition restera sauve, jusqu'à ce qu'une exécution mieux caractérisée et mieux connue puisse devenir praticable (1).

Une saisie-arrêt, entre les mains d'un tiers, sur des sommes ou des effets appartenant à la partie condamnée, est-elle un acte d'exécution qui prévienne la caducité du jugement ? On adopte généralement l'affirmative, pourvu toutefois que la demande en validité de la saisie ait été suivie d'une constitution d'avoué de la part du saisi (2), ce qui indique certai-

(1) Ainsi jugé par la cour de Paris, le 22 juin 1814. Journal des avoués, t. 15, p. 391.

(2) Une saisie-arrêt n'est dans son principe qu'un acte conservatoire ; elle ne produit son effet, c'est-à-dire la délivrance des choses saisies, que par un jugement spécial rendu contre le saisi, et qui la déclare valable. J'expliquerai cela plus loin.

nement une pleine connaissance des poursuites Art.
d'exécution. Mais si le débiteur ne comparaît
point sur cette demande en validité qui souvent ne l'intéresse guère, et si les sommes ou
les effets arrêtés sont les seules choses qui
offrent quelque prise, c'est donc à dire que la
délivrance faite au créancier par le tiers ne
constituera pas une véritable exécution , et
que le jugement de condamnation n'en devra
pas moins être considéré comme non avenu?
Pressez un peu la conséquence, et il faudra
que vous fassiez restituer au créancier ce qu'il
aura reçu.

Heureusement ce n'est ni dans la lettre ni
dans l'esprit de la loi. Son but n'est point de
protéger cet art de fuite et de péremption que
certaines gens savent si bien perfectionner
sans qu'on les y encourage. Quand le code a
parlé d'actes d'exécution qui doivent être *con-*
nus du défaillant pour que le jugement soit
réputé exécuté, il n'a eu en vue que les actes
qui, ne constituant pas une véritable exécution, n'en sont que des préliminaires, des
essais, comme un procès-verbal de carence,
mais qui, parvenus indubitablement à la connaissance de la personne entreprise, suffisent
pour la mettre en demeure de s'opposer et de

Art. se défendre. Gardez-vous de confondre ces actes avec une exécution consommée, telle qu'une vente de meubles saisis, que l'article 159 donne comme un exemple démonstratif de ce qu'il faut entendre par l'exécution d'un jugement. Que la partie condamnée, exécutée, allègue ou non qu'elle n'en a pas été instruite, il n'importe ; le jugement est exécuté, il subsiste ; plus de péremption, et, dans ce cas, plus d'opposition recevable. Or la saisie-arrêt, suivie d'un jugement de validité, même rendu par défaut, et de la délivrance des sommes saisies, est une exécution tout aussi complète qu'une saisie suivie de la vente des meubles; c'est tout ce qu'il était possible d'obtenir par cette voie. Si l'on m'objecte encore qu'elle a pu être ignorée, je demanderai à mon tour s'il n'est pas rigoureusement admissible, en certaines circonstances, qu'une vente de meubles, après saisie, n'ait pas été plus connue du débiteur ? Il faut que les procès finissent. Cette explication s'applique à toutes les difficultés du même genre.

Autrement vous proclamerez, avec telle autorité qu'il me serait facile de citer, qu'un débiteur toujours faisant défaut, se meublant au degré de l'ordonnance, s'éloignant quand

les huissiers approchent, peut se jouer, quoi ART.
qu'on fasse, de toutes les condamnations, et
les réduire à néant. Pas n'est besoin qu'il forme
opposition ou appel, il n'a qu'à laisser faire
et laisser passer. Pour lui, le jubilé de Moïse
recommencera tous les six mois. Ce sera comme
s'il ne devait point.

J'ai dit que la faculté de l'opposition devait
quelquefois rester sauve au débiteur, par égard
pour les scrupules de la loi en matière de
défaut, et que le jugement n'en subsisterait
pas moins, à cause des diligences du créancier.
On pourra trouver de la bizarrerie dans ce
système, qui répute un jugement assez exécuté
pour le sauver de la péremption, et qui laisse
ouverte en même temps la voie de l'opposition, parce qu'il n'y aurait pas eu exécution
suffisante. Mais qu'on veuille bien observer que
la péremption est une peine; les peines doivent
être restreintes : *odia restringenda* ; il serait
souverainement injuste d'en grever celui qui a
fait ce qui était en son pouvoir pour se placer
hors de tout soupçon de négligence et de mauvais
dessein. L'opposition est un moyen de défense,
une faveur fondée sur ce qu'il est possible que
le défendeur n'ait pas bien connu la procédure
dont il a été l'objet : *favores ampliandi*. Rien

ART. ne me semble plus conforme que cette règle à
l'esprit de la loi; c'est l'excès dans l'application qui en fait une bizarrerie.

Quant aux actes d'exécution qui ferment la
voie de l'opposition, il faut qu'ils aient été
accomplis, ou qu'ils se soient annoncés avec
une éclatante publicité. Telle la vente de meubles saisis, qui se fait sur la place du marché,
après des affiches et des avis insérés dans les
journaux. Tel l'exploit de dénonciation d'une
saisie immobilière, qui a été précédé d'un procès-verbal visé par le maire de la commune,
et qui lui-même est soumis à la formalité de ce
visa (1). Tel encore l'emprisonnement du débiteur, lorsqu'il y a condamnation par corps.
Mais cette publicité est exigée uniquement
comme une garantie de la connaissance que le
défaillant devra acquérir des poursuites exer-
cées sur ses biens ou sur sa personne, afin qu'il
puisse remonter à leur source, si l'assignation
introductive de l'instance ne lui a pas été remise. On conçoit donc que d'autres actes puis-

(1) Art. 676, 677, 678 du code de procéd. (Loi du
2 juin 1841.)

sent utilement équivaloir à ceux que la loi ʌʀᴛ. a pris le soin de mettre en exemple, pour guider les juges dans leur appréciation. Ce fut sur cette remarque de M. le premier président de la cour de cassation, que le conseil d'État généralisa l'article 159, et *réputa* le jugement exécuté toutes les fois que serait intervenu un acte patent que la partie condamnée n'aurait pu ignorer. Vous vous rappelez aussi que M. Defermon accusait l'opposition de tardiveté, et voulait qu'elle ne fût plus reçue, « lorsqu'il serait prouvé, *d'une manière quelconque*, que le défaillant avait connu le *jugement* assez à temps pour se pourvoir avant qu'on vînt l'exécuter; » et qu'il lui fût répondu que les vues du projet étaient de tout point conformes aux siennes.

Je sens que l'on va m'arrêter ici, et me dire que ce n'est pas la connaissance *du jugement*, mais la connaissance *de l'exécution*, qui rend l'opposition non recevable. On a fait de ce fragment de motifs, pris dans quelque espèce particulière d'un arrêt, une sorte de grand terme de proposition, qui, passant de tribunaux en tribunaux, et de commentaires en commentaires, est devenu comme un axiome. On s'est

Art. piqué de mieux interpréter le code que ceux
mêmes qui l'ont rédigé.

Il faut s'entendre :

On sait que l'ordonnance de 1667 n'admettait la faculté d'opposition qu'à l'égard des
arrêts ou jugements en dernier ressort, rendus
par défaut, pourvu qu'elle fût exercée dans la
huitaine de la signification à procureur, si le
défaut était faute de défendre, et de la signification à personne ou domicile, si le défaut était
faute de comparaître (1). L'appel était la seule
voie ordinaire qui pût être employée contre
les jugements par défaut, en premier ressort,
émanés des siéges inférieurs. Toutefois on pouvait y faire *rabattre* les défauts, en se présentant à l'audience même où ils avaient été
prononcés (2).

J'ai dit comment la raison publique fit raison
de cette dangereuse restriction, admise contre
l'avis de M. le premier président de Lamoignon et de l'avocat général Talon (3). Un long
usage, auquel vinrent se soumettre des ordon-

(1) Titre 35, art. 3.
(2) Titre 14, art. 5.
(3) Voyez ci-dessus, pag. 45.

nances postérieures (1), conserva le droit d'op- Art.
position aux jugements par défaut, en première
instance comme en appel.

Mais on abuse de tout. Les uns se tinrent au
délai de huit jours pour l'exercice de l'opposition. Les autres, effrayés des périls auxquels
les justiciables étaient exposés par la négligence
ou la prévarication d'un officier ministériel,
voulurent introduire une exception en faveur
des défauts faute de *comparoir,* et reculer
jusqu'à trente années le terme de l'opposition.
D'autres encore imaginèrent une faculté d'appel après l'expiration du délai donné pour
l'opposition, lequel appel se convertissait en
opposition, *et l'on revenait plaider sur icelle
devers les juges du défaut.*

Cette fois, l'usage ne fut point constant, général et uniforme; il ne fit de l'ordonnance
qu'une de ces lois dormantes qui se réveillent
çà et là, pour venir troubler la fausse sécurité
des plaideurs. A Toulouse, à Bordeaux, à Grenoble, à Douai, au grand conseil, on obser-

(1) Voyez la déclaration du 17 février 1688, concernant la forme de procéder dans les élections, etc., article 8; et les lettres patentes du 18 juin 1769, portant
règlement pour l'administration de la justice en Nor-
mandie, tit. 2, art. 10.

Art. vait strictement le délai de huitaine pour l'opposition à tous les jugements par défaut. A
Paris et dans les autres parlements, la jurisprudence n'était point aussi invariable que
l'ont dit Jousse (1) et Denisart (2), quant à la
prorogation jusqu'à trente ans (3).

La loi du 27 mars 1791 ayant ordonné que
l'on continuerait de se conformer à l'ordonnance de 1667 et règlements postérieurs, en
attendant la rédaction d'un code de procédure,
la cour suprême a cassé tous les jugements qui,
dans cet entre-temps, avaient admis des oppositions après la huitaine de la signification des
défauts (4).

Or l'ajournement ayant pu être *soufflé*, celui
contre lequel le jugement avait été rendu en
ignorait souvent l'existence.

Et comme il n'était pas plus difficile de *souffler* la signification du jugement, les huit jours
qu'elle faisait courir, pendant lesquels le condamné devait s'opposer, s'écoulaient bientôt

(1) Sur l'art. 3 du tit. 35 de l'ordonnance.
(2) V° *Opposition*.
(3) Voyez le *Dict.* de Brillon, v° *opposition*, n° 1.
(4) Voyez entre autres un arrêt tout récent, dans le
Journal du palais, t. 3 de 1832, p. 115.

sans qu'il fût plus instruit de ce qui s'était Art.
passé ; et c'en était fait de son droit d'opposition.

C'est à quoi le code a voulu obvier.

Trouver le moyen de s'assurer que le jugement a été connu du défendeur, tel était le
problème à résoudre ; car, à qui connaît le jugement, l'opposition est facile.

Donc il suffit, dans le nouveau système, que
le jugement soit indubitablement connu, pour
que l'opposition doive être faite.

Cependant on insistera, on me renverra au
texte, qui veut que l'opposition soit recevable
jusqu'à l'exécution du jugement, et qui répute
le jugement exécuté lorsque les meubles saisis
ont été vendus, ou la saisie immobilière dé-
noncée, ou la contrainte par corps exercée, ou
lorsqu'il y a eu quelque acte duquel il résulte
nécessairement que l'*exécution du jugement* a
été connue de la partie défaillante ; et l'on me
répétera sans cesse que ce n'est pas le jugement
qui doit être nécessairement connu, mais son

Je vais tâcher de répondre, et je prie qu'on
veuille bien me pardonner les longueurs et les
redites que je ne peux guère éviter dans une
semblable discussion.

ART. Des significations, des commandements faits
en vertu du jugement, et sur lesquels il serait
écrit qu'ils ont été laissés *en parlant* à la personne condamnée elle-même, ne suffiraient
point pour que la connaissance du jugement
lui soit réputée acquise. Puisque la loi admet
comme possibles l'infidélité ou l'inexactitude
d'un huissier, en ce qui a trait à la remise des
exploits, elle n'a pas dû être arrêtée dans la
combinaison de ses principes réparateurs par
une mention qui peut être tout aussi menson-
gère que les autres énonciations. Il fallait absolument quelque chose de plus sûr, de plus
patent, comme l'affiche d'une saisie; de plus
retentissant, comme le cri d'une vente publique; ou quelque acte émané du défendeur,
comme un acquiescement, une protestation,
une déclaration quelconque.

Mais c'est toujours en vue de la connaissance
du jugement que sont indiquées ces mesures ou
ces déclarations, dont l'efficacité équivaut à
celle d'une véritable exécution.

C'est-à-dire, en résumé, que l'obligation de
former opposition au jugement commence
dès qu'il apparaît que son existence ne peut
plus être ignorée du défaillant; que celui-ci
est réputé ne pouvoir plus l'ignorer quand

l'exécution se consomme, et même auparavant, Art.
dès qu'il intervient pour arrêter les poursuites
qui le menacent.

L'exécution est un exemple, une démonstration du degré de certitude requise pour que
le jugement soit considéré comme connu.

Le rapporteur du projet, M. Treilhard, l'entendait bien ainsi, lorsque, expliquant au
conseil d'Etat l'emploi de ce mot *exécution*, il
disait : L'article se contente d'un acte quelconque que la partie condamnée n'ait pu
ignorer, et qui l'ait avertie de l'EXISTENCE *du
jugement*. Et si l'on se reporte aux observations
de M. Defermon qui s'exprimait dans les
mêmes termes, n'est-on pas tenté de croire
que c'est par une faute de copiste qu'on lit
dans la dernière partie de l'article 159, *l'exécution du jugement*, au lieu de *l'existence du
jugement ?*

Quelle que soit l'expression, elle aura assez
de transparence pour laisser voir le vrai sens de
la loi, et l'accord parfait de toutes ses parties
se résout alors en un système raisonnable.
Vous allez voir que ce vrai sens a entraîné,
comme à leur insu, les esprits qui se sont le
plus dévotieusement attachés à la nécessité
d'*une exécution connue*.

Art.   M. Merlin est de ce nombre. Il a répété en plusieurs endroits de son article *Péremption* (1) : « Ce n'est pas de l'existence du jugement qu'il faut que le défaillant ait connaissance, pour qu'il ne soit plus recevable à y former opposition ; c'est, comme l'a dit la cour de cassation dans un arrêt du 18 avril 1811, de son exécution même. » Cependant il examine plus loin la singulière question de savoir si le jugement rendu contre un défendeur *qui n'a point constitué d'avoué*, mais qui s'est présenté à l'audience sans plaider ni conclure, soit parce qu'il ne lui était pas permis de le faire, n'étant point assisté d'un officier ministériel, soit parce qu'il s'y est refusé, est un jugement sujet à péremption, faute d'exécution dans les six mois, ou, ce qui rentre dans le même principe, un jugement attaquable par opposition, jusqu'à ce qu'il ait été exécuté.

M. Merlin n'hésite pas à se prononcer pour la négative. Il commence par reconnaître que c'est un véritable jugement par défaut *faute de constitution d'avoué*.

----

(1) *Répert.*, t. 17, p. 357, et aux mots *opposition à un jugement par défaut, ibid.*, p. 230.

Puis il ajoute : « Qu'importe que cette com- Art.
parution soit illégale ? Tout illégale qu'elle est,
elle n'en est pas moins constante; elle n'en
prouve pas moins invinciblement que le défendeur a eu connaissance de l'assignation qui a
précédé le jugement par défaut, et par conséquent elle n'en fait pas moins taire la présomption de droit, sur laquelle la disposition de
l'article 156 repose tout entière.

» Qu'importe encore que la connaissance *de*
l'existence du jugement par défaut ne suffise
pas, si elle n'est accompagnée de celle de son
exécution, pour faire cesser l'application de
l'article 156 ? Ici le défendeur n'a pas eu seulement connaissance *du jugement par défaut*
qui a été rendu en sa présence, il a encore
prouvé, de la manière la moins équivoque, par
sa comparution personnelle, qu'il avait connaissance *de l'assignation;* et, encore une fois,
c'est UNIQUEMENT *sur la présomption de l'igno-*
rance de l'assignation que se fonde l'article 156 (1). »

Ce raisonnement est parfaitement juste. Dès
qu'il y a preuve que l'assignation a été reçue,
il n'a pas été possible d'ignorer qu'un juge-

(1) *Répert.*, t. 17, p. 379.

Art. ment a dû s'ensuivre. Ainsi, lorsque le défaillant a constitué un avoué, signe non équivoque de la remise exacte de l'assignation, le délai de l'opposition court de la signification du jugement à cet avoué, et ne dure que huit jours. C'est que, l'exécution n'étant requise que comme une garantie de la connaissance du jugement, il eût été d'une trop bénigne sollicitude de proroger alors la faculté de réclamer jusqu'à l'*exécution connue* d'un jugement *déjà connu.*

Un jugement est signifié avec commandement; le défaillant y répond par une protestation contre les poursuites dont il est menacé, et qui par conséquent ne sont pas encore entamées : la cour de cassation a jugé, en pareil cas, que cette réponse, cette protestation, avaient dû produire le même effet qu'une exécution. Cependant il n'y avait même pas eu le commencement d'une exécution, et le commandement n'avait pu faire connaître que l'existence du jugement (1).

Une lettre, un aveu qui prouvaient que la partie condamnée avait eu connaissance du jugement, ont été considérés, par la cour royale

(1) Dalloz, *Jurisp. génér.*, t. 9, p. 350.

de Paris, comme des *fins de non-recevoir* contre Aʀᴛ. l'opposition (1).

Un particulier vend son bien, et charge l'acquéreur de payer les frais d'un jugement rendu contre lui, vendeur. La même cour a décidé qu'il n'y avait pas lieu à l'application des règles touchant les jugements par défaut *non exécutés*, « puisque le défaillant avait eu une connaissance bien certaine de *celui* dont il s'agissait (2). »

Je borne là des citations qu'il me serait facile de multiplier, et je demande la permission de redire ma conclusion.

La connaissance de l'exécution, dans l'entente du code, n'est qu'une démonstration, un exemple régulateur, qui indique le degré de la certitude requise pour que le jugement soit réputé connu.

Les significations, les commandements, et toutes les énonciations que les huissiers peuvent y employer, ne comptent pas comme éléments de cette certitude. Les anciens abus ont rendu la loi soupçonneuse : elle veut que le défaillant intervienne personnellement, et

(1) Dalloz, *Jurisp. génér.*, t. 9, p. 738.
(2) *Ibid.*, p. 740, à la note.

Art. que son intervention apparaisse par des déclarations qui lui soient propres. Alors, c'est assez : le jugement est nécessairement aussi connu qu'il le serait par l'exécution la plus achevée. Ces déclarations qui parlent, qui accèdent, ou qui résistent, manquent-elles? faites éclater l'exécution, et que ses dernières rigueurs ne permettent plus de douter qu'enfin la partie condamnée ne soit bien avisée de l'existence du jugement.

Je me trompe peut-être ; mais, à mon sens, tout le système est là.

Et ne croyez pas que ce soit une vaine dispute de mots. Si l'on eût daigné descendre un peu plus à fond dans la pensée des législateurs, on n'aurait point enseigné que des actes d'exécution parfaitement connus du débiteur, par exemple lorsqu'il s'est offert pour gardien des meubles saisis à son domicile, n'en sont pas moins inefficaces, soit par rapport à la péremption, soit par rapport au délai de l'opposition, tant que les meubles n'ont point été adjugés sur la place publique par la voix du crieur ; on n'aurait point jugé que la capture du débiteur qui s'est évadé quand on le conduisait en prison, n'est point un acte d'exécution qui soit réputé *connu de lui*, parce qu'il

n'a pas été écroué sur le registre de la geôle (1); Art.
on n'aurait point décidé qu'une opposition
formée *par exploit* à un jugement signifié avec
commandement, laquelle n'a pas été réitérée
par requête, ainsi que la loi l'exige, laisse au
défaillant la faculté de s'opposer encore jusqu'à
exécution complète (2).

Sur cette dernière opinion, qu'il partage,
M. Merlin revient à dire, en blâmant les arrêts
contraires, que le délai de l'opposition ne
court pas du jour où il est constaté par un
acte quelconque émané de la partie condamnée qu'elle a eu connaissance du jugement,
mais du jour où elle a indubitablement connu
l'exécution. Puis il ajoute : « Qu'importe
qu'avant que ce délai commence à courir,
cette partie forme opposition sans remplir les
formalités prescrites par la loi? Elle fait un
acte nul; mais un acte nul, fait à une époque
où il n'était pas nécessaire, ôte-t-il le droit de
le réitérer en temps utile? La preuve qu'il
laisse ce droit parfaitement entier, c'est qu'on

(1) Arrêt de Colmar, du 16 décembre 1812. Dalloz,
Jurisp. génér., t. 9, p. 739.
(2) *Ibid.*, p. 737.

Ant. ne doute pas qu'un acte d'appel, nul dans la forme, ne puisse être réitéré, jusqu'à ce que le délai fatal soit expiré. Et sous quel prétexte voudrait-on que la loi fût plus sévère en matière d'opposition qu'elle ne l'est en matière d'appel (1) ? »

Le prétexte, ou, pour mieux dire, le motif n'est pas difficile à trouver : c'est qu'il n'y a pas de parité à établir entre l'appel et l'opposition, pour ce qui concerne la nature et l'objet des délais.

L'opposition est recevable jusqu'au moment où le défendeur ne peut plus ignorer qu'il a été assigné et condamné ; ce moment est assurément venu quand l'exécution se fait.

Mais pour l'appel, le délai est tout à fait en dehors des probabilités relatives à la connaissance du jugement ; car il est défendu d'appeler d'un jugement par défaut, tant que l'opposition est recevable, et le jugement est toujours réputé connu aussitôt que l'opposition cesse d'être recevable.

Le délai de l'appel est de trois mois pour les jugements par défaut, comme pour les ju-

_____

(1) *Répert.*, tom. 17, v^{is} *Opposition à un jugement*, pag. 230.

gements contradictoires; il court, pour les uns et pour les autres, du jour où ils ont été signifiés.

Un appel nul peut être réitéré pendant tout le cours du délai, parce que la faculté d'appeler ne se mesure point sur les divers degrés de la connaissance que l'appelant a pu ou dû acquérir, relativement aux poursuites dont il a été l'objet. Les trois mois sont un délai fixe, calculé d'après le temps moralement nécessaire pour délibérer sur les chances de l'appel, pour faire et refaire, au besoin, tous les actes et toutes les démarches qui s'y rapportent.

L'acte d'appel est signifié comme un ajournement; il en contient toutes les formalités. 456.

Mais l'opposition peut être formée par une simple déclaration sur les commandements, ou sur les actes d'exécution que viennent faire les huissiers en vertu du jugement. Exiger une procédure régulière, des notifications, des requêtes dans cet instant de surprise et d'alarme (l'ignorance des poursuites antérieures étant légalement présumable), c'eût été exposer la partie condamnée à subir toutes les rigueurs d'une exécution complète, avant qu'elle ait pu faire formuler son recours par un officier ministériel.

ART.   Ce que le code permet pour arrêter l'exécution, il le permet aussi pour la prévenir,
en supposant que le jugement a été connu
plus tôt. Mais, au lieu de déclarer l'opposition
sur le procès-verbal d'une saisie que l'on ne
veut pas attendre, on prend alors le parti de
la faire signifier par *exploit*, ou, pour parler
le langage de la loi, *par un acte extrajudi-*
162. *ciaire* (1).

      Toutefois, dans l'un comme dans l'autre
cas, ce n'est qu'une ébauche d'opposition, si
je puis ainsi m'exprimer; il faut que dans
les huit jours qui suivent, l'opposition soit
réitérée en forme de requête, et signifiée à
162. l'adversaire par acte d'avoué à avoué; d'où
l'on inférera nécessairement que la requête
doit contenir une constitution d'avoué. C'est
ainsi que l'opposant rentre dans l'instance,
et qu'il vient, en proposant ses défenses,
remplir le vide que son défaut de comparution
y avait laissé.

_____

(1) Les actes extrajudiciaires sont des exploits qui
n'appartiennent pas à une instance introduite devant un
tribunal. Tels sont les commandements, les sommations
et les oppositions qui ne contiennent point d'assignation.

Que pendant ces huit jours il puisse réité- Art: rer, et réitérer encore son opposition, si une première réitération se trouve irrégulière et nulle, ce point n'est pas contestable. Mais, après les huit jours, il y a déchéance *de plein droit*, comme pour l'appel après les trois mois. Voilà tout ce qu'il y a de commun entre l'opposition et l'appel.

Ces explications me ramènent à la question sur laquelle je rapportais tout à l'heure l'avis de M. Merlin. Je le répète en toute humilité : il ne m'est pas donné de comprendre comment, après avoir spontanément déclaré par une opposition qu'il connaissait fort bien le jugement rendu contre lui, un défaillant peut impunément négliger de régulariser cette opposition, braver les déchéances, se jouer des délais de la loi, et attendre le jour des contraintes pour s'opposer de nouveau, comme s'il était une victime de la clandestinité.

On me permettra bien d'ajouter que cette question n'a pas toujours reçu de M. Merlin une solution aussi tranchée que celle qu'il lui donne aujourd'hui. Voyez sa consultation délibérée à Bruxelles le 27 février 1822; elle se trouve au Recueil de Sirey, t. 22, p. 249

Art. de la 2e partie. Il y avait, dans l'espèce, des faits, des considérations subsidiaires, dont le savant jurisconsulte a su tirer un excellent parti ; mais il a commencé par mettre en lumière l'esprit de la loi et la pureté des principes sur lesquels repose le système nouveau : c'est à cette partie de son travail que je vais m'attacher.

Vous y remarquerez, comment M. Merlin s'appliquait alors à dégager sa discussion de l'influence de cet arrêt de la cour de cassation du 18 avril 1811, qu'il a si souvent invoqué depuis (1).

C'est un arrêt de rejet, disait-il ; « mais, d'une part, un arrêt de rejet, surtout lorsqu'il est émané de la section des requêtes, n'a pas le même poids qu'un arrêt de cassation émané de la section civile. En général, un arrêt qui casse par un moyen quelconque, prouve beaucoup plus en faveur de ce moyen, que ne prouve *contre* un arrêt de rejet. Les arrêts de rejet sont souvent déterminés par des considérations particulières que la sagesse des magistrats les oblige d'admettre, au lieu que les arrêts de cassation ne sont jamais que

(1) Dans le *Répert.*, t. 17, p. 231, 357, etc.

l'application exacte et rigoureuse de la loi. Art.
D'une autre part, il existe des arrêts de cours
d'appel qui ont adopté un système contraire
à celui de l'arrêt de la section des requêtes,
et contre lesquels *on n'a pas osé* se pourvoir.
Tels sont, par exemple, les deux arrêts suivants... »

Ces deux arrêts, rendus par la cour de
Trèves, sont précisément ceux que M. Merlin
critique au tome 17 de son Répertoire, *loco
citato*.

Dans sa consultation, il les opposait à l'arrêt
de rejet du 18 avril 1811, et il disait : « On
peut douter si un recours en cassation contre
ces arrêts aurait été accueilli plutôt que
rejeté. »

Au Répertoire, il dit : « Ces deux arrêts au-
raient-ils échappé à la cassation, s'ils avaient
été attaqués ? Je ne le crois pas. »

Dans sa consultation, M. Merlin citait
comme la plus sincère expression de l'esprit
de la loi, ce passage de M. Pigeau :

« La simple signification du jugement ne
suffit pas pour faire courir le délai fatal de l'opposition. On a craint que, soit prévarication
de l'huissier, soit négligence des personnes
qui sont chez le condamné, et qui reçoivent

Art. la signification en son absence, cette signification ne parvînt pas à sa connaissance, et que,
par le fait d'autrui, il ne fût dépouillé de ses
droits. C'est pour cela qu'on a établi qu'il ne
serait déchu du droit de former opposition
qu'après l'exécution ; parce que, par les différents actes qui composent cette exécution, il
est tellement averti *de l'existence du jugement*,
qu'il ne peut plus prétexter *l'avoir ignoré*, ni
avoir été surpris (1). »

Enfin, demandez à M. Merlin pourquoi l'inexécution, dans les six mois, du jugement par
défaut qui rejette l'opposition à un précédent
jugement de même nature, ne le fait pas
tomber en péremption ? Il vous répondra « que
le principe de la péremption repose uniquement sur la présomption que le défaillant *a*
été condamné d'après des poursuites qui lui
avaient été célées frauduleusement ; que cette
présomption ne peut être applicable au jugement par défaut portant débouté d'opposition :
car, former opposition à un jugement par défaut, c'est annoncer, de la manière la moins
équivoque, que l'on a connaissance des poursuites qui l'ont précédé, et *d'après lesquelles il*

(1) Traité de la procéd. civ., t. 1, p. 543.

a été rendu (1). » Ce qui signifie, en termes un Arr. peu plus précis, que l'on connaît l'existence du jugement.

Et la cour de cassation elle-même, jugeant la même question, vous dira « que la péremption établie par l'article 156 du code de procédure doit être restreinte à son cas ; que, par conséquent, étant spécialement introduite pour les jugements de défaut rendus contre les parties qui, n'ayant pas constitué d'avoué, peuvent ne pas avoir connaissance de l'objet de la contestation, elle est inapplicable aux *déboutés* d'opposition, dans lesquels l'opposant *a nécessairement connu* L'OBJET *de l'opposition* (2). »

Or, qu'est-ce que *l'objet* de l'opposition, si ce n'est le jugement auquel on s'oppose ?

Vous le voyez : il y a dans la raison de la loi une sorte de lueur instinctive qui s'échappe de temps en temps du fond des systèmes, et qui finira par s'élever au-dessus de cette métaphysique nuageuse dans laquelle les textes s'obscurcissent. Si le sens de l'article 159 devait rester tel qu'on a voulu nous le faire, il fau-

(1) *Répert.*, t. 17, p. 388.
(2) *Ibid.*, p. 389.

Art. drait féliciter les législateurs de Genève de l'avoir banni de leur code (1).

Je n'ai plus qu'un mot à ajouter. M. Treilhard disait au corps législatif, en exposant le système de l'article 159 : « Ainsi disparaîtra pour toujours la possibilité d'une procédure frauduleuse et clandestine, dont l'effet était

(1) « Nous n'avons pas accueilli, dit M. Bellot, page 100, les dispositions nouvelles que le code de procédure a introduites en faveur des défaillants : l'expérience n'a point réalisé les avantages que les rédacteurs s'en étaient promis ; elle a prouvé surtout que cette disposition, qui répute non avenus les jugements par défaut, s'ils n'ont pas été exécutés dans les six mois de leur obtention, était aussi onéreuse au créancier que préjudiciable au débiteur. »

La jonction du défaut au fond de la cause, et la réassignation, dans le cas où, de plusieurs parties assignées, les unes comparaissent et les autres ne comparaissent point, n'ont pas obtenu plus de faveur à Genève. Le jugement y est *contradictoire* à l'égard de ceux qui se sont présentés et défendus, et par *défaut* à l'égard des défaillants. Ceux-ci peuvent former opposition ; mais cette opposition profite aux premiers : 1° si elle se fonde sur des moyens communs, inconnus à ceux qui ont comparu, ou dont la preuve dépendait des défaillants ; 2° si l'objet de la condamnation est indivisible. Dans le premier cas, on cède à l'évidence de la justice ; dans le second, à la force de la nécessité.

d'égorger un citoyen qui ne pouvait se défendre. »

Je prie qu'on me réponde : la procédure est-elle encore frauduleuse et clandestine, et le citoyen court-il encore le risque d'être égorgé sans pouvoir se défendre, lorsqu'il a formé opposition au jugement, par acte extrajudiciaire? Et si, après l'avoir ainsi formée, il ne la régularise pas, à qui la faute? Par quelle faveur inconcevable sera-t-il hors des atteintes du délai et de la déchéance?

Je passe aux jugements par défaut *faute de défendre.*

Il semble, au premier aspect, que rien ne soit plus facile que de les distinguer d'avec *les défauts faute de comparaître.*

L'absence de celui qui ne se présente pas, et que personne ne représente, est un fait tout extérieur, tout absolu : ce fait ne se prête à aucune discussion; il porte en soi sa démonstration, sa preuve, sa vérité.

La dénomination du défaut *faute de défendre* ne s'applique qu'au jugement encouru par une partie qui, ayant d'abord constaté sa comparution dans la cause par une constitution

ART. d'avoué, a déserté l'audience et ne s'est pas défendue.

Cette différence entre comparaître et ne comparaître pas, c'est-à-dire, en d'autres termes, cette différence entre le défaut pris *contre la partie*, et le défaut pris *contre l'avoué*, devrait être assez tranchée pour rendre la confusion impossible. Il y a pourtant confusion, et il y en aura tout aussi longtemps qu'on se jettera en dehors des raisons de la loi pour commenter et pour juger.

Voici, par exemple, une question qui peut s'offrir tous les jours : Lorsque l'avoué constitué par une partie déclare ne *pouvoir* ou ne *vouloir* occuper pour elle, le jugement qui survient est-il un défaut *faute de comparaître*, ou un défaut *faute de défendre?* La dissidence est grande parmi les auteurs et parmi les cours. Plusieurs arrêts ont décidé qu'il n'y avait point constitution d'avoué, lorsque le mandat *ad lites* n'était pas accepté, soit expressément, soit tacitement, et que le défaut en ce cas était *faute de comparution* (1). C'est l'avis de M. Carré (2);

(1) Voyez les arrêts de Nîmes, de Limoges et de Colmar, *Journal des avoués*, t. 15, p. 303 et 304.
(2) Lois de la proc., t. 1, p. 363.

et M. Dalloz, qui l'adopte, demande com- Art.
ment on pourrait prétendre qu'il y a un
avoué dans la cause, si l'avoué constitué déclare ne vouloir point accepter la constitution (1)?

Il faut répondre qu'il y a toujours un avoué
dans la cause, tant que celui qui a été constitué
n'est ni révoqué, ni suspendu, ni destitué, ni
démissionnaire, ni mort.

J'ai peut-être trop généralisé ma pensée,
en disant, au chapitre III de mon second volume (2), que le mandat *ad lites* se contracte
par le consentement réciproque du client qui
le donne, et de l'avoué qui *l'accepte;* car,
sous ce rapport et sous beaucoup d'autres, il
n'en est pas du mandat *ad lites* comme du
mandat *ad negotia* (3). Un avoué a bien le droit
de déclarer au plaideur qui l'a constitué, ou
pour lequel il s'est constitué, qu'il ne peut
ou qu'il ne veut plus le représenter; de même,
le plaideur n'est point enchaîné à son avoué
jusqu'aux derniers actes du procès; il est tou-

(1) *Jurisp. génér.*, t. 9, p. 718 et 719.
(2) Page 266.
(3) Pothier, *Traité du mandat*, n° 142.

ART. jours libre de lui retirer ses pièces et sa confiance. Mais si les fonctions de l'avoué semblent finies alors, quant au client, elles ne le
seront, par rapport à la partie adverse, qu'au
moment où la constitution d'un nouvel avoué
75. lui aura été notifiée avec la révocation du premier (1).

Il y a donc erreur dans le système adopté
par M. Carré, et reproduit par M. Dalloz.

Pour en juger mieux encore, voyons ses conséquences.

De ce système, qui range parmi les défauts
faute de comparaître la sentence rendue contre
un plaideur que son avoué déclare méconnaître et répudier, il résulte nécessairement
que cette sentence devra être périmée, si elle
n'est pas exécutée dans les six mois de son
obtention.

Or, vous savez pour quel mal le législateur
a imaginé le remède de la péremption : c'est
parce qu'il était trop souvent arrivé autrefois
qu'un huissier prévaricateur avait manqué de
donner copie de l'ajournement à la personne

(1) On trouvera plus loin d'autres explications sur ce
point, au chapitre *des reprises d'instances et constitution
de nouvel avoué.*

qui paraissait avoir été assignée; c'est parce Art.
que cette personne, ignorant le jugement qui
s'était ensuivi, puisqu'il n'avait pas été plus
difficile de lui *souffler* la signification du jugement que de lui *souffler* l'assignation, se trouvait tout-à-coup écrasée, au sein d'une sécurité profonde, sous le poids d'une procédure
frauduleuse et clandestine, dont elle n'avait
pas même soupçonné l'existence (1).

Maintenant, je prie qu'on me dise s'il peut
y avoir rien de plus abusivement détourné
que cette application de l'article 156 au profit
d'un demandeur de qui l'avoué, après sa constitution dans l'exploit introductif de l'instance, déclare ne point accepter le mandat?
Est-ce qu'en pareil cas il y a lieu de craindre
la clandestinité de l'action? Ce demandeur
peut-il ignorer qu'il a formé sa demande? Ne
doit-il pas veiller à ce que l'avoué qu'il a choisi
remplisse sa mission? Ne doit-il pas se tenir
prêt à le remplacer au besoin?

Supposerez-vous aussi qu'un défendeur a
été la triste victime de la fraude et de la surprise, parce que l'avoué qui s'était présenté

(1) Voyez ci-dessus l'exposé des motifs, par M. Treilhard, pag. 49 et 50.

III. 8

ART. pour lui, a manifesté depuis l'intention de se retirer de la cause? Traiterez-vous ce défendeur comme une partie à laquelle l'assignation a pu être *soufflée*? Vous avez la certitude légale du contraire; car, s'il n'eût pas reçu son assignation, il n'aurait pu la remettre à un avoué, et celui-ci n'aurait pu se constituer tout d'abord.

Cette doctrine étrange, qui subordonne au refus ou au déport de l'avoué *constitué* la nature et les effets d'un jugement par défaut, serait une découverte fort précieuse pour les gens qui, désespérant de gagner leur procès, veulent au moins gagner du temps. Ils pourraient, l'avoué aidant, prolonger la faculté de s'opposer jusqu'au terme de l'exécution, comme les défaillants *faute de comparaître*, au lieu de se resserrer dans le délai trop étroit de huitaine, que comporte l'opposition aux défauts *faute de défendre et conclure.*

Telle n'est pas heureusement la jurisprudence de la cour suprême et de la plus grande partie des cours royales (1); telle n'est pas sur-

____

(1) Voyez le *Journal des avoués*, tom. 15, pag. 305 et suiv.

tout l'opinion de M. Merlin (1), de M. Fa- Art.
vard (2), et de M. Pigeau (3).

L'ordonnance de 1667 permettait aux juges
de *rabattre* les défauts et congés en la même
audience où ils avaient été prononcés, si, avant
la fin de cette audience, le défaillant se présentait et demandait que la cause fût réglée
contradictoirement (4).

Cette disposition avait été empruntée des
Romains : *Succurri oportet reo qui citatus non
respondit, et in quem pronuntiatum est, si con-
festim pro tribunali prætorem adhuc sedentem
adierit.* C'était une conséquence de leurs
formes de procéder ; ils présumaient que celui
qui ne comparaissait pas avait pu ne point entendre d'abord la voix du crieur : *Nam existi-
mari potest non suâ culpâ, sed parùm exauditâ
voce præconis defuisse* (5).

<hr/>

(1) *Répertoire, v° opposition à un jugement,* tom. 8,
pag. 761, et tom. 17, pag. 233 et suiv.

(2) *Répertoire,* tom. 3, p. 164.

(3) *Commentaire,* tom. 1, pag. 350.

(4) Tit. 14, art. 5. *Rabattre* un défaut, c'est l'annuler,
le mettre à néant, et replacer la cause et les parties dans
le même état où elles étaient avant que le défaut eût été
requis et obtenu.

(5) L. 7, *ff. de in integ. restit.*

ART. Suivant les vieilles coutumes de France, les bonnes gens qui avaient été semons et qui n'étaient pas venus à l'heure que la cour leur avait dite, étaient reçus à se faire relever *de la défaute* jusqu'au coucher du soleil, « ou au moins avant que les estoiles fussent apparrans, ains que les estoiles vinssent à percer au ciel (1); car l'œuvre de la présentation duroit jusques à soleil escoussant, et qui dou soleil luisant se présentoit, il ne pouvoit être en défaute du jour (2). »

Ces traditions pouvaient convenir au système incomplet des lois de ce temps-là, lesquelles furent faites à peu près comme les premières villes furent bâties (3). L'arbitraire des juges suppléait au manque d'une prévision plus étendue. Lorsqu'on voulut y mettre quelque régularité, les usages se changèrent en édits et en ordonnances; ainsi le droit de rabattre les défauts se trouva consacré.

Le code de procédure n'en parle pas, ce qui n'empêche point qu'il n'y ait des arrêts qui jugent, et, par conséquent, des livres qui en-

(1) Assises de Jérusalem, chap. 50 et suiv.
(2) Beaumanoir, chap. 2.
(3) J'ai déjà dit cela. Voyez mon prem. vol., p. 32.

seignent que *c'est un ancien usage dont l'exer-* Art.
cice est encore confié à la prudence et à la sa-
gesse des magistrats; et qu'un tribunal a le pouvoir de rabattre le défaut, lors même que
celui qui vient de l'obtenir n'y consent pas.

Le jugement qui donne défaut, aussitôt qu'il
a été prononcé, n'appartient plus aux juges;
ils ne peuvent le rétracter, si ce n'est sur une
opposition signifiée dans les formes et dans les
délais que la loi indique (1).

S'il était vrai que les anciens usages eussent
conservé leur force et leur vigueur dans celles
de leurs dispositions qui n'ont pas été formellement prohibées par le code, je ne comprends
plus le motif de l'article 1041, lequel abroge
toutes lois, *coutumes*, usages et règlements
relatifs à la procédure civile, et je ne puis me
rassurer sur le maintien de la loi nouvelle,
quand la jurisprudence conspire avec les anciens usages.

Quelquefois il arrive, par diverses circonstances, que le caractère des jugements par
défaut *faute de défendre et de conclure*, offre
assez d'indécision pour que leurs nuances pa-

(1) Voyez le *Répertoire* de M. Favard, t. 3, p. 166.

Art. raissent se fondre dans celles des jugements *contradictoires*.

Le plus sûr moyen de les reconnaître, c'est de se tenir au texte de la loi :

149. « Si l'avoué constitué ne se présente pas pour l'audience au jour indiqué, il sera donné défaut. »

Remarquez toutefois que *se présenter à l'audience*, dans le sens de cet article, ce n'est pas simplement faire l'acte d'une comparution matérielle, c'est venir y prendre les conclusions du procès (1).

Voici des exemples qui serviront d'explications :

Un avoué a fourni des écritures dans l'instruction d'une cause, mais, à l'audience où cette cause doit être appelée, il ne se lève pas pour prendre ses conclusions, il ne fait pas plaider. Le jugement qui survient est par défaut contre lui. La défense n'avait été qu'ébauchée ; des empêchements vrais, des motifs légitimes, des accidents imprévus n'ont peut-être pas permis d'en faire davantage. La voie de l'opposition reste ouverte.

(1) *Questions de droit* de M. Merlin, *v° opposition aux jugements par défaut*, § 6.

L'avoué est venu à l'audience, mais il n'y a Art. proposé que des exceptions dilatoires ou des moyens de nullité, et il a refusé de conclure sur le fond du procès. Les juges rejettent l'exception ou la nullité, puis ils statuent sur le fond : leur jugement est contradictoire quant à la première partie, et par défaut quant à la seconde.

Les avoués ont pris respectivement leurs conclusions à l'audience sur le fond. Le tribunal, avant de faire droit, ordonne une preuve, une vérification quelconque. Faudra-t-il, cette vérification faite, que les conclusions soient renouvelées pour que le jugement définitif soit contradictoire? Assurément; sinon les juges devraient donner défaut contre celui des plaideurs dont les conclusions n'auraient pas été reprises. C'est que l'effet d'un interlocutoire peut modifier la contestation, lui donner une face toute différente, et que les conclusions primitives ne se trouvent plus agencées dans la nouvelle direction de l'affaire (1).

On concevra sans peine que la question doit

(1) Arrêt de cassation du 14 novembre 1820. *Quest. de droit, v° opposition aux jugements par défaut,* § 6.

Art. être autrement décidée, si, après les conclusions, le tribunal n'a fait que continuer la cause à une autre audience. Par ce renvoi, l'état du litige ne subit aucun changement, aucune modification (1), et le débat se doit terminer tout aussi *contradictoirement* qu'il avait été engagé, quand bien même l'avoué s'abstiendrait de reparaître.

C'est ici le lieu de rappeler une disposition du règlement du 30 mars 1808.

On y lit, articles 28 et 69 : « Le premier jour d'audience de chaque semaine, le président fera appeler un certain nombre de causes, dans lesquelles il fera prendre les conclusions, en indiquant un jour pour plaider. S'il y a des obstacles à ce que les défenseurs, ou l'un d'eux, se trouvent au jour indiqué, ils devront en faire sur-le-champ l'observation, et si elle se trouve fondée, il sera indiqué un autre jour. »

(1) A moins que l'audience à laquelle la cause a été continuée, ne se trouve pas entièrement composée des mêmes juges. Dans ce cas, les avoués devraient reprendre leurs conclusions, et si l'un d'eux s'y refusait, ou ne venait pas, le jugement serait par défaut. Voyez tom. 2, chap. 7, pag. 369.

Notez que déjà l'article 343 du code de pro- cédure avait dit : « La plaidoirie sera réputée commencée quand les conclusions auront été contradictoirement prises à l'audience. »

Il résulte assez clairement de cette combinaison, que les affaires liées par les conclusions prises de part et d'autre à l'audience avant le jugement définitif, ne peuvent plus recevoir qu'une décision *contradictoire*. Ne serait-il pas d'une ridicule inutilité de faire prendre les conclusions à l'appel de la cause, et de fixer le jour où elle sera plaidée, si l'une des parties pouvait se jouer de ces préliminaires, déserter l'audience quand les débats sont entamés, laisser rendre un défaut, sauf à revenir par opposition priver son adversaire des avantages d'un jugement contradictoire, et prolonger au delà du terme indiqué la durée du procès ?

En deux mots :

Tout ce qui aura été dit ou écrit durant l'instruction n'empêchera point que le jugement ne soit par *défaut*, si l'avoué du défendeur ne s'est point présenté pour conclure à l'audience (1).

_____

(1) Excepté lorsque le défendeur avoue la dette, ou

ART.

342.

Les conclusions ont-elles été prises de part et d'autre? Vous supposerez, si vous le voulez, que l'avoué ou le client se sont depuis refusés à plaider, vous les supposerez absents, malades, morts; le jugement qui s'est ensuivi n'en sera pas moins un jugement contradictoire.

Je dois ajouter que c'est la loi seule qui fixe le véritable caractère d'un jugement, et qu'il ne dépend ni des parties, ni des tribunaux, en lui donnant telle ou telle qualification, de changer les conséquences qu'il doit produire selon sa nature (1).

Il me reste à parler de la forme et du délai des oppositions.

On sait déjà que l'opposition à un jugement par défaut *faute de comparaître* peut être faite, ou par une déclaration sur les actes

lorsqu'il déclare n'avouer ni ne contester la demande, et s'en rapporter à la sagesse du tribunal. Le demandeur peut demander acte de ces déclarations, qui n'ont pas besoin d'être formulées en conclusions. C'est en ce sens qu'il faut entendre ce que j'ai dit dans mon second vol., pag. 510.

(1) Arrêt de la cour de cassation du 22 mars 1825, *Sirey*, 26-1-198.

d'exécution , afin de les arrêter , ou par un acte Art.
extrajudiciaire, afin de les prévenir (1). Mais
il est toujours indispensable que , dans les huit
jours qui la suivent , cette démonstration soit
réitérée en forme de requête , signifiée d'avoué
à avoué. Par conséquent un avoué devra se constituer dans cette requête , car jusque-là l'opposant n'avait pas été représenté ; et l'avoué
de la partie qui avait obtenu le défaut sera
tenu d'occuper pour elle sur l'opposition (2).

La cause n'avait reçu qu'une décision provisoire tant que durait le délai de recours.
Voici venir l'opposition : elle remet les choses
dans l'état où elles étaient avant le jugement
par défaut. Cette comparution , dont la loi
excuse la tardiveté pourvu qu'elle n'excède
pas les termes de grâce, n'est pas l'introduction d'un autre procès ; ce n'est , comme plus
haut je l'ai fait remarquer , qu'une sorte de
redressement des qualités incomplètes de l'instance , dans laquelle le défendeur se présente
pour remplir le vide que son défaut y avait
laissé.

Une théorie si simple et si bien accommo-

(1) Voyez ci-dessus, p. 101 et 102.
(2) Arrêt de la cour de cassation du 1er août 1810.

Art. dée à la nature des choses aurait dû être généralement comprise ; elle ne l'a point été. A quoi bon cette requête de réitération, a-t-on dit, si, formant mon opposition par un exploit, je l'ai déjà armée d'une constitution d'avoué, et d'un ajournement pour procéder devant le tribunal? Et des arrêts ont jugé que, dans ce cas, la requête était nne superfluité (1).

On n'a donc pas vu que cette manière d'interpréter la loi faisait deux procès pour un? En effet, l'opposition ainsi formulée et signifiée à la personne ou au domicile de l'adversaire en faveur de qui le jugement par défaut avait été prononcé, va l'obliger à constituer de nouveau son avoué sur l'ajournement que contient cette signification ; c'est une instance particulière qui s'introduit, et, comme l'opposition fait revivre en même temps l'instance primitive, j'ai eu raison de dire qu'il y aura deux instances dont il faudra provoquer la jonction. On ne doit jamais se croire mieux avisé que la loi, *nec molli animo eam suscipere.*

(1) Voyez notamment ceux de Nîmes, de Toulouse et de Riom, rapportés par M. Dalloz, *Jurisp. génér.,* tom. 9, pag. 716.

Le vœu du législateur se produit pourtant avec assez de clarté dans la disposition qui a prévu les cas de décès, de démission, et tous autres événements, par suite desquels la partie qui a obtenu le jugement par défaut se trouverait privée de son avoué. Alors elle doit en constituer un autre et le faire connaître au défaillant, afin que celui-ci puisse réitérer son opposition, et signifier sa requête de réitération par acte d'avoué à avoué.

Le projet du code portait : « Si l'avoué de la partie qui a obtenu le jugement par défaut est décédé ou ne peut plus postuler, l'opposant sera tenu, dans les délais ci-dessus (la huitaine), de *réitérer* son opposition *par exploit*, qui en contiendra les moyens, avec assignation à trois jours, en constitution de nouvel avoué. »

Sur les observations de la section de législation du tribunat, les rôles des plaideurs furent changés. Une autre rédaction fut proposée; le conseil d'Etat l'accepta; elle compose la seconde partie de l'article 162.

Voici ces observations :

« La section croit qu'on doit assujettir la partie qui a obtenu le jugement par défaut à notifier le décès de son avoué ou la cessation

Art. de ses fonctions au défaillant, avec constitution de nouvel avoué. L'article suppose que l'opposition est encore recevable; il faut donc que le demandeur, qui doit essentiellement avoir un avoué, mette le défendeur à portée de se défendre régulièrement.

» La section ne voit pas pourquoi ce serait à la partie défaillante à venir s'informer si le demandeur a toujours le même avoué.

» Aussi, dans le système de la section, le défendeur ne viendra pas *réitérer* son opposition *par exploit*, il DEVRA *le faire par requête.* »

Me permettra-t-on de répéter que la loi serait mieux connue et mieux appliquée, qu'il y aurait moins de contrariété dans la jurisprudence, et plus d'accord dans la doctrine, si l'on prenait la peine de remonter aux sources.

Résumons :

Autrefois le défaillant signifiait une simple opposition au jugement qui l'avait condamné; puis, rassuré par la vertu suspensive de cette manifestation, il attendait que son adversaire vînt l'assigner et le pousser en avant. Le procès recommençait sur nouveaux frais, et le temps s'allongeait, nonobstant la vieille maxime qui Art. veut que tout opposant soit prêt à plaider.

Le code a fait disparaître cet abus. Dans la huitaine du jour où l'opposition a été annoncée, soit par une signification extrajudiciaire, soit par une déclaration sur quelque acte d'exécution, elle doit être réitérée par une requête contenant une constitution d'avoué et les moyens de l'opposant. Les choses étant ainsi disposées, un simple *à venir* suffit à l'expédition du procès.

Mais ce délai pour la réitération est-il franc? Non, à moins qu'on ne veuille effacer de la loi ces mots : DANS *la huitaine*. Vous le voyez, il faut que la requête soit donnée en dedans du délai, si je puis ainsi parler. Toutefois le jour de la déclaration de l'opposition, c'est-à-dire le jour *à quo*, n'est pas compris dans la supputation. Par exemple : l'opposition a été déclarée le 1er du mois, elle sera réitérée le 9 au plus tard, sous peine de déchéance, laquelle est encourue de plein droit, et sans qu'il soit nécessaire de la faire prononcer. Quel besoin y a-t-il de recourir aux juges lorsqu'il ne s'agit que de compter des jours?

Cependant il peut arriver que le domicile de

ART. l'opposant soit considérablement éloigné du lieu où il a été condamné, où se trouve l'avoué qu'il doit constituer, et où sa requête devra être signifiée à l'avoué de l'autre partie. Evidemment le code aurait ordonné l'impossible, si le délai de huitaine, dans ce cas, ne recevait pas une augmentation à raison de la distance.

Cette remarque avait été faite par la section de législation du tribunat : « La huitaine fixée pour le renouvellement de l'opposition par requête peut être beaucoup trop courte, ce qui dépend de l'éloignement de la partie du lieu où siége le tribunal ; la section désire, pour éviter toute difficulté, que l'art. 1033, qui est destiné à étendre les délais d'après les distances, dénomme expressément les requêtes et oppositions mentionnées dans l'article 162. »

La difficulté ne parut pas assez sérieuse au conseil d'État pour qu'il fût nécessaire de s'en expliquer spécialement. L'augmentation du délai, à raison de l'éloignement, s'est naturellement combinée avec les exigences de l'article 162, et ce n'est plus l'objet d'une controverse.

Sous l'empire des anciennes ordonnances,

les défaillants n'étaient pas admis à revenir Art.
par opposition à un jugement qui les avait
condamnés *faute de comparoir*, s'ils ne se sou-
mettaient à payer, sans espoir de répétition,
les frais de ce jugement (1). Cela s'appelait *re-
fonder les dépens et frais préjudiciaux;* c'était,
disait-on, la peine de la contumace, parce que
la *morosité* du défendeur ayant donné lieu au
défaut, il ne pouvait faire rétracter le droit
acquis au demandeur, qu'à la condition de
supporter les dépens *frustrés* (2).

Une pareille disposition dans le code de
procédure eût été un non-sens. Le droit d'opposition, avec toute sa latitude et toutes ses
garanties nouvelles, dérive aujourd'hui de
cette présomption admise par les scrupules
du législateur, que le défaillant a pu ne pas
recevoir l'ajournement, et ignorer longtemps
les poursuites qui se sont ensuivies. La voie
de réparation que la justice lui ouvre doit-elle
être rachetée par une peine, et faut-il s'en
prendre à sa morosité, si l'on ne croit pas

(1) Jousse, sur l'art. 5 du tit. 55 de l'ordonnance de
1667.
(2) Rodier, pag. 73 et 74.

III.   9

Art. impossible qu'il ait été la victime innocente d'une clandestine prévarication ?

J'ai peu de choses à dire sur la forme et le délai de l'opposition au jugement par défaut *faute de défendre*, c'est toujours à dire, *faute de conclure* (1). En cette matière, le code de procédure n'a fait que reproduire les anciens textes; et si les commentaires sont de quelque utilité, ce n'est que pour donner le vrai sens des dispositions nouvelles.

Ici toute certitude est acquise touchant la remise de l'ajournement au défendeur, puisqu'il y a répondu par une constitution d'avoué. L'ignorance des poursuites et du jugement qui les doit suivre n'est plus à présumer. La péremption à défaut d'exécution dans les six mois, la bienvenue de l'opposition jus-

_____

(1) Voy. ci-dessus pag. 29, 114 et 117. Il eût été peut-être plus rigoureusement exact de dire *défaut faute de conclure*; au surplus c'est le sens que j'ai attaché aux mots *faute de défendre*, quand je m'en suis servi.

Car il n'y a plus de défaut *faute de défendre*, proprement dit, c'est-à-dire faute de fournir des écritures avant de conclure à l'audience. En matière ordinaire, ce n'est plus une obligation de signifier des défenses, ce n'est qu'une faculté.

qu'aux criées de l'exécution, et toutes ces A<small>RT</small>. sollicitudes de la loi en faveur des *non comparants*, ne seraient plus que des dénis de justice.

Cependant toutes les présomptions ne sont pas encore effacées. Il n'est pas invraisemblable qu'après la constitution de son avoué, un plaideur trop vivement harcelé n'ait point eu le temps de rassembler des titres, des moyens, des éléments de preuves qui manqueront à sa défense. Des accidents, des embarras ont pu traverser ses recherches; ou bien une exception qu'il a essayé de faire valoir a été rejetée, et d'abord il a craint de compromettre ses droits en concluant sur le fond du procès; puis, mieux éclairé, il y veut revenir. Enfin il y a cette règle d'équité qui ne permet pas de tenir pour irrévocablement condamné celui qui ne s'est peut-être pas trouvé assez tôt en mesure de se défendre, au risque d'étendre la faveur de l'opposition sur des gens de ruse et de mauvais vouloir.

Mais on conçoit que les limites du recours doivent être beaucoup plus restreintes lorsqu'il s'agit d'un jugement par défaut après comparution.

Le tribunat proposait de distinguer, parmi

ART. ces jugements, ceux rendus en premier ressort seulement, et ceux rendus en dernier ressot.

« A l'égard des premiers, il admettait que l'opposition ne fût recevable que dans la huitaine du jour de la signification à avoué; mais, pour les jugements en dernier ressort, il demandait que le délai se prolongeât jusqu'à l'exécution, afin que la négligence d'un avoué ne pût causer à la partie un tort irréparable (1). »

Cette distinction ne fut pas accueillie, et ce fut avec raison. Si l'avoué laisse prendre un défaut par négligence, et s'il ne répare pas son incurie en formant opposition dans le temps prescrit, il sera passible de dommages-intérêts proportionnés à la perte qu'il aura causée. Mais il n'eût pas été rationnel de mettre sur la même ligne les défauts *faute de comparaître* et les défauts *faute de conclure*, quand bien même ces derniers auraient été prononcés en dernier ressort.

A la grand'chambre du parlement, et à la première chambre de la cour des aides de Paris, lorsque l'avocat et le procureur de l'appelant ne se présentaient pas à l'audience

(1) Locré, *Législation civile*, etc., t. 21, p. 430.

pour plaider à tour de rôle, le premier pré- ART.
sident ordonnait à l'huissier de service de les
appeler à la barre de la cour. L'huissier appelait, et, si personne ne répondait, il venait
en faire son rapport; alors l'avocat de l'autre
partie prenait ses conclusions ; il faisait
l'exposé de l'affaire ; les gens du roi étaient
entendus, si la nature de la cause l'exigeait,
et l'arrêt intervenait en ces termes : « Après
que l'huissier a rapporté avoir appelé N. et son
procureur, la cour donne défaut, et met l'ap-
pellation et ce dont est appel au néant. » On y
employait cette solennité, parce que les arrêts
par défaut, rendus à tour de rôle, n'étaient
pas susceptibles d'opposition. En ce temps-là,
le rôle des causes était périodiquement arrêté,
publié, et déposé dans les greffes du ressort;
il était fatal. Cela n'existe plus. L'opposition
est un principe général, comme toutes les garanties de la défense; elle est de droit commun,
sauf quelques rares exceptions établies par des
dispositions spéciales (1).

(1) Voyez mon second volume, pages 343 et 351.
Il y a des incidents sur les poursuites de la saisie
immobilière, et en matière d'ordre, où la voie de
l'opposition est fermée. Cela sera expliqué en son
lieu.

ART. L'opposition aux jugements par défaut rendus contre une partie ayant un avoué n'est
recevable qu'autant qu'elle est formée par re-
160. quête d'avoué à avoué (1).

Cette requête ne doit point être présentée
au président du tribunal et revêtue de son
ordonnance avant qu'elle soit signifiée. Il n'y
a que la cour de Riom qui juge à présent le
contraire, en s'appuyant sur de vieux usages
locaux que l'art. 1041 du code a abrogés (2).
Son système serait raisonnable, s'il s'agissait
d'une instance à introduire; mais il ne faut
pas perdre de vue que l'opposant ne fait que
rentrer dans l'instance où il avait originairement paru, et qu'il avait désertée (3). De
même toutes les demandes incidentes qui sur-
gissent au cours d'un procès se produisent en
forme de requêtes, et ne s'exhibent au juge qu'à
l'audience. A quelles fins la requête d'opposition serait-elle donc apportée d'abord au pré-

(1) Voyez, pour la signification des actes d'avoué à
avoué, mon second volume, pag. 265.

(2) *Journal des avoués*, t. 45, p. 425.

(3) Lorsqu'il a été formé opposition à un jugement
par défaut, la cause reprend le rang qu'elle occupait sur
le rôle. *Décret du 30 mars 1808, art. 30 et 73.*

sident? Aura-t-il quelque chose à accorder Art.
ou à refuser? N'est-ce pas au tribunal entier
qu'il appartient de décider si l'opposition est
recevable et fondée? Quand la loi a voulu
qu'une requête fût présentée et répondue,
elle l'a dit; et dans l'art. 160 elle n'en parle
pas.

« La requête contiendra les moyens d'opposition, à moins que des moyens de défense
n'aient été signifiés avant le jugement, auquel
cas il suffira de déclarer qu'on les emploie
comme moyens d'opposition. »

L'esprit de cette disposition est facile à
saisir. Le terrain de la discussion doit être tout
préparé; il faut que l'opposant fasse connaître
ses moyens avant de venir plaider. Autrement
des allégations ou des exceptions inattendues
pourraient forcer la partie qui a obtenu le
jugement par défaut à demander un délai pour
répondre, et à recommencer, en sortant de
l'audience, l'instruction de la cause.

On a jugé que l'opposition était nulle si
l'énonciation des moyens se réduisait, dans la
requête, à la simple indication d'un article de
loi sans aucun développement (1). A plus

(1) Sirey, 11-2-427.

ART. forte raison faudra-t-il ne compter pour rien ces locutions vaines et vagues, qui servent d'arguments à beaucoup de gens; comme si l'on se contentait de dire que tel titre ou telle pièce *fourmille de vices* (1); ou comme si l'on affectait ce laconisme d'un conseil de discipline de garde nationale, lequel repoussait une exception d'incompétence, *attendu qu'elle n'avait pas le sens commun* (2).

161. La loi ajoute : « L'opposition qui ne sera pas signifiée dans cette forme n'arrêtera pas l'exécution ; elle sera rejetée sur un simple acte, et sans qu'il soit besoin d'aucune autre instruction. »

Il semble, au premier aspect, qu'il y ait quelque désaccord entre la disposition qui laisse marcher l'exécution, nonobstant une opposition qu'à tort ou à raison on peut taxer d'irrégularité, et celle qui défère aux magistrats le jugement de l'irrégularité. Si l'article n'a pas voulu, comme cela devait être, que la partie intéressée au rejet de l'opposition se constituât l'unique juge de sa validité, il fallait

(1) *Journal des avoués*, t. 44, p. 278 et 279.
(2) *Ibid.*, p. 294.

donc dire que l'exécution resterait suspendue ART. jusqu'à la décision du tribunal.

La loi se concilie facilement avec elle-même. Tout se réduit là : J'ai obtenu un jugement par défaut ; je le fais exécuter ; le défaillant fait signifier une opposition ; il est évident pour moi qu'elle est nulle, et je passe outre. Cependant il n'en est pas de l'opposition irrégulière comme de l'opposition tardive, qui est nulle de plein droit. Il faut que l'irrégularité soit jugée. Si le tribunal adopte la nullité, j'aurai eu raison de continuer l'exécution. Dans le cas contraire, j'aurai eu tort ; c'est l'exécution qui sera nulle, et je me serai exposé à des dommages-intérêts.

C'est une sorte d'exécution provisoire dont les chances doivent être calculées par celui qui veut aller en avant et ne pas avoir égard à l'opposition (1).

Quelle que soit l'espèce d'un jugement par défaut, les formes et les conditions de la requête pour *faire* ou pour *réitérer* l'opposition sont les mêmes. L'une et l'autre doivent contenir les moyens à l'appui du recours ; les articles 161 et 162 ont une corrélation manifeste

_____

(1) M. Carré, *Lois de la proc.*, t. 1, p. 411.

ART. 162.

en ce point (1). En aucuns cas les écritures qui seraient fournies postérieurement n'entreraient point en taxe.

Quant au délai de huitaine, dans lequel la requête d'opposition au défaut *faute de conclure* doit être signifiée, il n'est pas plus franc que celui de la requête qui sert à réitérer l'opposition aux défauts *faute de comparaître;* mais il ne reçoit point, comme celui-là, l'augmentation des jours à raison des distances. On le concevra sans peine : l'opposition au défaut *faute de conclure* se forme et se poursuit par les avoués; rien n'y est extrajudiciaire, et les avoués sont toujours assez près l'un de l'autre pour que l'échange de leurs actes se puisse faire promptement.

L'opposition *régulièrement* faite et signifiée suspend l'exécution, à moins que les juges, en prononçant la sentence par défaut, n'y aient attaché le privilége d'une exécution provisoire.

(1) M. Favard, *Répert.*, t. 4, p. 48, et M. Carré, *Lois de la procéd.*, t. 1, p. 417. Qu'est-ce qu'une requête, dit ce dernier auteur, qui ne contiendrait pas les moyens justificatifs de la demande qu'elle est destinée à produire?

Mais il est des jugements dont les dispositions Art. principales s'adressent à des personnes qui n'ont pas figuré dans la cause, qui n'y avaient aucun intérêt, et qui, à raison de leurs fonctions, n'en sont pas moins tenues de concourir à l'exécution. Tels sont ceux qui, donnant mainlevée de l'empêchement mis à un mariage, autorisent l'officier de l'état civil à faire la célébration ; ceux qui, déclarant une inscription hypothécaire nulle ou prise sans droit, ordonnent au conservateur de la rayer, etc. Des précautions ont dû être prises, afin que les défaillants ne fussent point exposés à souffrir des préjudices irréparables par une exécution à laquelle se prêteraient ces tierces personnes au mépris du droit d'opposition, et sous le prétexte vrai ou faux de leur ignorance touchant l'état des choses.

Autrefois on se contentait, dans l'usage, d'un certificat du procureur qui avait fait rendre la sentence par défaut, constatant *qu'aucune opposition n'était venue à sa connaissance.* Ce n'était qu'un simulacre de garantie. Le certificat pouvait être sincère, quoique l'opposition existât réellement, et quelquefois il était un mensonge. Les modernes législateurs se sont mieux avisés : ils ont voulu qu'un

ART. registre tenu au greffe fût destiné à recevoir
la mention de l'opposition, et qu'on y énonçât
163. les noms des parties, ceux de leurs avoués, avec
les dates du jugement et de l'opposition. C'est
l'avoué de l'opposant qui fait cette mention.
Puis, il est ajouté qu'un jugement par défaut
ne sera exécuté envers des tiers, que sur une
attestation du greffier, portant qu'aucune opposition n'a été inscrite au registre.
164.

Plus tard, et lorsqu'ils sont arrivés à tracer
*les règles générales sur l'exécution forcée des
jugements*, les rédacteurs du code ont senti la
nécessité d'étendre la portée de leurs prévisions. S'il n'y a pas lieu à opposition, il peut
y avoir lieu à appel; et les mêmes inconvénients se représentent dès que l'exécution du
jugement doit s'accomplir par l'accession d'un
tiers. Il a donc fallu faire des dispositions plus
larges, comprenant à la fois les cas d'opposition et d'appel. Voici le texte :

« Les jugements qui prononceront une mainlevée, une radiation d'inscription hypothécaire,
un payement ou quelque autre chose à faire par
un tiers ou à sa charge, ne seront exécutoires,
par les tiers ou contre eux, même après les
548. délais de l'opposition ou de l'appel, que sur le
certificat de l'avoué de la partie poursuivante,

contenant la date de la signification du juge- Art.
ment faite au domicile de la partie condamnée, et sur l'attestation du greffier, constatant
qu'il n'existe contre le jugement ni opposition
ni appel.

» A cet effet, l'avoué de l'appelant fera
mention de l'appel dans la forme et sur le
registre prescrits par l'article 163 (pour les 549.
oppositions).

» Sur le certificat qu'il n'existe aucune opposition ni appel sur ce registre, les séques-
tres, conservateurs, et tous autres seront tenus 550.
de satisfaire au jugement. »

L'application de ces articles a soulevé
beaucoup de difficultés, qui sont venues ré-
pandre sur la jurisprudence leurs obscures
incertitudes.

A chaque pas que je fais, je trouve l'occasion de le remarquer, et j'éprouve le besoin
de le redire : les innovations ne sont pas toujours nettement exprimées dans nos codes, et
ce n'est pas œuvre facile que de bien y épan-
cher sa pensée. Tels mots, telle loi, a dit
Bentham. Moins souvent encore les innovations trouvent dans la pratique assez de sympathies intellectuelles, parce que les mœurs
ont plus de racines que les principes, et que

ART. les habitudes ne se convertissent pas aussi vite que les idées.

Si vous prenez à la lettre les expressions de l'article 549, c'est l'avoué de *l'appelant* qui doit faire mention de l'appel sur le registre dont parle l'article 163. Or vous savez que ce registre est tenu au greffe du tribunal de première instance, et l'avoué de *l'appelant*, selon le sens naturel des mots, ne peut être que l'avoué constitué dans l'acte d'appel ; car l'appel, en transportant la cause et les parties sur un terrain plus élevé, a mis fin aux fonctions de l'avoué du premier degré. Faudra-t-il donc que cet avoué de l'appelant, fixé près la cour royale, se déplace et se transporte dispendieusement à l'une des extrémités du ressort pour inscrire au registre la mention de l'appel ? C'est bien ce que la loi a donné à entendre, mais ce n'est pas ce qu'elle a entendu. La mention de l'appel, comme celle de l'opposition, sera faite par l'avoué qui occupait en première instance pour celui qui s'est rendu appelant. L'article 90 du tarif le dit d'une manière formelle ; toutefois il eût été bon que cela fût aussi positivement énoncé dans le code.

Une faute plus sérieuse peut être relevée.

Que le jugement ne doive pas être exécuté Art. à l'égard des tiers, *même après les délais de l'opposition ou de l'appel*, comme dit la loi, si le certificat du greffier ne leur est pas exhibé ; cela se comprend. Il est possible que les significations qui servent de point de départ pour le cours des délais soient viciées de quelque nullité ; dans ce cas, la partie condamnée n'a pu encourir aucune déchéance pour s'opposer ou pour appeler, suivant la nature du jugement.

Mais de ce que les tiers ne sont pas tenus d'exécuter, tant qu'il n'est pas justifié que le registre n'est chargé d'aucune mention de recours, MÊME *après les délais de l'opposition ou de l'appel*, résulte-t-il que l'exécution pourra être exigée dès qu'on apportera le certificat, et sans qu'il faille attendre l'expiration de ces délais? Ou bien ces mots, *même après les délais*, sont-ils une forme extensive, indiquant que la condition exigée doit être remplie non-seulement *avant*, mais encore *après?*

La question est fort délicate.

M. Pigeau, l'un des rédacteurs du code, assure que l'article 548 ne fut point créé avec cette intention ; que, pour exécuter, il serait

Art. nécessaire de surseoir jusqu'à ce que les délais fussent écoulés (1).

MM. Carré (2), Berriat-St-Prix (3), Thomine-Desmazures (4), et d'autres commentateurs (5), se sont rangés à cette opinion.

L'avis contraire est soutenu par MM. Favard de Langlade (6), Persil (7), Delvincourt (8), Dalloz (9), et par le rédacteur du *Journal des Avoués* (10). Ils se fondent sur l'article 2157 du code civil, lequel porte : « Les inscriptions sont rayées du consentement des parties intéressées et ayant capacité à cet effet, ou en vertu d'un jugement en dernier ressort, ou *passé en force de chose jugée.* »

Il faut se reporter au temps où le code civil fut promulgué, pour connaître le sens qu'il a dû attacher à l'expression de *jugements passés*

---

(1) *Traité de la procéd.*, t. 2, p. 400.
(2) *Lois de la procéd.*, t. 2, p. 143 et 144.
(3) T. 2, p. 48, 509, note 11.
(4) *Comment.*, t. 2, p. 48 et suiv.
(5) Voyez le *Journal des avoués*, t. 12, p. 529.
(6) *Répert.*; t. 2, p. 476.
(7) *Régime hypothécaire*, art. 2157, n° 14.
(8) T. 3, note 2 de la p. 183.
(9) *Jurisp. génér.*, t. 9, p. 442.
(10) T. 12, p. 529.

en force de chose jugée. C'était sous le régime Art.
de l'ordonnance de 1667, car le code de procédure n'existait pas encore.

L'art. 5 du titre 27 était ainsi conçu : « Les
sentences et jugements qui doivent passer en
force de chose jugée sont ceux rendus en dernier ressort, et *dont il n'y a appel*, ou dont
l'appel n'est pas recevable, soit que les parties
y eussent formellement acquiescé, ou qu'elles
n'en eussent interjeté appel dans le temps, ou
que l'appel ait été déclaré péri. »

Il y avait donc force *actuelle* de chose jugée,
aussitôt que le jugement devenait exécutoire. Il
suffisait qu'alors il n'eût pas été attaqué, quoiqu'il pût l'être. La possibilité d'un appel n'était
point une présomption de droit qui dût arrêter
l'exécution.

Les adversaires de ce système ont essayé de
décomposer l'ordonnance, pour lui faire dire
que les jugements passés en force de chose
jugée, quand il n'y avait pas d'appel, n'étaient
autres que ceux auxquels les parties avaient
acquiescé, ou dont elles n'avaient pas interjeté
appel dans le temps prescrit (1).

Mais la confusion est évidente. L'acquies-

(1) M. Dalloz, *Répert.*, t. 9, p. 442, à la note.

Art. cement et l'expiration des délais donnés pour appeler, sont *des fins de non-recevoir* qui ne se peuvent rapporter qu'à cette autre classe de jugements que la force de la chose jugée a saisis, parce que l'appel n'en était plus recevable.

Voici une preuve qui, je crois, n'a été fournie par personne. Dans le projet de l'ordonnance (1), on lisait : « Les sentences et jugements qui doivent passer en force de chose jugée sont ceux; ou qui sont rendus en dernier ressort, *et dont il n'y a point* ENCORE *d'appel,* ou dont l'appel n'est pas recevable, soit à cause que les parties y ont formellement acquiescé, soit qu'elles n'en aient pas interjeté appel dans le temps ci-après préfix, ou que l'appel ait été déclaré péri. » Le procès-verbal des conférences nous apprend que *l'article fut trouvé bon.*

Assurément ces mots, *dont il n'y a point* ENCORE *d'appel*, supposaient bien qu'un appel pouvait survenir.

Il importe peu que le formaliste M. Pussort, retouchant le style trop rajeuni de sa première

(1) C'était l'art. 6 du titre 30 de l'ordonnance, mais le 5e fut retranché, et le titre 30 devint le 27e.

rédaction, ait cru plus digne de le vêtir de la Art. couleur des vieilles ordonnances, et que l'expression *dont il n'y a appel* lui ait paru d'une majesté plus édictale que ce tour vulgaire, mais fort lucide : *dont il n'y a pas encore appel.* La pensée a dû rester la même, car le tout avait été *trouvé* bon et définitivement arrêté.

Faut-il chasser jusqu'à l'ombre du doute, et démontrer qu'aujourd'hui même on ne doit pas autrement traiter ce point? Ouvrez *l'Exposé des motifs* sur le titre *de l'Appel*, par M. Bigot de Préameneu, vous y verrez « qu'il résulte évidemment des dispositions du code, que tout jugement, en premier ou en dernier ressort, a la force de chose jugée, *lorsqu'il n'est point encore attaqué*, ou lorsqu'il ne peut plus l'être (1). »

En premier ressort, la force de chose jugée subsiste jusqu'à ce qu'il y ait appel; alors elle s'évanouit, c'est à recommencer. En dernier ressort, elle est irrévocable. Voilà tout.

L'argument tiré de l'article 2157 du code civil, pour établir qu'un jugement ne peut

(1) M. Locré, *Esprit du code de procédure*, tom. 2, pag. 267.

ART. être exécuté à l'égard d'un tiers durant le délai de l'appel, n'a donc pas la moindre consistance.

La solution va s'achever à l'aide de quelques considérations.

Je le demande : si j'ai gagné mon procès en première instance, serai-je obligé, pour faire exécuter directement la sentence contre mon adversaire, d'attendre l'expiration du délai entier de l'appel? Non sans doute. Pourquoi me serait-il donc interdit de poursuivre en même temps l'exécution à la charge d'un tiers?

Par exemple : vous avez pris une inscription sur mes biens; je fais juger que c'est à tort et à mon grand préjudice. Le tribunal, en ordonnant la radiation, vous condamne non-seulement aux dépens de l'instance, mais encore à me payer des dommages-intérêts, même par
126. corps, parce qu'ils excèdent 300 francs. Je fais
147. signifier le jugement, d'abord à votre avoué, puis à vous, *à personne ou domicile*, avec commandement d'y satisfaire. Vous avez trois mois pour interjeter appel. Cependant n'est-il pas vrai qu'au bout de deux ou trois jours (1) je

(1) En supposant expiré le délai de huitaine depuis la *prononciation* du jugement. (Art. 450 du cod. de proc.)

puis vous envoyer des huissiers pour vous exé- Art.
cuter, pour vous appréhender, et que, tant
que durera votre inertie, l'exécution aura son
cours? Cela est incontestable. Et je ne pourrais
pas, avant l'accomplissement des trois mois
(autrefois j'aurais dit avant l'expiration de
trente ans), rendre mes biens libres, et requérir le conservateur de rayer l'inscription!
Pourquoi n'avez-vous pas interjeté et déclaré
votre appel, si vous aviez chance d'appel?

On n'aura pas manqué d'observer que la discussion à laquelle je viens de me livrer n'a
trait qu'au cas d'appel, ce qui supposerait que
le jugement à exécuter était contradictoire, ou
que, s'il eût été par défaut, l'opposition n'en 455.
aurait plus été recevable. Mais la lettre du
code de procédure offre une telle apparence
de connexité entre l'article 163 et l'article 548,
que j'ai cru pouvoir aborder le dernier par
avance.

Cette anticipation sera justifiée par un autre
motif : c'est qu'elle m'était nécessaire pour distinguer maintenant les effets d'un jugement *par
défaut* et ceux d'un jugement *contradictoire*,
dans les cas où l'exécution exige le concours
d'une tierce personne.

S'agit-il d'un jugement par défaut *faute de*

ART. *conclure?* nulle difficulté ne se présente. Règle générale : il est défendu d'exécuter avant l'échéance de la huitaine, à partir de la signification du jugement à l'avoué du défaillant (1). Or,

155. c'est pendant le cours de ce délai que l'opposi-

157. tion devra être formée, à peine de déchéance; par conséquent, le certificat portant qu'aucune mention d'opposition n'a été inscrite sur le registre du greffe pourra être délivré le jour même où il sera permis de poursuivre l'exécution. Que si une opposition vient à être déclarée après le terme prescrit, et avant que le tiers ait exécuté, elle sera rejetée sans retard, et sur un simple *à venir*. Point de temps perdu, point de préjudice grave.

Le jugement est-il par défaut *faute de comparution?* L'aspect de la question change considérablement; ici reviennent tous les embarras que suscite dans la pratique un système nouveau.

(1) A moins que l'exécution provisoire n'ait été ordonnée; ce qui ne s'accorde guère dans les cas d'une inscription à rayer, de deniers saisis à délivrer, de mainlevée d'opposition à donner, et autres semblables.

Il a été assez dit que le code admet le défail- ART.
lant qui n'a point constitué d'avoué, à faire
opposition jusqu'à l'exécution de la sentence,
ou jusqu'à ce qu'il apparaisse, par quelque
acte émané de lui, qu'il a dû tout aussi complétement connaître le jugement que s'il eût
vu saisir et vendre ses meubles. C'est, comme
on sait, parce que la sollicitude de la loi,
éveillée au souvenir d'anciens abus, présume
que les significations de l'ajournement et du
jugement ont pu être *soufflées*.

Cette sorte de préoccupation exceptionnelle
ne se peut plus concilier avec la force de chose
jugée, qui, dans les cas généraux, s'attache à
un jugement encore inattaqué. Car voici qu'un
combat de présomptions s'engage. D'un côté,
la force de chose jugée se tire de ce que le silence de la partie condamnée fait présumer
qu'elle se soumet au jugement. D'un autre
côté, le défaut de constitution d'avoué permet
de douter qu'elle ait su l'existence des poursuites dont elle a été l'objet. Et l'on n'est pas
présumé se soumettre à ce qu'on est présumé
ne pas connaître.

Si le jugement rendu contre une partie *qui a
constitué un avoué* peut être exécuté par des
tiers avant d'avoir été directement exécuté

ART. contre elle, c'est qu'il n'est pas supposable qu'elle n'ait été informée ni de la demande ni du jugement, et qu'elle ait été dans l'impuissance de se pourvoir avant l'exécution. Mais quand il faut légalement le supposer, parce qu'il y a eu défaut *de comparution*, ou, en d'autres termes, défaut *de constitution d'avoué*, le conservateur se hasardera-t-il à rayer une inscription au préjudice d'une personne qui peut-être ignore que la radiation a été demandée et ordonnée? Non. La force de chose jugée, à l'égard des tiers, ne commence qu'à l'instant où s'est effacée cette présomption d'ignorance entière qui la paralysait.

On va m'arrêter peut-être, et me demander comment il sera donné d'atteindre le but, si le jugement ne porte aucune condamnation de dommages-intérêts ou de dépens qui serve à frapper d'abord la partie condamnée, pour dégager la voie d'exécution envers les tiers. Ainsi un père assigné en mainlevée de l'empêchement qu'il a mis au mariage de son fils *ne comparaît pas;* le jugement qui donne la mainlevée *par défaut* ne prononce point de dommages-intérêts, parce que l'article 179 du code civil le défend, et il compense les dépens, parce que l'article 131 du code de procédure le

permet. Point de titre pour une exécution di- A<small>RT.</small>
recte ; cependant le père a le droit de s'oppo-
ser au jugement jusqu'à ce qu'elle ait été pra-
tiquée, car il n'avait point constitué d'avoué,
et les doutes et les scrupules de la loi sont toujours là. L'officier de l'état civil célébrera-t-il
le mariage sur la représentation d'un jugement
dont l'existence peut n'avoir pas encore été révélée à celui contre qui il a été rendu ? La rigidité des principes nouveaux ne le veut pas.
Quand donc le mariage pourra-t-il être célébré ?
Je n'en sais rien ; à moins que les pères ne
soient toujours condamnés aux dépens, et que
les fils ne fassent toujours exécuter les pères ;
ou bien, à moins que l'innovation, dont les
vues sont fort bonnes, mais qui n'a pu tout
éteindre, ne se livre d'elle-même au dépièce-
ment arbitraire de quelques exceptions imprè-
vues (1), et qu'on ne décide que l'exécution
directe sera *tout ce qu'elle peut être,* au moyen
de la signification du jugement que l'huissier
certifiera avoir faite à la *personne* ou au *domi-*

_____

(1) *Angustia prudentiæ humanæ casus omnes, quos
tempus reperit, non potest capere.* Bacon, *Aphor.* 10.

A<small>RT.</small> *cile réel* du père, avec indication du jour où le mariage devra être célébré. Chacun peut proposer ses idées là-dessus, mais elles se heurteront longtemps avant de prendre corps. La meilleure loi, disait Bacon, est celle qui embarrasse le moins un juge, *id quod certitudo ejus præstat* (1).

Quant aux jugements qui ne sont attaquables que par appel, il va sans dire que l'acte d'appel atteste que l'appelant connaît les dispositions qui lui font grief. Il a un avoué, et rien n'empêche qu'il ne prenne ses précautions assez tôt pour que le tiers n'exécute pas à son détriment.

Le tribunat aurait voulu qu'on supprimât comme inutile l'article 548. Il pensait qu'il eût suffi d'obliger l'appelant à faire connaître authentiquement son appel au tiers, et il proposait d'ajouter à l'article 164, qui n'est relatif qu'aux jugements par défaut et aux oppositions, un paragraphe ainsi conçu :

« Si le jugement est sujet à l'appel, le tiers ne sera responsable de l'exécution qu'il aura

_____

(1) Bacon, *Aph.* 8.

faite, que dans le cas où l'appelant lui aurait Art.
dénoncé son appel (1). »

Difficilement on devine pourquoi une vue
si simple et si bien appropriée aux intérêts
et à la sûreté de tous ne fut pas adoptée, et
pas même discutée. Ce que je connais des
procès-verbaux du conseil d'État n'en dit pas
un mot.

Opposition sur opposition ne vaut : c'est-à- 165.
dire que l'opposition n'est pas recevable contre
un second jugement par défaut qui a rejeté une
première opposition (2). Il ne reste plus à
l'opposant que la ressource de l'appel, si la
cause est de premier ressort. Autrement, un
débiteur cauteleux, se laissant à plaisir condamner par défaut, pourrait former autant
d'oppositions successives qu'il interviendrait de
jugements, et se jouer à la fois de la justice et
de ses créanciers.

(1) M. Locré, *Esprit du code de procédure*, t. 2, p. 442
et 443.

(2) Le code dit : *qui a débouté d'une première opposi-*
tion. Mais ce vieux mot de pratique comprend tous les
cas où l'opposition est rejetée par des motifs tirés soit
du fond, soit de la forme. Voyez M. Pigeau, *Comment.*,
t. 1, p. 371.

ART.   -Les cours ont eu à décider cette question :
Lorsque sur l'opposition formée par la partie
condamnée, l'autre partie, celle qui avait obtenu le jugement, ne se présente pas à l'audience et fait défaut, l'opposition qu'elle
forme à son tour est-elle irrecevable?

La cour de Gênes a prononcé l'affirmative,
parce que le demandeur ayant pris ses conclusions pour obtenir *le défaut*, et le défendeur ayant pris les siennes pour faire statuer
sur son opposition, il s'ensuit que les deux
parties ont été respectivement entendues, et
que le dernier jugement doit être réputé *con-*
tradictoire (1). Ce motif ne me touche guère.
Il n'y a point de jugement contradictoire, si
les plaideurs n'ont pas conclu en présence l'un
de l'autre.
Au contraire, la cour de Metz (2) et la cour
de Poitiers (3) ont jugé que la maxime : *Op-*
position sur opposition ne vaut, devait s'appliquer seulement au cas où c'est la même
partie qui, ayant formé une opposition au

(1). M. Dalloz, *Jurisp. génér.*, t. 9, p. 701.
(2). *Ibid.*, p. 702.
(3) *Journal des avoués*, t. 33, p. 337.

jugement par défaut, laisse une seconde fois Aʀᴛ.
prendre défaut contre elle et veut s'opposer
encore.

C'est cette doctrine qu'il faut suivre. Elle
est analogiquement consacrée par l'article 22
du code, au livre *de la Justice de paix*. Il y est
dit : « *La partie opposante* qui se laisserait
juger *une seconde fois* par défaut, ne sera plus
reçue à former une *nouvelle* opposition. »

En effet, le demandeur contre lequel un
défaut a pu être pris, sur l'opposition de son
adversaire, par suite de quelque empêchement
ou de quelque négligence, et qui, à son tour,
signifie une requête d'opposition afin de recouvrer le bénéfice du jugement qu'il avait
originairement obtenu, ne fait pas, quant à
lui, opposition sur opposition; il n'en fait
qu'une. Il est dans le droit commun.

Je termine ce chapitre. Quoiqu'il soit fort
étendu, je suis loin d'avoir traité tout ce qui,
dans les évolutions de la procédure, vient se
rattacher aux jugements par défaut et aux oppositions. J'en reparlerai suivant que l'ordre

Art. et le rapport des matières exigeront de nouvelles explications (1).

(1) Voyez ci-dessus, t. 2, p. 161 et 351, et ci-après
les chapitres des *Enquêtes*, de l'*Interrogatoire sur faits
et articles*, des *Incidents*, des *Reprises d'instances*, de la
Procédure devant les tribunaux de commerce, des *Justices
de paix*, de l'*Appel*, des *Incidents sur la poursuite des
saisies immobilières*, de l'*Ordre*, des *Référés*, de l'*Arbi-
trage*, etc., etc.

CHAPITRE X.

VUE GÉNÉRALE DES EXCEPTIONS ET DES DÉFENSES.

Une action allait être intentée. J'ai dit quelles seraient les formes de l'ajournement, dans quel délai et devant quel tribunal le défendeur serait appelé, comment il constaterait sa comparution, comment il proposerait sa défense, et comment elle serait contredite. J'ai parlé des différentes espèces d'instruction ; du ministère public, de ses fonctions, des causes qui réclament son intervention ; de l'audience, de sa publicité, de sa police.

L'heure de la décision était venue. J'ai dit comment le jugement se formerait, comment il serait prononcé, quels éléments compose-

Art. raient sa rédaction, et quelles règles devaient être suivies pour sa notification.

J'ai trouvé dans cette marche des passages obscurs, et souvent de la divergence parmi ceux qui ont accepté ou qui se sont donné la noble tâche de les éclairer. Mais les anciennes cartes du pays, qu'il est toujours bon de consulter, m'ont servi à reconnaître les encombres, à traverser les difficultés, et à distinguer la direction de la nouvelle route.

Les défaillants *faute de comparaître* ou *faute de conclure* y ont jeté quelques retards et quelques variétés d'accidents. J'ai dit comment il avait fallu les attendre, leur faire des signaux, les émouvoir, et arriver définitivement avec eux et sans eux.

Toutefois, si vous en exceptez la complication des jugements par défaut et des oppositions, ce coup d'œil *rétrospectif*, comme aurait dit Bentham, n'a résumé que l'allure la plus simple d'un procès, où les faits ne sont point sérieusement contestés, où les titres ne sont point suspects, où l'on n'a que des conséquences à déduire et des articles à appliquer, pour que la sentence soit faite et prononcée.

Il n'en est pas toujours ainsi.

Je serai donc obligé de revenir sur mes pas, de reprendre l'ajournement pour point de départ, et de me mettre à la suite des involutions de procédure qui embrasseront, dans leurs étroites nécessités, tout ce que la position particulière des plaideurs et la nature de l'affaire pourront faire éclore d'exceptions, de débats spéciaux et d'incidents divers.

Je vais en tracer le programme :

Celui qui m'a fait assigner n'est pas Français, il ne tient pas au sol : j'exigerai, avant d'engager le combat, que l'étranger me fournisse une caution pour le payement des frais et des dommages-intérêts que je pourrai obtenir.

Je suis traduit devant un tribunal incompétent : je demanderai que la cause soit renvoyée aux juges qui doivent en connaître.

L'assignation qui m'a été donnée est nulle : je me garderai bien d'entrer dans le fond du procès, si je veux profiter de la nullité ; je la plaiderai préalablement.

Je suis poursuivi comme héritier : la loi me donne trois mois pour faire inventaire, et quarante jours pour délibérer sur la qualité qu'il

Art. me conviendra de prendre (1); je réclamerai la suspension des poursuites jusqu'à l'expiration de ces délais.

Mon adversaire n'a pas notifié le titre sur lequel il se fonde : j'en requerrai la communication.

Je suis un acquéreur qu'un tiers veut évincer : j'aurai quelque répit pour appeler mon vendeur, afin qu'il vienne me garantir de l'éviction.

Tous ces moyens, qui ont dû être présentés dès l'entrée du procès, *à limine litis*, n'attaqueront point encore le fond du droit. Ce ne sont que des *exceptions*, ou, comme on disait plus énergiquement autrefois, des *fins de non-procéder*.

Viendront ensuite les différentes sortes de *défenses* qui tendront, non plus à écarter l'action, à la neutraliser, à différer ses effets, ou à la faire porter devant d'autres juges, mais à la détruire, à l'anéantir sans retour. Elles pourront être proposées en tout état de cause.

Je continue mon programme sous ce nouvel aspect.

(1) Code civil, art. 795; de même pour la veuve, art. 1456 et 1457.

On m'oppose en justice un écrit privé dont Art.
je dénie ou dont je méconnais l'écriture : je
forcerai celui qui veut s'en prévaloir à le faire
vérifier.

Que l'acte soit sous signature privée ou revêtu d'une forme authentique : si je soutiens
qu'il est faux, je m'inscrirai et je ferai le procès
à cette pièce, en attendant que le procureur du
roi fasse le procès à son auteur.

Des faits ont été articulés d'une part et déniés
de l'autre : ce sera le cas d'une enquête.

La valeur de l'objet en litige est contestée :
on aura recours à une estimation, des experts
seront nommés.

La description d'une localité est nécessaire
pour fixer l'opinion du tribunal : il ordonnera
le transport de l'un des juges.

Je veux extraire la vérité des aveux de mon
adversaire : je le ferai interroger sur faits et
articles, *ui vel mentiendo, vel confitendo se
oneret.*

Demandeur, j'ai des conclusions addition-
nelles à joindre à mes conclusions primitives;
défendeur, je veux répondre par une demande
reconventionnelle; ou, si je suis un tiers, il

Aʀᴛ. m'importe d'intervenir et de réclamer ce que les autres se disputent. La loi me donnera toutes ces facilités, en me prescrivant des règles pour que je n'en fasse pas abus.

La personne contre laquelle je plaide meurt : l'instance s'arrête ; mais j'assignerai les héritiers pour la reprendre.

C'est l'avoué qui est décédé, ou démissionnaire, ou destitué, ou interdit : j'appellerai la partie devant les juges pour qu'elle en constitue un autre, et que l'instance ne reste pas encore suspendue.

Mon avoué a trahi ma confiance, il a excédé ses pouvoirs : il faudra bien que je puisse le désavouer, et faire statuer sur la validité de mon désaveu.

Deux ou plusieurs tribunaux se trouvent saisis à la fois du même procès : une demande en règlement de juges fera cesser ce conflit.

Je ne vois pas sans déplaisir les proches de mon antagoniste assis sur le tribunal où doit se vider notre querelle : la loi, qui sait compatir à cette inquiète susceptibilité, me permettra de requérir le renvoi de l'affaire à d'autres juges, *pour cause de parenté ou d'alliance.*

Des faits particuliers, même en dehors des Art.
affections de famille, m'inspirent des doutes
sur l'impartialité de l'un des magistrats; je
pourrai le récuser.

Enfin il est une foule d'affaires de mince
valeur, ou de facile examen, qui naissent in-
cessamment des rapports journaliers établis
entre les hommes. Lorsqu'elles dépasseront la
compétence des justices de paix, vous les verrez prendre, dans les tribunaux, le nom de
matières sommaires; elles y seront discutées
avec la même simplicité (1), et jugées avec la
même célérité.

Les *matières sommaires* et les justices de paix
touchent par beaucoup d'endroits à la juridiction commerciale; elles nous y conduiront.
Vous y trouverez un système d'accélération
plus rapide dans les rouages de la procédure;
des règles plus larges et moins inflexibles; une
plus énergique liberté d'action; point d'inter-
médiaires entre le commerçant qui plaide et
le commerçant qui juge; des usages qui ne
sont écrits que sur des tables vivantes (2); une

(1) Sauf l'assistance des avoués.
(2) *Consuetudines sunt leges vivis inscriptæ tabulis.*
Bacon.

Art. sorte de sentences par pairs, comme celles que rendaient entre eux les francs tenanciers du moyen-âge ; et de belles théories d'équité que la mise en œuvre ternit quelquefois.

Cette vue *prospective*, en me servant encore des expressions du jurisconsulte anglais, m'a semblé nécessaire pour donner une idée de l'ensemble des *exceptions* et des *défenses*, pour suivre avec justesse l'ordre de leurs divisions et de leurs utilités. « Un corps de lois, a dit le même auteur, est comme une vaste forêt : mieux il est percé, plus il est connu (1). » On s'y oriente plus aisément.

(1) *Traités de législ.* de Bentham, t. 3, p. 185.

CHAPITRE XI.

DE LA CAUTION A FOURNIR PAR LES ÉTRANGERS.

(Liv. 2, tit. 2, art. 166-167 du Code de proc.)

« Un Français peut être traduit devant un ART. tribunal de France pour des obligations par lui contractées en pays étranger, même avec un étranger (1). » La protection que les lois accordent aux nationaux ne doit pas dégénérer en une indigne complicité de fuite et de mauvaise foi.

Cependant le Français se trouverait exposé dans ses foyers à d'irréparables vexations, s'il ne lui était donné aucune garantie pour le remboursement des frais de sa défense, et pour le payement des dommages qu'une attaque témé-

(1) Code civil, art. 15.

Art.°raire lui fera éprouver. Il serait facile à l'é-
tranger de calculer sa départie, de manière à
ne pas laisser sur ses traces fugitives le moindre
gage auquel on se puisse prendre.

De là cette disposition qui soumet l'étranger
demandeur principal ou *demandeur intervenant*, à fournir, s'il en est requis, ce qu'on
appelle dans la pratique la caution *judicatum
solvi.*

Je viendrai bientôt à ce qui concerne l'é-
tranger défendeur.

Celui qui est né de parents non français, et
qui n'a point acquis la qualité de Français, est
étranger.

Celui qui a perdu la qualité de Français
devient étranger.

Les mots CAUTION *judicatum solvi* ont été
empruntés des Romains, qui avaient entouré
leur système de procédure d'une triple ligne
de cautionnements (1); mais ils ne les appli-
quaient pas dans le sens que nous leur donnons.

(1) Voyez, pour la *vocatio in jus*, mon second vol.,
chap. *des ajournements*, p. 67, et *Gaius, Comment.*, 4,
§ 184 et 185.

Chez eux, et pour les actions réelles inten- Art.
tées suivant une formule pétitoire, c'était le
défendeur qui devait fournir la caution *judicatum solvi*, afin de garantir la restitution de
ce qu'il continuerait de posséder durant le
litige (1).

Lorsque l'action, soit réelle, soit personnelle,
était poursuivie par un *procureur*, celui-ci était
tenu de donner caution pour la ratification de
ce qu'il ferait, *ratam rem dominum habitu-
rum;* la même obligation était imposée aux
tuteurs et curateurs. Si l'on employait un *cogniteur*, la caution *de rato* n'était pas exigée;
parce que le *cogniteur* ayant été constitué par
des paroles solennelles, *certis verbis*, en présence de l'adversaire (2), devenait l'identique
personnalité du demandeur, et l'on n'avait à
craindre ni le désaveu, ni la tentative d'une
nouvelle action (3).

(1) *Gaius, ibid.*, § 89 et 91.
(2) *Ibid.*, § 83.
(3) *Ibid.*, § 96, 97 et 98. On pouvait constituer un
procureur sans prononcer aucune parole solennelle, par
un simple mandat, et sans que l'autre partie fût présente ou appelée.

Art.   Cela fut modifié dans la suite des temps. Le
défendeur qui se présentait de sa personne
pour répondre à une action même réelle, ne
se vit plus astreint à fournir caution *judicatum
solvi*, mais seulement caution qu'il resterait
en jugement jusqu'à la fin du procès : *quod in
judicio remaneat usque ad terminum litis* (1).
Et la novelle 112, chapitre 2, *de cautione quæ
antè reorum citationem præstari debet ab actore*,
ordonna aux juges de soumettre, *in suis inter-
locutionibus*, les demandeurs à la même condition.

Mais toujours, et en toutes espèces d'actions,
dans la capitale de l'empire, comme dans les
provinces (2), la caution *judicatum solvi* dut
être imposée aux défendeurs qui se faisaient
représenter. Ils la fournissaient eux-mêmes,
s'ils avaient constitué un *cogniteur*; si c'était
un *procureur*, le procureur était tenu de la
donner (3). A cet égard, l'ancien droit conserva
toute sa vigueur : *Nemo enim, secundùm vé-*

____

(1) *Instit., l.* 4, *t.* 11, *de satisdationibus.*

(2) *Ibid.,* § 7. *Quùm necesse est omnes provincias, caput
nostrarum civitatum, id est, hanc regiam urbem, ejusque
observantiam sequi.*

(3) *Gaius, Comment.* 4, § 101.

terem regulam, *alienæ rei sine satisdatione* A<small>RT.</small> *defensor idoneus intelligitur* (1).

On connaissait à Rome une autre espèce de caution *judicatum solvi*. Ce n'était plus la caution de payer ce qui serait jugé, mais ce qui avait été jugé. Tant que durèrent les actions de la loi, la partie condamnée pouvait être appréhendée au corps, *per manus injectionem* (2), conduite à la maison de son créancier et jetée dans les fers, si elle ne fournissait une caution. D'où venait qu'au temps de Gaius on obligeait encore à donner, *pro judicato*, la caution *judicatum solvi* (3).

Vous voyez que notre caution *à fournir par les étrangers*, que nous appelons aussi caution *judicatum solvi*, se rapproche peu, dans ses rapports et dans son application, des sûretés diverses dont se confortait l'âpreté de la justice romaine.

Les *writs originaux*, en Angleterre, res-

___

(1) *Instit.*, *lib.* 4, *t.* 11, § 5, *et l.* 1, *Cod. de satis-dando*.

(2) Voyez mon premier volume, Introduction, p. 84, aux notes.

(3) *Gaius*, *Comment.* 4, § 25.

Art. semblent fort aux formules de Rome; de même on retrouve le cautionnement de la novelle 112 dans celui que les noms de *John Doe* et de *Richard Roe* sont en possession de donner en faveur de tout demandeur anglais, afin de répondre de la poursuite du procès (1).

En France, l'attaque et la défense, dans les tribunaux, ont été pendant longtemps affranchies des entraves du cautionnement. L'étranger lui-même venait y porter son action, sans qu'on l'arrêtât sur le seuil pour lui demander des sûretés. « D'autant, disait-on, que le roi doit justice tant à l'étranger qu'au Français (2). »

Toutefois, on se prit à considérer plus tard que l'exécution des sentences obtenues contre les étrangers était devenue fort difficile; que les Français plaidant hors du royaume étaient tenus à bailler caution de payer le jugé; et l'on trouva bon d'y soumettre pareillement les étrangers qui se faisaient demandeurs en France.

(1) Voyez mon premier volume, p. 208.
(2) Bacquet, *Traité du droit d'aubaine*, 2e part., chap. 16, n° 6.

Le premier arrêt qui le jugea ainsi, fut rendu Art. au parlement de Paris, le 4 janvier 1562. Il y avait alors, si l'on en croit Bacquet, une grande multitude d'étrangers *quorum fides valdè suspecta erat*, et qui plaidaient à outrance contre les Français (1).

On ne connaît aucuns édits, aucunes ordonnances de nos rois, touchant la caution à fournir par les étrangers. La jurisprudence de tous les parlements s'accorda pour en faire une sorte de disposition générale, que nos codes ont trouvée en vigueur, et qu'ils ont adoptée.

La plus éminente qualité, le plus haut rang ne dispensaient point l'étranger de donner la caution : le comte Golowkin, ambassadeur de la Czarine, y fut soumis en 1732, par arrêt du conseil. En 1781, le prince de Hohenlohe, se prévalant de sa souveraineté, fit de vains efforts pour en être affranchi. « Pourquoi donc, disait M. l'avocat général Séguier, un souverain serait-il exempt ? Il n'est souverain que dans ses Etats : sa qualité est au contraire un titre de plus pour exiger de lui la caution, puisqu'il ne serait pas pos-

(1) *Ibid.*, n° 7.

Arr. sible de mettre à exécution, dans ses Etats, les condamnations qu'il aurait encourues (1). »

Mais dans les tribunaux de France, sauf quelques cas rares où la défaveur des choses et des personnes semblait justifier une extrême rigidité, jamais la caution *judicatum solvi* ne fut due de Français à Français. Nos mœurs judiciaires, plus franches et plus humaines que ne l'étaient celles de Rome, et que ne le sont celles que l'Angleterre affecte, furent toujours empreintes de cette pensée : que, s'il est fâcheux d'être exposé à dépenser beaucoup sans espoir de recouvrement, pour repousser une folle demande, il serait trop cruel de réduire un malheureux, qui pourrait ne pas trouver de caution, à l'impuissance d'invoquer les secours des lois contre un usurpateur opulent (2).

(1) *Nouveau Denisart*, t. 4, p. 527. Il en doit être de même aujourd'hui; l'art. 166 du code de procédure dit : Tous *étrangers*, etc.

(2) On cite des arrêts des parlements de Paris, de Bordeaux et de Dijon, suivant lesquels des gens qui avaient fait cession de biens, des banqueroutiers, auraient été obligés à fournir la caution, sous le prétexte que, retranchés dans leur insolvabilité, ils pouvaient impunément susciter des procès à tort et à travers.

Aujourd'hui notre liberté d'introduire une Art.
instance devant les juges du pays est parfai-

(*Nouveau Denisart*, t. 4, p. 528.) Mais cette doctrine
n'était ni générale, ni constante. Elle n'était point ob-
servée aux parlements de Grenoble et de Toulouse.
(Basset, part. 2, tom. 1, pag. 139, et Serres, *Instit.*,
pag. 586.) D'autres arrêts du parlement de Paris ont
jugé le contraire. (Bacquet, *Traité du droit d'aubaine*,
part. 2, chap. 16, n° 5.)

Dans les coutumes du Maine et d'Anjou, nul ne pouvait intenter l'action *en retrait* (voyez mon premier volume, pag. 230), sans fournir caution de payer le jugé
en cas de succombance, s'il n'était habitant du ressort.
(Olivier de St-Vast, *sur Maine*, art. 422, et Dupineau,
sur Anjou, art. 411.)

L'ordonnance de 1667, tit. 15, art. 13, y obligeait
formellement les *dévolutaires*. Il faut savoir qu'autrefois
toute personne *in sacris* pouvait jeter un dévolu sur un
bénéfice, afin de se faire mettre, par autorité de justice,
à la place du bénéficier, en alléguant l'incapacité, l'in-
compatibilité, la simonie, etc. Cela était fort bon dans
son principe, eu égard au choix des bénéficiers, et au
soin qu'ils devaient prendre de se bien observer. Mais
tout se corrompt par l'abus. Des nuées de dévolutaires
fondirent sur les bénéfices, et l'on se vit forcé de
leur fermer les portes de l'audience, jusqu'à ce qu'ils
eussent fourni la caution, « afin de diminuer leur
nombre, et de réprimer la trop grande témérité de
ceux qui, n'ayant communément rien à perdre, se ha-

ART. tement entière, à moins qu'on ne veuille considérer comme une restriction, en matière de saisie immobilière, la condition imposée au saisi, lorsqu'il arguait de nullité la procédure postérieure à l'adjudication préparatoire, de donner caution suffisante pour le payement des frais de l'incident (1). Mais vous remarquez qu'il ne s'agissait que d'un *incident*; et particulièrement d'un incident qui s'élevait presque toujours en désespoir de cause, sur l'exécution d'un acte ou d'un jugement inattaquable. Prétendrait-on aussi comparer à la véritable caution *judicatum solvi*, la consignation de 150 fr., exigée de tout demandeur en requête civile, pour les dommages-intérêts auxquels il pourra être condamné? Ce serait une exorbitance d'analogie. La requête civile

sardaient à jeter partout des dévolus, sous le moindre prétexte, et souvent sans autre prétexte que de vexer des possesseurs légitimes. » (Rodier, p. 275.)

Une déclaration du roi, donnée le 10 mars 1776, déchargea les dévolutaires de la caution; mais elle les astreignit à consigner préalablement une somme de 1,200 livres.

(1) Décret du 2 février 1811. Ce décret est aujourd'hui abrogé par la loi du 2 juin 1841. La caution pour le payement des frais résultant de l'incident de nullité n'est plus exigée.

n'est pas l'introduction d'une instance primi- ART.
tive, c'est une supplication contre l'autorité de
la chose souverainement jugée; c'est une de ces
voies extraordinaires qu'il faut toujours rendre
de difficile accès : *arctas, confragosas, et tan-*
quam muricibus stratas (1).

Revenons à la caution que doit fournir l'é-
tranger.

Elle ne peut être exigée que de l'étranger
demandeur principal ou *intervenant* (2), et non
pas de l'étranger *défendeur*. La défense est de 166.
droit naturel : *Actor volontariè agit, reus au-*
tem ex necessitate se defendit. Ce que j'ai dit
jusqu'à présent me dispense de plus amples
explications sur ce point capital.

Mais l'énonciation nominale des qualités
que prennent les plaideurs en se présentant
devant les juges, n'exprime pas toujours au
vrai leur position dans l'instance. Vous avez
fait saisir des sommes ou des effets appartenant à un étranger; vous avez mis arrêt sur
son vaisseau; il vous assigne afin d'avoir
mainlevée : si l'on se tient à l'écorce du

(1) Bacon, *Aphor.* 94.
(2) C'est-à-dire, de l'étranger *demandeur principal,*
ou *demandeur intervenant.*

ART. mot, l'étranger est *demandeur*. En réalité,
fait-il autre chose que de se défendre contre
votre attaque? N'êtes-vous pas le véritable
demandeur originaire? Et, forcé de procéder
pour recouvrer la libre disposition de ce que
vous avez placé sous la garde de la justice,
l'étranger ne pourra-t-il obtenir l'entrée du
tribunal qu'à la charge de fournir préalablement caution de payer le jugé? On décidait
autrefois que, dans ce cas, il ne devait point
y être soumis (1). Loin qu'il existe aujourd'hui
des raisons pour décider le contraire, les nouveaux principes du code de procédure sont
venus à l'appui, car ils ont explicitement
départi le rôle de *demandeur* à celui qui
saisit, en l'obligeant à assigner lui-même son
adversaire, et à faire statuer sur la validité
de la saisie. Toutefois, si l'étranger saisit en
vertu d'un acte *exécutoire*, il n'aura point de
caution à fournir. Ce n'est plus un demandeur
qui agit afin d'obtenir une condamnation,
c'est le souverain qui *mande* et *ordonne* directement à ses officiers légalement requis de

(1) Voyez le *Répertoire* et les *Questions de Droit* de
M. Merlin, v° *Caution judicatum solvi*.

prêter leur ministère pour l'exécution du Art. titre (1).

L'étranger *défendeur* en première instance a perdu son procès. Il interjette appel; sera-t-il considéré comme *demandeur* devant la cour royale, et devra-t-il fournir la caution? Non; l'appel n'est que la continuation de sa défense.

Mais l'étranger demandeur, devant les premiers juges, a obtenu gain de cause; c'est le *défendeur* qui se rend appelant. Au tribunal supérieur, l'étranger est intimé, il se défend contre l'appel. Qu'importe? L'étranger sera toujours ce qu'il était originairement; il ne cessera point d'être le demandeur; il ne se défend contre l'appel que pour soutenir sa demande; il devra donner la caution de payer le jugé de cette seconde instance, s'il en est requis, et si l'exception n'a point été couverte (2). Telle est l'opinion de tous les auteurs.

La caution peut être exigée de *tout* étranger demandeur, dit la loi.   166.

____

(1) Voy. *Journal des avoués*, t. 6, p. 541.
(2) On verra bientôt comment se couvre l'exception de la caution *judicatum solvi*.

ART.   Le Français qui a abdiqué sa patrie s'est fait étranger ; et, comme l'étranger, s'il vient intenter un procès en France, il sera repoussé jusqu'à ce qu'il ait fourni caution pour le payement du jugé (1).

Mais il n'est point de disposition, si générale qu'elle paraisse, qui ne cède à quelques exceptions.

L'étranger autorisé par le roi à établir son domicile en France, y jouit des droits civils (2). Or, c'est essentiellement un droit civil que la liberté de plaider sans cautionnement

---

(1) La qualité de Français se perd : 1o par la naturalisation acquise en pays étranger ; 2o par l'acceptation, non autorisée par le roi, de fonctions publiques conférées par un gouvernement étranger ; 5o enfin, par tout établissement fait en pays étranger sans esprit de retour.

Les établissements de commerce ne peuvent jamais être considérés comme ayant été faits sans esprit de retour. Cod. civ., art. 17.

Une femme française qui épouse un étranger, suit la condition de son mari. *Ibid.*, art. 19.

Le Français qui, sans autorisation du roi, prend du service militaire chez l'étranger, ou s'affilie à une corporation militaire étrangère, perd sa qualité de Français. *Ibid.*, art. 21.

(2) Cod. civ., art. 13.

préalable; cet étranger en sera donc affran- Art.
chi.

La dispense dérive du droit international, lorsqu'il s'agit d'un étranger appartenant à un pays qui, dans ses *traités* avec la France, a stipulé l'exemption réciproque de la caution *judicatum solvi*. Cependant, si le Français n'était admis à plaider sans caution, chez l'étranger, qu'en vertu de la *loi* de l'étranger, cette considération ne suffirait pas pour que ce dernier fût admis à réclamer la même faveur en France. La réciprocité ne s'établit que par la clause spéciale d'un *traité*. On n'a pas voulu que les lois de France pussent être modifiées par les lois d'un autre pays, et que ce pays, en nous accordant un droit de sa seule autorité, nous imposât la nécessité d'accorder le même droit à ses habitants (1).

La caution peut être exigée en *toutes* matières, *autres que celles de commerce*. Il y avait longtemps que cette exception était

(1) Voyez dans la *Législ. civ.*, etc., de M. Locré, t. 1, la discussion de l'art. 11 du code civil, au conseil d'État.

Art. consacrée par un accord unanime, lorsqu'elle est entrée dans le texte de l'article 16 du code civil. Les lois qui gouvernent le commerce ne renferment point leur esprit et leur prévoyance dans les étroites démarcations d'un territoire ; elles ont créé comme une même patrie aux commerçants répandus dans le monde entier ; plus hospitalières que les lois civiles, plus favorables au crédit, plus sévères à la fraude, plus simples et plus hâtives, elles offrent à tous une égale liberté, une égale protection.

Cet hommage rendu à la nature des relations qui unissent la grande famille des commerçants, se retrouve par analogie dans un vieil arrêt du parlement de Paris, qui fit grâce de la caution *judicatum solvi*, en contemplation d'une autre espèce de confraternité. Deux chevaliers de Malte étaient en procès ; le demandeur était de nation étrangère ; la caution fut vainement réclamée par le défendeur. On décida que des hommes liés par les mêmes vœux, *confrères* par leurs statuts, ne pouvaient être respectivement considérés comme étrangers (1).

(1) L'arrêt est du 20 décembre 1595 ; il est rapporté par Anne Robert. *Rer. judical. lib. 4, cap. 11.*

La jurisprudence, qui seule venait d'intro- Aʀᴛ. duire l'usage de la caution *judicatum solvi*, pouvait bien alors se permettre ces écarts d'analogie; mais il y a une loi aujourd'hui, 423. et cette loi n'excepte que les matières de commerce.

.Des anciens auteurs, sur la foi d'un arrêt du 23 août 1571 mal rapporté par Bacquet, ont enseigné que deux étrangers, plaidant l'un contre l'autre en France, devaient respectivement fournir la caution (1), ou, en d'autres termes, que le défendeur ne pouvait l'exiger de son adversaire qu'en offrant lui-même de la donner. C'était une erreur. L'arrêt se trouve dans le recueil d'Anne Robert; on y voit que la question agitée se bornait simplement à savoir si l'assignant était tenu de se faire cautionner, quand l'assigné n'était pas plus Français que lui : *Cùm inter duos peregrinos lis mota et in judicium deducta esset, quæsitum est in senatu an* ᴀᴄᴛᴏʀ *de judicato cavere et satisdare teneretur ;* et il fut déclaré que

----

(1) Argou, l. 1, chap. 11 ; Pothier, *Traité des personnes*, tit. 2, sect. 2, n° 2, et le Nouveau Dénisart, t. 4, p. 329.

Art. toute audience serait déniée au *demandeur*, jusqu'à ce qu'il eût une caution à présenter : *Senatus* ACTOREM *peregrinum non antè ad litis persecutionem admitti voluit, quàm judicatum solvi satisdedisset* (1). Cela ne ressemble point à ce qu'on a fait dire au parlement de Paris.

Devrait-on encore juger de même sous l'empire de nos codes ?

M. Pigeau (2) et M. Duranton (3) se sont prononcés pour la négative. Leur opinion est fondée sur ce que la caution *judicatum solvi* est une institution de notre droit civil, dont les effets ne peuvent profiter qu'aux Français et aux étrangers admis à l'exercice des droits civils.

Cet avis ne me semble pas le meilleur.

C'est la faculté de poursuivre une action sans être tenu de se faire *pleiger*, comme on

---

(1) Anne Robert, *Rerum judicatarum lib.* 4, *cap.* 11.
(2) *Traité de la procéd.*, t. 1, p. 159.
(5) T. 1, p. 105, n° 166.

M. Merlin, *Répert.*, tom. 2, p. 104 et 105, et t. 16, pag. 139 ; M. Favard, t. 2, p. 456, et M. Carré, t. 1, p. 432, n. 702, soutiennent au contraire que l'étranger demandeur doit fournir caution, si l'étranger défendeur la requiert.

disait au vieux temps, qui est un droit civil. De Art.
là vient que la caution ne peut être exigée de
ceux qui jouissent des droits civils.

Et puis il faut remarquer qu'en accordant
cette sûreté aux *défendeurs*, on a moins considéré les résultats de l'insolvabilité possible de
l'étranger qui les attaque, que l'impuissance
dans laquelle ils seraient de faire exécuter,
hors de France, les condamnations de dépens
et de dommages-intérêts qu'ils pourraient obtenir. M. Merlin l'a fort judicieusement observé à l'occasion du traité conclu le 4 ven-
démiaire an XII, entre la France et les cantons
helvétiques (1). L'article 14 de ce traité porte :
« Qu'il ne sera exigé des Français qui auraient
à poursuivre une action en Suisse, et des
Suisses qui auraient une action à poursuivre
en France, aucun droit, *caution* ou *dépôt*,
auxquels ne seraient pas soumis les nationaux
eux-mêmes, conformément aux lois de chaque
endroit. » Cet article, dit M. Merlin, était
parfaitement inutile ; car celui qui le suit,
renouvelant les anciens traités de 1658, de
1777 et de l'an VI, déclare que, « Les jugements définitifs en matière civile, ayant

(1) *Répert.*, t. 16, p. 139.

Art. force de chose jugée, rendus par les tribunaux français, seront exécutoires en Suisse, et réciproquement, après qu'ils auront été *visés* par les envoyés respectifs (ce qui n'est qu'une simple légalisation), ou, à leur défaut, par les autorités compétentes du pays. »

Or, tout jugement rendu contre un Français ou contre un étranger autorisé par le roi à résider en France, est incontestablement exécutoire en France. C'est pourquoi le Français et l'étranger qui jouit de nos droits civils ne donnent pas de caution lorsqu'ils veulent intenter un procès, fussent-ils notoirement insolvables. C'est encore pourquoi la loi ne soumet point au cautionnement un demandeur, par cela seul qu'il aurait fait cession de biens.

Mais que deux étrangers, non autorisés à résider en France, s'y mettent en procès; le jugement qui donnera gain de cause au défendeur, et qui lui adjugera des dépens et des dommages-intérêts, sera-t-il exécutoire dans le pays du demandeur ? Non. La caution pourra donc être exigée.

Ainsi, vous le voyez, le droit de réclamer la caution *judicatum solvi* n'est qu'une garantie naturelle de la défense ; et nos lois, en le consacrant, ne devaient ni ne pouvaient Art. en faire un privilége pour les nationaux. L'étranger qui assigne en France un autre étranger, a calculé ses chances, il a suivi l'impulsion de sa propre volonté, il a connu la condition qui lui était imposée pour agir : *non est difficultas quam aliquis volens sibi procurat.* Mais l'étranger assigné cède à la nécessité de se défendre ; il serait inhumain, il serait impolitique de lui refuser, sur notre sol, la protection et les sûretés que sollicite une position qu'il ne s'est pas donnée.

Pourquoi ne décline-t-il pas la juridiction des tribunaux français ? dit M. Duranton.

Je réponds d'abord qu'il ne le peut pas toujours ; par exemple, quand il s'agit d'immeubles situés en France (1), ou quand il est poursuivi en matière criminelle, correctionnelle ou de police, sur la plainte d'un autre étranger qui s'est rendu partie civile (2).

(1) Cod. civ., art. 3.

(2) *Ibidem.* Le code civil disant que l'étranger *demandeur* sera tenu de fournir la caution, *en toutes matières*, autres que celles de commerce (art. 16), il en résulte que ni les matières de justice de paix, ni les matières criminelles, correctionnelles ou de police, ne sont exceptées. Voyez l'arrêt de la cour de cassation du 3 fé-

Art. J'ajouterai que l'étranger défendeur qui se soumet à la juridiction devant laquelle il a été appelé, lors même qu'il lui serait loisible de la décliner, doit être présumé ne l'avoir acceptée qu'en vue d'une garantie tout aussi rassurante que celle qu'il trouverait chez lui. Les articles de nos codes, en parlant du défendeur à qui la caution sera fournie, s'il la requiert, ne font aucune distinction par rapport à son pays. Et je pense que l'étranger demandeur, après avoir saisi un tribunal français, aurait assez mauvaise grâce à dire à l'étranger défendeur qui requiert la caution : Pourquoi ne déclinez-vous pas (1) ?

La requête tendant à ce que la caution soit fournie, est signifiée d'avoué à avoué (2). La caution est présentée et reçue conformément aux règles générales qui sont prescrites par le titre 1er du livre 5 du code de procédure. Ce

vrier 1814, rapporté au Journal des avoués, tom. 6, p. 564.

(1) La cour de cassation a décidé la question dans le sens opposé, par un arrêt en date du 15 avril 1842.

(2) Tarif, art. 75. Cette requête, de même que celle qui est signifiée en réponse, ne peut excéder deux rôles.

titre sera expliqué en son lieu. Devant le juge Art. de paix, la réquisition serait faite verbalement, et la caution serait reçue au greffe de la justice.

C'est le tribunal qui tarife la somme du cautionnement, eu égard à l'espèce de la cause, et au montant présumable de ce que le demandeur aurait à payer, s'il venait à succomber. On ne doit faire entrer avec les dépens, dans les éventualités de l'estimation, que les dommages-intérêts *résultant du procès*, c'est-à-dire les dommages que le défendeur pourrait éprouver par suite de l'action intentée contre lui.

Il est fort clair que les dommages-intérêts, dérivant d'une source antérieure, composeraient, non un accessoire, mais un chef principal de demande.

Or, la caution ne peut jamais être due pour le *principal* de la demande. Le demandeur perd-il sa cause? il n'aura rien à recevoir; la gagne-t-il? c'est le défendeur qui devra payer.

Si vous supposez que ce soit le défendeur qui réclame, par forme de *reconvention*, des dommages-intérêts dont l'origine préexistante se détache du procès actuel et n'y tient par

Art. aucune influence, cette contre-prétention ne
sera pas recevable, parce qu'elle procéderait
ex dispari causâ (1); en admettant qu'elle le
fût, le défendeur se constituerait demandeur
quant à ce, et la caution n'est jamais due au
demandeur. On a voulu néanmoins en faire
une question, parce que le code civil dit, article 16, que l'étranger demandeur sera tenu
de fournir caution *pour le payement des frais
et dommages-intérêts résultant du procès*, tandis
que le code de procédure emploie cette autre
locution : *pour le payement des frais et dommages-intérêts auxquels il pourra être condamné* (2). En vérité, il n'y avait pas matière
à dispute, et je ne sais comment on a pu
mettre en doute si les dommages-intérêts qui
pourraient être prononcés, selon le code de
procédure, sont bien ceux *résultant du procès*,
selon le code civil. Il ne faut pas que les mots
étouffent les idées.

Les amendes qui sont encourues par l'é-
tranger demandeur, et qui n'ont pas dû
être consignées avant la poursuite de l'in-

_____

(1) Voyez M. Toullier, t. 7, p. 428 et suiv., et mon
second volume, p. 4, *in fine*, et suiv.

(2) M. Carré, *Lois de la procéd.*, t. 1, p. 429.

stance (1), n'entrent point dans la fixation du A̶ʳᵗ. cautionnement. Même en matière civile, l'amende est une peine; c'est le fisc qui en profite, et la caution n'est pas tenue des condamnations pénales : *Fidejussores pœnalibus actionibus non astringuntur, in quas inciderint ii pro quibus intervenerunt* (2).

Les juges inférieurs ne doivent pas davantage comprendre dans leurs prévisions la contingence des frais de l'appel. Bacquet rapporte l'espèce d'un procès mû en 1575, où cette proposition fut débattue ; on disait : *Fidejussor judicatum solvi acceptus in primâ causâ, non tenetur in eo quod posteà judicatur in causâ appellationis....., quia causa appellationis est diversa à causâ principali, est que instantia diversa* (3) ; et la décision y fut conforme (4).

L'estimation du cautionnement ne demeure pas toujours définitivement arrêtée. Ni la lettre ni l'esprit de la loi ne s'opposent à ce que le

---

(1) Pour l'appel et pour la requête civile, l'amende doit être consignée d'avance.

(2) L. 17, *ad municip.*, § 15.

(3) *Argument.*, l. 3 et 20, ff. *judicatum solvi.*

(4) *Traité du droit d'aubaine*, p. 2, chap. 16, n. 9.

Art. tribunal ordonne, durant le cours du procès, qu'un supplément sera fourni, s'il survient une complication d'incidents inattendus, et si la somme, réputée suffisante dès le principe, se trouve évidemment absorbée par les premiers frais d'une instruction qui paraît ne pas toucher encore à son terme (1). Il ne serait même pas dans l'intérêt de l'étranger qu'il en fût autrement ; car alors les juges, n'y pouvant plus revenir, se verraient obligés, de prime abord, à élever la somme, pour laquelle une caution devra être présentée, bien au-dessus de ce qui pourrait être nécessaire.

L'étranger qui consigne la somme fixée par les juges est dispensé de fournir une caution.

Celui qui possède des immeubles en France est également dispensé, s'il justifie que ces immeubles sont de valeur à présenter une garantie suffisante. C'est la traduction d'une loi romaine : *Sciendum est possessores immobilium rerum satisdare non compelli* (2).

_____

(1) Arrêt de la cour de Metz, du 13 mars 1821. *Journal des avoués*, t. 6, p. 578.

(2) L. 15, *ff. qui satisd. non cog.*

Ulpien a dit que le simple usufruitier ne Art. devait pas être considéré comme possesseur d'immeubles : *Eum verò qui tantùm usumfructum habet, possessorem non esse.* On décidait autrement pour l'emphytéote : *Sed et qui vectigalem, qui est emphyteuticum agrum, possidet, possessor intelligitur ;* et pour celui qui n'avait que la nue propriété d'un fonds : *Qui solam proprietatem habet* (1). M. Merlin pense que ces dispositions peuvent servir de commentaire à l'article 16 du code civil (2).

Il s'est agi de savoir, entre des auteurs fort graves, si le défendeur a le droit de prendre une inscription hypothécaire sur les biens qui tiennent lieu de caution à l'étranger qui les possède.

M. Delvincourt avait enseigné le premier que la simple justification de propriété n'était pas assez rassurante, parce que l'étranger pourrait vendre avant la fin du procès; que d'ailleurs il faudrait toujours un jugement pour constater l'existence et la suffisance des immeubles; et que, ce jugement produisant hypo-

(1) *L.* 15, *ff. qui satisd. non cog.*
(2) Par conséquent à l'art. 167 du code de procédure. Voyez le *Répert.*, t. 16, p. 139.

ART. thèque (code civil, art. 2123), le défendeur se
trouverait incontestablement autorisé à prendre
une inscription (1).

Ce système fut adopté par M. Favard (2)
et par M. Pigeau (3). Mais il a été rejeté par
M. Toullier (4), par M. Merlin (5), par M.
Duranton (6), qui se sont contentés d'énoncer, dans des notes assez brèves et assez tran-
chantes, que la caution *judicatum solvi* est
de droit exceptionnel; qu'on ne doit pas ajouter
à la rigueur de la loi; et que la qualité de
propriétaire, dans la personne de l'étranger,
a pu raisonnablement constituer, aux yeux du
législateur, une garantie suffisante. M. Dalloz (7) se range aussi de ce côté; toutefois il a
traité la question plus sérieusement. Je vais
examiner ses motifs :

« Quand l'étranger possède des immeubles
en France, dit-il, et que ces immeubles sont

(1) T. 1, p. 199, note 7.
(2) T. 2, p. 457.
(3) *Comment.*, t. 1, p. 375.
(4) T. 1, p. 237, note 1.
(5) *Répert.*, t. 16, p. 140.
(6) T. 1, p. 104, note 2. Voyez aussi le *Comment.* de
M. Thomine-Desmazures, t. 1, p. 317.
(7) *Jurisp. génér.*, t. 7, p. 581.

de quelque importance, il offre à peu près ART.
autant de garantie que le regnicole ; il en offre
même beaucoup plus que le Français prolétaire, qui, fût-il évidemment insolvable, n'est
cependant pas soumis à la caution *judicatum
solvi.* »

Je ferai d'abord observer que ces considérations ne touchent point au vif de la question :
car il ne s'agit pas de comparer la garantie
offerte par l'étranger qui possède des immeubles en France, avec celle que peut présenter en général un Français propriétaire,
et, en particulier, un Français prolétaire.
Les Français ne sont pas soumis chez eux à
la caution *judicatum solvi*, parce que cette
franchise de leurs actions judiciaires est un
des droits civils qui leur appartiennent ; c'est
un privilége de nationalité. Mais la loi veut que
l'étranger donne caution de payer le jugé :
or je demande où seront les sûretés immobilières qu'il a offertes pour tenir lieu de la caution, s'il vient à vendre ses biens avant l'issue
du procès, et si le défendeur n'est pas autorisé à prendre une inscription hypothécaire
pour se prémunir contre ce manque de foi?
Qui veut la fin, veut les moyens. On m'objectera peut-être que l'étranger venant à vendre

Art. ses immeubles, le défendeur rentrera dans le droit d'exiger la caution. Je ne le nie pas ; mais déjà des frais considérables auront été accumulés ; la vente n'aura été faite que la veille du jugement ; l'étranger aura disparu , et avec lui tout espoir de recouvrement pour les dépens et les dommages-intérêts.

M. Dalloz continue : « Quant à l'argument tiré du jugement qui doit être rendu pour déclarer la suffisance des biens, ce jugement ne sera nécessaire qu'autant que cette suffisance sera contestée ; et elle le sera rarement, si l'on considère qu'en général la caution *judicatum solvi* ne peut s'étendre à une somme élevée ; ce qui montre déjà que, dans le système de MM. Delvincourt et Favard , l'hypothèque n'existerait qu'en cas de contestation sur l'importance des immeubles. Mais, dans ce cas même , ne serait-il pas déraisonnable de l'admettre, puisqu'il en résulterait que le défendeur, en contestant mal à propos la suffisance des biens, obtiendrait du jugement qui aurait condamné sa prétention , une hypothèque qu'il n'aurait point eue sans l'injuste procès qu'il a suscité à l'étranger ? Une semblable conséquence montre assez que la doc-

trine d'où elle découle ne saurait être vraie,
et que l'article 2123 du code civil ne peut recevoir ici aucune application; car l'hypothèque
judiciaire n'existe, comme cet article a pris
soin de le dire, qu'en faveur de celui qui a obtenu le jugement, et *non au profit de la partie
qui a succombé.* »

Ces raisonnements tendent seulement à
prouver que l'hypothèque judiciaire ne peut
être acquise au profit du défendeur, par
le jugement qui a repoussé ses allégations
touchant la prétendue insuffisance des immeubles. Mais c'est une application beaucoup
trop générale, et qui donne à l'article 2123 un
sens limitatif qu'il ne comporte pas, surtout
en matière de cautionnement. Il importe de
remarquer que l'étranger qui veut faire accepter la garantie de ses immeubles, au lieu
de la caution qu'il est tenu de donner, demande à être reçu caution de lui-même (1).
Or, quand une caution doit être fournie, il
arrive souvent que la solvabilité de cette caution est contestée; et, si l'on juge qu'elle est
bonne et suffisante, celui qui contestait, et
qui a perdu son procès sur ce point, n'acquiert

(1) Voyez M. Pigeau, *Comment.*, t. 1, p. 374.

Aᴛ. pas moins une hypothèque sur les biens de la caution. C'est M. Dalloz lui-même qui le dit, au mot *Hypothèque*, dans sa *Jurisprudence générale* (1) : « Lorsque la caution judiciaire *est contestée*, et qu'il intervient jugement pour l'admettre, ce jugement *est productif d'hypothèque*, parce que c'est à dater de ce moment que la caution se trouve éventuellement soumise au payement de la dette. » Et plus bas, il ajoute : « Le législateur avait-il besoin, soit au titre du cautionnement, soit dans le code de procédure, d'énoncer que le jugement de réception de la caution serait productif d'hypothèque ? Ne devait-il pas, à cet égard, s'en référer aux principes généraux (2) ? »

En résumé, c'est l'opinion de M. Delvincourt qu'il faut suivre. Ceux qui ont entrepris de la discuter se sont abstenus de répondre à ces questions : Quel est le but de la loi ? N'est-ce pas de donner sûreté au défendeur contre l'étranger qui l'attaque ? Et comment ce but sera-t-il atteint si l'on refuse au défendeur le droit de s'inscrire sur les immeubles

---

(1) T. 9, p. 172.
(2) Voyez un arrêt de la cour de Metz, du 27 août 1817, rapporté au *Journal des avoués*, t. 6, p. 572.

que l'étranger possède, et qu'il offre en garantie, pour être dispensé de donner une caution ?

M. Toullier et M. Duranton ne veulent
point qu'on ajoute aux rigueurs de la loi. Mais
où donc serait cette rigueur extraordinaire ?
Dira-t-on que l'inscription peut empêcher
l'étranger de disposer de ses biens ? Il n'a qu'à
offrir de donner caution, ou de consigner la
somme fixée, et l'inscription ne subsistera plus.
Chacun sera dans son droit.

Le droit de requérir la caution de l'étranger
n'a été établi que dans l'intérêt particulier du
défendeur. Il peut y renoncer, et l'on présume
qu'il y a renoncé quand il ne l'a pas demandée
de prime abord, *à limine litis*. « Il serait 166.
contraire à toutes les règles de justice et de
bienséance qu'après qu'un étranger aurait
longtemps plaidé devant un tribunal, on vînt
lui faire l'injure de demander une caution
pour éloigner le jugement (1). » Par une
conséquence toute nécessaire, il n'est pas
permis aux juges d'ordonner *d'office* qu'elle
sera fournie.

(1) Observations du Tribunat sur l'art. 166.

Art.   L'ordre dans lequel les exceptions doivent être proposées, est indiqué par la place que le code a donnée à chacune d'elles.

La caution *judicatum solvi* se présente la première, parce qu'elle a pour objet d'assurer le recouvrement des frais de toutes les autres exceptions et de toutes les défenses qui pourront être employées contre l'action de l'étranger.

Mais voici une difficulté : l'article 166 du code veut que la caution soit requise *avant* TOUTE *exception;* et l'article 169 porte que l'exception de renvoi (1) sera proposée *préalablement à* TOUTES *autres exceptions et défenses;* puis on lit dans l'article 173 que les nullités d'exploit devront être présentées *avant* TOUTE *exception autre que les exceptions d'incompétence.* Comment concilier ces dispositions, qui semblent, si je puis ainsi parler, se disputer le pas? M. Pigeau (2) et M. Berriat-St-Prix (3) disent que la première a été modifiée par celles qui suivent, et que l'incompétence

(1) Pour cause d'incompétence.
(2) *Comment.*, t. 1, p. 374 et 380.
(3) T. 1, p. 228, note 45.

et la nullité ont repris le rang de priorité qui ART.
venait d'être départi à la caution *judicatum*
solvi. M. Carré (1) et M. Dalloz (2) adoptent
un moyen terme : ils estiment que l'on peut
indifféremment requérir la caution, soit avant,
soit après les exceptions d'incompétence et de
nullité.

A mon avis, il n'est pas supposable que le
législateur ait eu la frivole intention de cisailler
son plan à mesure qu'il travaillait à le tracer,
et de mettre en flagrant conflit les articles de
son code.

Ce que l'on voudrait qu'il eût fait, est précisément ce qu'il n'a pas voulu faire. Le tribunat avait demandé que l'article 166 fût
ainsi conçu : « Tous étrangers demandeurs
principaux ou intervenants seront tenus, si le
défendeur le requiert, *avant toute exception*
autre que celle de renvoi ou de nullité, de
fournir caution, etc. » Les mots *avant toute*
exception, qui ne se trouvaient pas dans le
projet, furent seuls ajoutés quand on arrêta
la rédaction définitive au conseil d'État; le
reste ne fut point admis. Évidemment il de-

____

(1) *Lois de la procéd.,* t. 1, p. 433.
(2) *Jurisp. génér.,* t. 7, p. 582.

Art. meura bien entendu que la caution serait requise, non après, mais avant les exceptions d'incompétence et de nullité.

Ce système est beaucoup plus rationnel que l'autre. En effet, le défendeur veut-il prétendre que le tribunal où l'étranger l'a traduit n'est pas compétent? Il est possible, surtout si l'on agite des questions de domicile, que les débats soient longs et coûteux, qu'il devienne indispensable de lever des actes, de rapporter des extraits, de faire des enquêtes, etc. Ce sera plus ou moins d'argent déboursé, dont la rentrée restera fort incertaine, si l'exception de caution n'a pas précédé l'exception d'incompétence. J'aurais la même chose à dire dans le cas où il s'agirait de la nullité de l'exploit.

On dira que je laisse sans application cette disposition de l'article 169 : « La demande en renvoi devant les juges compétents sera formée *préalablement à toutes autres exceptions et défenses;* » et cette autre de l'article 173 : « Toute nullité d'exploit ou d'acte de procédure sera couverte, si elle n'est proposée *avant toute défense ou exception autre que les exceptions d'incompétence.* »

Je répondrai que cela s'applique à ce qui

vient après, dans l'ordre des articles; à l'exception dilatoire pour faire inventaire et délibérer; à l'exception de garantie; à celle qui
tend à obtenir la communication des pièces;
et je maintiendrai qu'on ne peut en induire
aucune abrogation ni modification rétrospec-
tive, à l'égard de ce qui avait été antérieure-
ment réglé pour la caution *judicatum solvi.*

La loi veut que la caution soit requise avant
TOUTE exception, et la loi doit être entendue
dans le sens qui conserve sa volonté : *Beni-
gniùs leges interpretandæ sunt, quò voluntas
earum conservetur* (1).

La caution est tout à fait à part et en dehors
des autres exceptions; elle laisse entiers tous
les droits, tous les moyens, toutes les prétentions du procès : ce n'est qu'une sûreté relativement aux frais; il faut donc la requérir
aussitôt qu'il y a des frais à faire.

Ce n'était point assez de cette garantie de
cautionnement contre la témérité de l'étranger
qui attaque, il fallait encore pourvoir à la
sûreté des condamnations que le Français
peut obtenir contre l'étranger qui se défend.

(1) *L.* 18, *ff. de legibus.*

Art.   Quel que soit son pays, celui que j'appelle
devant un de nos tribunaux doit y trouver
accès libre et facile : la défense est de droit
naturel. Mais si je le fais condamner, ne serait-ce pas outrer la longanimité que de lui
laisser ouverte la voie qui va le dérober aux
atteintes de la justice de France ?

Autrefois, en toutes matières, les jugements
rendus contre les étrangers étaient généralement exécutoires par corps. Vous savez comment le droit de propriété succomba dans sa
lutte avec l'effrénée liberté de 1793 (1). L'a-
bolition de la contrainte par corps fut décrétée ; les étrangers en profitèrent ; et, lorsque
l'on sentit le besoin de la rétablir, on ne
songea point à eux. L'omission, faiblement
relevée d'abord par une loi du 4 floréal de
l'an VI, ne fut complétement réparée que par
celle du 10 septembre 1807, laquelle fut rendue, suivant ce que rapporte M. Merlin (2),
« parce que des marchands de Paris venaient
d'être dupes d'un grand seigneur russe, qui
avait disparu sans payer ce qu'il leur devait. »
L'une et l'autre de ces lois sont abrogées ; leurs

(1) Voyez ci-dessus, t. 2, p. 514.
(2) *Questions de droit*, v° *Etranger*, § 2, n. 2.

dispositions se reproduisent aujourd'hui, plus Art. nettement et plus humainement combinées, dans le titre 3 de la nouvelle loi du 17 avril 1832.

« Tout jugement qui interviendra au profit *d'un Français* contre un étranger *non domicilié en France*, emportera la contrainte par corps, à moins que la somme *principale* de la condamnation ne soit inférieure à cent cinquante francs, sans distinction entre les dettes civiles et les dettes commerciales (1). »

Vous ne trouvez plus ici les principes qui régissent l'exception de la caution *judicatum solvi*. Le Français seul a le privilége de faire exécuter son jugement par corps; l'étranger admis à jouir des droits civils en France ne pourrait pas l'invoquer contre un autre étranger, car il n'est pas Français (2).

Remarquez aussi que l'étranger condamné, pour être affranchi de la contrainte, doit être

_____

(1) Art. 14 de la loi du 17 avril 1832, *sur la Contrainte par corps.*

(2) Arrêt de la cour de Douai du 7 mai 1828. *Journal des Avoués*, t. 36, p. 14. Cet arrêt a été rendu sous l'empire de la loi de 1807, mais le texte était le même que celui de la loi de 1832.

ART. domicilié en France; il ne suffirait pas qu'il fût autorisé à y résider, et qu'il y possédât des propriétés, des établissements de commerce (1).

La loi de 1832, de même que celle de 1807, est une loi de police et de sûreté, dont le but est de protéger l'intérêt national. Elle s'étend aux mineurs comme aux majeurs étrangers; elle n'excepte que les femmes, quand elles ne sont pas stellionataires (2).

Cette restriction, qui ne permet pas d'exercer la contrainte par corps, *si la somme* PRINCIPALE *de la condamnation est inférieure à cent cinquante francs*, indique assez que l'étranger n'est point contraignable pour les dépens du procès (3), et qu'il participe à cette faveur de notre droit commun.

Cependant, averti par l'ajournement qu'il a reçu, l'étranger va disparaître et se dérober facilement aux justes rigueurs dont il est me-

(1) Arrêt de Douai du 9 décembre 1829. *Journal des Avoués*, t. 42, p. 8.

(2) Arrêt de Paris du 9 mai 1830. *Ibid.*, tom. 39, p. 181.

(5) A moins que les dépens ne soient adjugés pour tenir lieu de dommages-intérêts. Voyez mon deuxième volume, p. 527.

nacé. Devra-t-on attendre, dans tous les cas, Aᴀᴛ. pour s'assurer de sa personne et pour immobiliser la seule garantie à laquelle il soit possible de se prendre, que les tribunaux aient prononcé sur le fond du litige? Non. Voici comment le législateur a su adoucir une mesure qui paraît sévère au premier aspect, et prévenir par de sages précautions tous les abus et toutes les vexations qu'elle pourrait entraîner :

« Avant le jugement de condamnation, mais *après l'échéance* ou *l'exigibilité* de la dette, le président du tribunal de première instance dans l'arrondissement duquel se trouvera l'étranger non domicilié, pourra, *s'il y a des motifs suffisants*, ordonner son arrestation provisoire sur la requête du créancier français.

» Dans ce cas, le créancier sera tenu de se pourvoir en condamnation dans la huitaine de l'arrestation du débiteur, faute de quoi celui-ci pourra demander son élargissement.

» La mise en liberté sera prononcée par ordonnance de référé (1), sur une assignation

(1) J'ai déjà eu occasion de dire quelques mots tou-

Art. donnée au créancier par l'huissier que le président aura commis dans l'ordonnance même qui autorisait l'arrestation, et, à défaut de cet huissier, par tel autre qui sera commis spécialement (1). »

Ces dispositions sont parfaitement agencées; elles se conçoivent fort bien. Ce n'est point encore la contrainte par corps avec toute la rigueur de ses formalités; le jugement n'est pas rendu : ce n'est qu'une arrestation provisoire, sans significations préalables (2). Le président l'ordonne *s'il y a des motifs suffisants.* Il va sans dire que l'étranger n'est pas appelé pour discuter ces motifs, car il partirait au lieu de venir s'expliquer; mais il ne peut être arrêté qu'après l'expiration du temps où la dette aurait dû être acquittée. La présomption est contre lui; toutefois ses exceptions et ses défenses restent entières. La demande est-elle

chant cette juridiction des *référés*, dévolue au président d'un tribunal civil de première instance, pour régler provisoirement les cas où se montre une imminence de préjudice, que la marche ordinaire de la justice et l'attente de l'audience accoutumée pourraient rendre irréparable. Voyez ci-dessus, t. 2, p. 164 et 165.

(1) Art. 15 de la loi du 17 avril 1832.
(2) Art. 32, § 2, de la loi du 17 avril 1832.

jugée, en définitive, non recevable ou mal <small>ART.</small> fondée? l'étranger illégalement arrêté obtient des dommages-intérêts. Est-il condamné? l'arrestation se trouve légitimée.

Je m'assure que vous n'avez pas manqué de pressentir dans la loi l'article qui suit :

« L'arrestation provisoire n'aura pas lieu, ou cessera, si l'étranger justifie qu'il possède *sur le territoire français* un établissement de commerce ou des immeubles, le tout d'une valeur suffisante pour garantir le payement de la dette, ou s'il fournit pour caution une personne domiciliée en France, et reconnue solvable (1). »

Une remarque importante doit être faite sur cet article, c'est qu'il s'applique seulement à l'arrestation provisoire qui précède le jugement. Il ne faut pas croire qu'après la condamnation obtenue contre lui, l'étranger puisse éviter la véritable contrainte par corps, soit en justifiant de ses possessions dans le royaume, soit en présentant une caution (2) :

(1) Art. 16 de la loi du 17 avril 1832.

(2) Cependant, si la contrainte par corps n'a pas été prononcée pour dette commerciale, le débiteur obtiendra son élargissement en payant ou consignant le tiers

Art. le jugement affecte ensemble au payement de la dette, et comme autant de gages, sa personne et ses biens de France, s'il en a. L'exercice de la contrainte par corps, dit l'art. 2069 du code civil, n'empêche ni ne suspend les poursuites et les exécutions sur les biens.

La loi du 17 avril 1830 a gradué la durée de la contrainte, en général, suivant l'importance des condamnations que portent les jugements (1). Ces dispositions nouvelles trouveront mieux leur place au chapitre qui traitera de l'*Emprisonnement* et de ses formes.

du principal de la dette et de ses accessoires, et en donnant pour le surplus *une caution* acceptée par le créancier, ou reçue par le tribunal civil dans le ressort duquel le débiteur est détenu. Art. 24 de la loi du 17 avril 1832.

(1) Art. 17.

CHAPITRE XII.

DES EXCEPTIONS DÉCLINATOIRES.

J'appelle *Exceptions déclinatoires* ce que le ART. code de procédure comprend sous la dénomination générale de *Renvois* (1). Il me semble que c'est qualifier mieux la matière de ce chapitre.

L'harmonie d'un système tient surtout à l'unité de l'expression.

Il y a, au titre des EXCEPTIONS, un paragraphe 4 pour les *Exceptions dilatoires*. Fallait-il donc emprunter le terme de *Renvoi* à ces époques de querelles féodales où les seigneurs venaient revendiquer leurs justiciables, pour en intituler le paragraphe 2 qui traite des *Exceptions déclinatoires?*

(1) Titre *des Exceptions*, § 2.

A<small>RT.</small>   Ce désaccord a jeté de la confusion sur
d'autres textes. La demande *en renvoi* se
nomme *Exception d'incompétence* dans l'article 173, puis elle redevient l'ancienne *Exception déclinatoire* dans les articles 83, 424
et 425.

Ne croyez pas qu'il n'y ait ici d'autre intérêt que celui de quelques mots qui se disputent la rubrique d'un chapitre : ce sont des
idées qui se faussent et qu'il convient de redresser.

Un tribunal, lorsqu'il reconnaît son incompétence, ne *renvoie* point l'affaire devant tels
autres juges qu'il désigne ; il se borne à déclarer qu'il n'a pas le pouvoir de statuer. C'est
comme si l'action n'avait pas été intentée (1) ;
il faut un nouvel ajournement pour saisir de
nouveaux juges.

Au contraire, le *Renvoi* suppose une action
qui subsiste, une cause toute liée qui se transporte, avec les parties, d'une juridiction à une
autre. Tel le renvoi que la nécessité com-

___

(1) Cependant elle sert à interrompre la prescription,
parce que la citation en justice, donnée même devant
un juge incompétent, n'est pas moins une interpellation
judiciaire. Voyez l'art. 2246 du code civil.

mande, lorsque, par suite d'empêchements, Art.
de récusations ou de déports, les juges qui
devaient prononcer ne se trouvent plus en
nombre suffisant, ou lorsqu'il n'y a pas assez
d'avoués pour représenter les intérêts distincts
de tous les plaideurs dans la même instance.
Tel le renvoi que demande la partie qui
compte, parmi les membres du tribunal, des
proches parents ou alliés de son adversaire.
Tel le renvoi pour cause de sûreté publique
et de suspicion légitime. Tel encore le renvoi
après cassation (1).

Les renvois proprement dits ne sont or-
donnés que par des juges supérieurs, parce
qu'un renvoi est un mandement de juger. Un
tribunal ne peut renvoyer à un autre tribunal
du même degré : *Par in parem non habet im-
perium.*

Mais tout tribunal, quel que soit son rang
dans la hiérarchie, a le droit de statuer sur sa
compétence : *Ejus est enim æstimare an sua sit
juridictio* (2). Refuse-t-il de retenir l'affaire ?

(1) Les règles relatives à ces différentes sortes de
Renvois seront expliquées au chapitre 26.
(2) *L.* 5, *ff. de judiciis.*

Art. il donne ses motifs, et il dit aux parties de se
pourvoir *devant qui de droit.*

C'en est assez, je pense, pour justifier le
changement de mots que j'ai osé me permettre,
et pour faire ressortir la nuance qui distingue
une demande en renvoi, d'une exception déclinatoire.

Je reprends la trace des idées que j'ai déjà
émises touchant l'ordre dans lequel les exceptions doivent être proposées (1).

J'ai dit que la caution *judicàtum solvi* se
présentait la première. C'est une sûreté pour
le recouvrement des frais; le défendeur, s'il
veut l'obtenir, est tenu de la requérir aussitôt
qu'il y a des frais à faire, et quelquefois il en
faut faire autant pour savoir où l'on plaidera,
que pour plaider. Demander préalablement
caution à l'étranger qui vous assigne, ce n'est
point reconnaître que l'on soit compétemment
ou valablement assigné.

Les exceptions déclinatoires ne viennent
169. donc rationnellement qu'en seconde ligne;
mais elles doivent précéder toutes les autres,

_____

(1) Voyez ci-dessus, p. 200 et suiv.

à moins qu'il ne s'agisse d'une incompétence Art.
à raison de la matière.

On connaît assez cette ligne élémentaire qui
sépare l'incompétence *ratione materiæ*, de
l'incompétence *ratione personæ vel loci*.

La première ne se couvre point, car la
volonté des plaideurs n'a pas la puissance de
créer une juridiction, et de conférer à un
tribunal, par ignorance ou par choix, l'attribution d'une matière que la loi ne lui a pas
donnée. Ce serait attenter à l'ordre public,
détourner le cours de la justice, et le troubler
jusqu'à sa source (1) : *Publico jure à lege vel
principe defertur juridictio, quapropter privatorum consensus judicem non potest facere eum
qui judex non est.*

L'incompétence à raison de la matière peut
être proposée en tout état de cause, même par
le demandeur, si le défendeur ne se met pas
en peine de décliner. Il y a plus encore : les
juges sont tenus de se dessaisir *d'office*, quand
bien même les deux parties consentiraient à
procéder devant eux.

Mais l'incompétence *ratione personæ vel loci*

170.

(1) Voyez mon Introduction, t. 1, chap. 6, p. 92 et
suiv.

Art. se peut couvrir; elle ne touche qu'à un intérêt privé. Il importe peu à la société qu'un particulier aille plaider devant un autre tribunal que celui de son domicile, ou de la situation de l'objet litigieux, si, abstraction faite de la question de territoire, la cause appartient à un genre compris dans les attributions de l'un comme de l'autre. C'est parce qu'on peut renoncer à l'incompétence personnelle, qu'elle doit être relevée avant les autres exceptions, et à plus forte raison avant toute espèce d'engagement sur le fond. *Præscriptiones fori in principio litis à litigatoribus opponendas esse legum decrevit autoritas* (1).

Evidemment, vous vous soumettez à l'autorité du tribunal où vous êtes traduit, quand, au lieu de réclamer la franchise de votre ressort, et le privilége de plaider devant vos juges naturels, vous arguez l'ajournement de nullité, quand vous sollicitez un délai pour vous défendre, ou quand vous requérez la communication des titres qu'on vous oppose. *Nemo, post litem contestatam, ordinariæ sedis examen declinet* (2).

(1) *L. 13, Cod. de Except. et Præscript.*
(2) *L. 4, Cod. de Jurisdict. omnium judicum,* etc., et *l. 1, 3, 6 et 7, eodem titulo.*

Les simples actes de procédure, comme une constitution d'avoué, un *à-venir*, une demande en remise de la cause, ne couvrent point. Ne faut-il pas toujours constituer un avoué et poursuivre l'audience, afin de proposer une *exception*, aussi bien que pour présenter une *défense?* Ces préliminaires indispensables servent à constater la comparution du défendeur, et à fixer le jour de la lutte; mais ils ne révèlent aucune intention marquée pour le choix des armes : *Actus ultra intentionem agentium operari non debent.*

On a demandé si l'assigné qui met en cause une tierce personne, en l'appelant à sa garantie, conserve encore la faculté de décliner la juridiction du tribunal? M. Demiau, dans ses *Eléments du droit et de la pratique* (1), et M. Carré, dans ses *Lois de la procédure* (2), ont embrassé l'affirmative de cette question. Ils ont dit que la mise en cause d'un garant restait étrangère au demandeur originaire, jusqu'à ce que le nouveau plaideur ait été lié aux actes et au système du procès; qu'on ne pouvait auparavant en induire une reconnais-

Art.

(1) Pag. 146.
(2) T. 1, p. 440, note 2.

ART. sance de juridiction; que c'était une précaution purement hypothétique, pour le cas
où l'exception d'incompétence ne serait pas
accueillie.

Cette opinion n'est approuvée ni par les
auteurs, ni par les arrêts (1).

La demande en garantie est une *exception
dilatoire*; cela est formellement écrit dans le
code. Loin que les exceptions dilatoires tendent à dénier le pouvoir du juge, à en contester la mesure, ou à critiquer la forme de
l'ajournement, elles supposent l'action compétemment et légalement intentée; elles se
résument dans une impétration de délai pour
la préparation et l'agencement de la *défense*;
par conséquent elles couvrent les autres exceptions que la nature des choses et la loi ont
placées en avant.

Le bon ordre de la justice ne veut pas
qu'une personne soit obligée à plaider, pour
la même affaire, dans deux tribunaux à la fois,
et soit exposée à voir rendre deux jugements

_____

(1) Voyez le *Répertoire* de M. Merlin, t. 3, p. 334;
le *Répertoire* de M. Favard, t. 2, p. 459; et la *Jurisprudence générale* de M. Dalloz, t. 7, p. 585.

contraires, qui s'entre-choqueraient et se ART.
rendraient inexécutables l'un et l'autre.

Il y a lieu, dans ce cas, à une autre espèce
d'*Exception déclinatoire*, à l'exception de *Li-* 171.
tispendance et de *Connexité.*

La litispendance est l'état d'une cause introduite dans un tribunal qui ne l'a point encore jugée : *lis pendens.*

La litiscontestation n'est pas nécessaire pour
qu'il y ait litispendance ; car la litispendance
se forme par le seul fait d'un ajournement :
*Cœpta autem esse, atque ità pendere lis alibi
censetur, non modò si litis contestatio jàm facta
sit, sed sola citatio, seu in jus vocatio* (1).

L'exception de litispendance suppose que le
procès existait déjà devant d'autres juges, entre
les mêmes parties, pour la même chose, et sur
une demande basée sur la même cause.

Le déclinatoire pour raison de connexité
n'exige point ces identités parfaites dans les
affaires soumises à deux tribunaux différents ;
il se fonde sur ce qu'elles se lient par des affi-

---

(1) Voet *ad Pandectas, lib.* 44, *tit.* 2, n° 7.
Voyez sur ce point les *Quest. de droit* de M. Merlin,
v° *Litispendance.*

Art. nités telles, que le jugement de l'une doive indispensablement influer sur le jugement de l'autre, et sur ce que la même instruction leur convient et leur suffit. Ce ne sont plus les rigoureuses conditions sans lesquelles l'exception de litispendance ne saurait se produire ; c'est quelque chose de plus mobile et de moins positif, c'est une appréciation de rapports sympathiques et de certaines convergences, que la loi abandonne à la sagesse des magistrats; mais c'est toujours le même but, celui de rendre la justice moins embarrassée, moins coûteuse, et de la faire une, comme la vérité dont elle doit être l'image.

On voit que la connexité peut quelquefois faire fléchir la règle : *Actor sequitur forum rei.* M. Merlin, dans son *Répertoire*, t. 2, p. 344, en rapporte plusieurs exemples.

Les exceptions de litispendance et celles de connexité sont proposées devant le tribunal où la dernière demande a été introduite, et c'est ce tribunal qui doit se dessaisir, pourvu qu'elles soient justifiées. Alors l'affaire appartient, par droit de prévention, aux juges qui ont été les premiers saisis, à moins qu'il ne s'élève quel-

que cas d'incompétence radicale (1), qui do- Art.
mine tout, qui efface tout, et qui se peut déclarer à toutes les phases de la cause et à tous
les degrés de juridiction. Toutefois l'incompétence du juge auquel l'une des parties s'était
d'abord adressée serait manifeste, qu'il n'en
faudrait pas moins retourner devant lui, ne
fût-ce que pour faire décider *an sua sit juri-*
dictio (2).

Il n'est pas impossible que les deux tribunaux saisis à la fois rejettent le déclinatoire,
et veuillent tous deux retenir la cause et les
plaideurs. Ce serait le cas de dire, avec le pro-
phète : Il pleuvra sur eux des filets, *pluet super*
eos laqueos, s'ils étaient condamnés à la désespérante condition de voir la même affaire devenir l'objet de deux sentences du même degré,
qui, se heurtant, pourraient donner lieu *à de*
grandes esclandes et violences oultrageuses,
comme il advint, en 1474, pour un procès
diversement jugé à Paris et à Bordeaux (3).

(1) C'est-à-dire, à raison de la matière.

(2) Lorsque deux instances connexes ont été formées
devant le même tribunal, leur jonction est ordonnée, et
il n'y a plus qu'une cause.

(3) Voyez mon premier volume, p. 488.

Art. Nous n'en sommes plus à cette anarchique confusion du moyen-âge.

Les deux juridictions se trouvent-elles subordonnées au même tribunal supérieur? la question de compétence pourra être vidée par voie d'appel; car, en pareille matière, lors même que le fond du procès serait dans les limites du dernier ressort, il est toujours permis d'appeler.

L'autorité du tribunal supérieur ne s'étend-elle pas sur l'une et sur l'autre des justices rivales? il deviendra nécessaire de se pourvoir en *règlement de juges*. Je suis obligé de renvoyer à l'un des chapitres suivants tout ce qui se rapporte à cette voie de recours (1).

L'étranger qu'un Français assigne devant un

---

(1) J'ajouterai, dès à présent, que même dans les cas où l'on pourrait interjeter appel, afin de faire cesser le conflit de juridiction, la loi permet de choisir le règlement de juges. Il y a plus : on peut recourir au règlement de juges aussitôt qu'une affaire est portée devant deux tribunaux différents, et sans attendre qu'ils aient prononcé sur leur compétence. Ainsi la litispendance et la connexité sont, au choix du demandeur, ou des exceptions, ou des motifs de demander un règlement de juges, afin d'éviter la multiplicité et la contrariété des jugements.

tribunal du royaume peut-il opposer l'excep- Art.
tion de litispendance, par ce motif que la
même demande existe déjà devant les juges de
son pays?

Prise de son point de vue général, cette
question n'est guère controversée.

Il ne peut y avoir de conflit entre un tribunal
étranger et un tribunal de France, parce que
la sentence de l'un ne peut ni dominer ni
heurter la sentence de l'autre. Les limites des
États sont les limites de leurs juridictions. Un
jugement étranger n'est point exécutoire chez
nous, si la révision de nos magistrats et le mandement du Roi n'en ont pas fait préalablement
un jugement français : à quoi faire, il faut
venir par action; disaient nos vieux auteurs,
et la cause doit être traitée derechef (1).

C'était le texte de l'article 121 de l'ordonnance de 1629 : « Nonobstant lesdits jugements
(étrangers), nos sujets, contre lesquels ils
auront été rendus, pourront de nouveau débattre leurs droits, *comme entiers*, devant nos
officiers. »

(1) Brodeau sur Louet, lettre D, som. 49. Julien sur
les statuts de Provence, etc.

ART. ... Si les arrêts d'un autre pays perdent chez nous leur autorité de chose jugée, certes, et à plus forte raison, une simple demande intentée devant une justice étrangère ne peut produire, dans un tribunal français, l'exception de litispendance (1).

La difficulté n'est pas là. Mais on demande si le Français demandeur, qui lui-même a commencé par saisir un tribunal étranger, n'a pas renoncé au privilége de sa loi, et s'il peut reporter encore son action aux tribunaux de France? M. Dalloz décide qu'il ne le peut pas, et qu'il doit rester soumis à la juridiction de son choix. M. Dalloz invoque, à l'appui de cette opinion, un arrêt de rejet rendu par la cour suprême, le 15 novembre 1827. Il va plus loin : il pense qu'un Français *défendeur*, traduit devant un tribunal étranger, et qui serait venu y comparaître sans proposer de déclinatoire, n'aurait plus la faculté de revenir sur ses pas pour implorer la justice de France (2).

(1) La jurisprudence est aujourd'hui fixée sur ce point. Sirey, t. 7-2-855, 8-1-453, et 14-2-191, etc.

(2) *Jurisp. génér.*, t. 7, p. 597.

Dans l'espèce de: l'arrêt rapporté par Art.
M. Dalloz, il s'agissait d'une action que Delamme, né en France, mais résidant depuis
longues années en Belgique, avait formée à
Bruxelles, contre Heymans, négociant de cette
ville. L'affaire, vidée en première instance, se
trouvait en appel, où déjà plusieurs incidents
avaient été réglés, lorsque Delamme, se prenant à sa qualité de Français, crut qu'il pouvait ajourner Heymans devant le tribunal de
commerce de Paris, et y recommencer le procès. On le déclara non recevable, attendu qu'il
avait, de son plein gré, saisi et épuisé la juridiction étrangère.

A la cour royale de Paris, l'organe du ministère public fut d'avis que le contrat judiciaire formé chez l'étranger ne pouvait avoir
en France aucun caractère légal et définitif;
que Delamme, quoique demandeur à Bruxelles,
n'avait point été lié par l'option qu'il avait
faite; que ce principe de droit public, pro-
clamé dans l'ordonnance de 1629, avait reçu
une consécration nouvelle par l'article 14 du
code civil.

Il n'en fut pas moins dit que le tribunal de
commerce avait bien jugé.

Delamme n'obtint pas plus de succès à la

Art. cour de cassation. Le rejet de son pourvoi fut motivé sur ce que chacun peut renoncer à un privilége qui lui est personnel; sur ce qu'on y renonce en citant un étranger devant les juges de son pays, et en y épuisant tous les degrés de leur juridiction; sur ce que les dispositions de la loi qui consacrent le droit de souveraineté territoriale n'ont point été faites en vue des intérêts privés, et que les parties contractantes ou litigantes restent obligées par les actes de juridiction volontaire ou contentieuse à laquelle elles se sont soumises.

Il résulterait de là que le Français *demandeur* ou *défendeur* qui s'est volontairement abandonné à la justice de l'étranger, n'a plus la faculté d'appeler son adversaire en France, et d'y procéder sur nouveaux frais. Il faudrait attendre que celui-ci vînt y faire exécuter la sentence de ses juges, pour que les nôtres pussent la reviser.

N'est-ce point trop d'outrecuidance que de vouloir mettre en controverse la doctrine de cette magistrature suzeraine, à qui les législateurs ont confié la pure manifestation de leur pensée? Qu'il soit du moins permis d'observer que l'arrêt de la cour de cassation semble ré-

véler un changement notable dans les principes ART.
de notre droit public.

Autrefois on répétait en France cette maxime
des XII Tables : *Adversùs hostem æterna auctoritas esto* (1). On ne croyait point qu'un Français, ayant succombé dans une instance sur le
sol étranger, pût être irrecevable à demander
en France un nouveau débat, un nouvel examen de ses droits *toujours entiers*, comme disait l'article 121 de l'ordonnance de 1629. On
ne faisait aucune distinction entre le cas où le
Français avait plaidé hors de son pays, en qualité de demandeur, et le cas où il n'aurait fait
que s'y défendre. Il n'importait pas que les
juges étrangers aient été ou n'aient pas été
compétents pour prononcer ; la règle était illi-
mitée, inflexible : les jugements étrangers per-

(1) Cicéron, dans le premier livre *des Offices*, nous
apprend que l'ancienne latinité donnait au mot *hostis*
la même signification qu'à celui de *peregrinus*, étranger : *Apud majores nostros hostis dicebatur quem nunc
peregrinum dicimus. Indicant duodecim tabulæ : adversùs
hostem æterna auctoritas.* Cette remarque et cette citation
se trouvent partout, dans Pothier, dans Bouchaud, dans
Merlin, etc.

Art. daient toute espèce de force chez nous; ils étaient réputés *non avenus*.

Il est vrai que Boullenois n'admettait cette règle qu'à l'égard du Français *défendeur*, et qu'il la rejetait lorsque les nationaux *demandeurs* avaient saisi de leur plein gré des juges étrangers (1). Mais M. Merlin a fort bien remarqué qu'il avait fallu que Boullenois, pour étayer son système, allât jusqu'à prétendre que l'article 121 de l'ordonnance de 1629 ne faisait pas loi. C'était un travers de cet esprit de prévention qui enveloppa dans la sanglante disgrâce du maréchal de Marillac l'œuvre de son frère Michel, garde des sceaux, et qui crut avoir abattu l'un des meilleurs monuments de notre législation, en jetant dessus le sobriquet de *code Michau*. L'ordonnance de 1629 fut enregistrée et exécutée, quoi qu'en aient dit quelques chroniqueurs du temps. M. d'Aguesseau l'a toujours citée comme loi du royaume. Or Boullenois convenait que son opinion ne serait pas soutenable, si l'on accordait quelque force à l'article 121 de l'ordonnance. En niant le principe, il avouait toutes ses conséquences.

(1) Traité des Statuts réels et personnels, t. 1, p. 646.

« C'est une loi d'État inviolable, a dit Bro- Art.
deau sur Louet (1); que le droit de souveraineté
ne se divise point; jusques-là que messieurs
les procureurs généraux sont fondés de vendi-
quer les sujets du roi, et empêcher qu'ils ne
plaident par-devant autres juges que ceux du
royaume, encore qu'ils eussent procédé volontairement autre part. D'où le roi Henri II prit
occasion de défendre que la cause de la mar-
quise de Rothelin contre le duc de Longue-
ville, concernant le comté de Neufchâtel, fût
traitée ailleurs que par-devant les juges du
royaume. »

Julien rapporte un arrêt du parlement d'Aix,
que je veux rapporter aussi, parce que les faits
et les questions offrent une frappante analogie
avec les faits et les questions de cette affaire
du sieur Delamme, dont je rendais compte il y
a un moment. On pourra comparer.

Il s'agissait d'une société pour un commerce
de laines, qui avait été contractée à Vaugine en
Provence, entre Alamelle, négociant de ce
lieu, et les nommés Lebrier et Laugier, demeurant à Camaret, dans le Comtat Venaissin.

(1) Lettre D, sommaire 49.

Art. Des contestations étant survenues, Alamelle
s'était pourvu par-devant les juges du Comtat,
et toutes les parties y avaient longtemps procédé, lorsqu'il fit assigner ses adversaires au
siége d'Aix. Ceux-ci déclinèrent la juridiction ;
ils opposèrent la litispendance, disant qu'ils
ne pouvaient avoir deux procès, et plaider
dans deux tribunaux pour le même fait, et ils
demandèrent leur renvoi devant les officiers
du pape. Alamelle répondit qu'il était Français, et qu'il n'avait pas été en son pouvoir de
reconnaître pour ses juges les magistrats d'un
pays étranger. Lebrier et Laugier furent déboutés de leur déclinatoire par le lieutenant-
général d'Aix; le parlement confirma la sentence (1).

Voici l'espèce d'un autre arrêt rendu à Paris
en 1743.

Un sieur Archambault, de Lyon, avait assigné François Cretel, sujet du roi de Sar-
daigne, devant le consulat de Chambéry, pour
avoir remboursement de certains effets de
commerce. Il perdit son procès, et la sentence
fut confirmée par le sénat. Nonobstant ce

(1) Commentaire sur les statuts de Provence, t. 1er,
p. 444.

double échec qu'il venait d'éprouver en Sa- Art.
voie, Archambault forma contre Cretel une
nouvelle demande pour le même fait, qui
fut portée à la conservation de Lyon. On jugea,
tant à Lyon qu'au parlement, que l'ordonnance de 1629 refusait en France toute autorité
aux jugements de pays étrangers, et que le
demandeur avait pu venir par nouvelle action
devant les juges nationaux, pour y faire prononcer de nouveau sur ses prétentions, comme
si l'arrêt de Chambéry n'eût jamais existé (1).

Je pourrais citer d'autres décisions semblables émanées des anciennes cours souveraines; on en trouvera dans le *Traité des
assurances* d'Emérigon, chap. 12, sect. 20,
et dans le *Recueil de jurisprudence française*
de M. Henrion, t. 1, p. 48 (2).

Je terminerai cette exposition par un arrêt,
non de rejet, mais de cassation, qui consacra
de tout point, le 18 pluviôse an XII, ces
applications de l'article 121 de l'ordonnance
de 1629.

---

(1) Voyez le Nouveau Denisart, v° *Exécution en matière civile*, § 4.

(2) Imprimé en 1789.

ART. La cour d'appel de Rouen avait écarté une demande de Spohrer, négociant français au Havre, contre Niels Moë et Jens Sorrensen, de Christiansand en Norwége, sous le prétexte que la contestation que reproduisait son ajournement avait été déjà vidée par une sentence des juges de commerce de Naples, et qu'il ne pouvait plus l'engager de nouveau en France.

Spohrer se pourvut, et la cour suprême cassa :

« Attendu que les expressions générales de l'article 121 de l'ordonnance de 1629 ne souffrent aucune exception, soit relativement à la nature de l'affaire qui a été portée devant un tribunal étranger, soit relativement à la qualité en laquelle un Français y a été partie ; qu'ainsi on ne peut, pour l'application de cet article, admettre de distinction, soit entre le cas où l'affaire, sur laquelle est intervenu un jugement étranger, est commerciale ou purement civile, soit que le Français y ait été *demandeur*, *défendeur*, *ou partie intervenante ;* mais que la loi refuse *indistinctement* toute force exécutoire, en France, aux jugements étrangers ;

» Attendu que cet article ayant voulu de

plus que, nonobstant un jugement étranger, le Art.
Français contre lequel il aurait été rendu
puisse de nouveau débattre ses droits *comme*
entiers, il s'ensuit qu'un jugement étranger
ne peut pas même opérer contre le Français
l'effet de la chose jugée, puisque cette exception le priverait nécessairement de la faculté
qui lui est formellement réservée de débattre
ses droits ;

» Attendu que, quoiqu'un jugement du 7
floréal an VI, rendu par le chargé d'affaires
de la république française près la cour de
Naples, ait renvoyé les parties devant le tribunal de commerce de cette ville pour faire
statuer sur les mêmes difficultés que Spohrer
a reproduites devant les tribunaux du Havre
et de Rouen, cette circonstance est indiffé-
rente, puisque le chargé d'affaires de France
n'a pu ni voulu soustraire aux tribunaux
français la connaissance des contestations que
l'ordonnance de 1629 leur attribue, dans les
cas prévus par son article 124.; et que, si l'action intentée par Spohrer devant le tribunal
de commerce de Naples pouvait être regardée
comme une exécution dudit jugement de renvoi du 7 floréal an VI, cette exécution *ne*
pourrait pas avoir plus d'effet que n'aurait une

Art. *demande spontanée, volontairement introduite par un Français devant un tribunal étranger, ce qui ne pourrait pas non plus, d'après les considérations ci-dessus énoncées, faire fléchir les dispositions générales du susdit article 121.»*

Les faits de cette cause dataient de l'an VI, et ses questions, dans leur trajet d'une juridiction à une autre, n'avaient point cessé de relever de l'ordonnance de 1629. L'arrêt vient donc se joindre à ces nombreuses et puissantes autorités d'autrefois, pour témoigner qu'un procès intenté, ou même vidé chez l'étranger, ne produisait ni l'exception de litispendance, ni l'exception *de chose jugée* (1), et qu'il n'y avait point à considérer la qualité de *demandeur* ou de *défendeur*, dans laquelle le Français aurait comparu devant les juges de l'autre nation.

Il ne reste plus qu'un point qui puisse être

_____

(1) Je me sers de ces mots : *exception de chose jugée,* parce qu'ils sont consacrés par l'usage du droit civil. Mais dans notre langage de la procédure, qui distingue, comme on sait, les *exceptions* des *défenses,* la chose jugée produit une véritable défense, une *fin de non-recevoir,* qui anéantit l'action, et non pas une exception qui ne ferait que détourner ou retarder sa marche.

maintenant l'objet d'une discussion sérieuse ; Art.
à savoir si les nouveaux codes ont laissé in-
tact le principe consacré par la législation
antérieure.

L'article 2123 du code civil porte : « L'hypothèque ne peut résulter des jugements rendus
en pays étranger, qu'autant qu'ils ont été déclarés exécutoires par un tribunal français. »
Et l'article 2128 ajoute : « Les contrats passés
en pays étranger ne peuvent donner hypothèque
sur les biens de France. »

L'article 546 du code procédure déclare que
« les jugements rendus par les tribunaux étrangers, et les actes passés par les officiers étrangers, ne seront susceptibles d'exécution en
France que de la manière et dans les cas
prévus par les articles 2123 et 2128 du code
civil (1). »

Je conviendrai que l'expression de ces textes
pouvait être plus franche et plus transparente.
Remarquez toutefois que c'est un tribunal en-

_____

(1) Je ne parle point ici des modifications que les
traités ou les lois politiques peuvent apporter à ce grand
principe de l'indépendance des États. Je n'aurais qu'à
répéter ce que j'ai dit ci-dessus, p. 181, pour ce qui
concerne la caution *judicatum solvi.*

A<small>RT</small>. tier qui doit déclarer exécutoire, s'il y a lieu, la sentence de l'étranger. Ce n'est point une affaire de pure forme ; ce n'est point la matérielle apposition d'un sceau, comme il arrive lorsque le président tout seul écrit une ordonnance d'*exequatur* au bas d'une sentence arbitrale ; ce n'est point un simple *pareatis*, ou mandement d'obéir, donné sans connaissance de cause. C'est un jugement nouveau, car un tribunal ne procède que par délibération ; délibérer, c'est faire un acte de libre volonté, c'est juger.

Et puis, je le demande, qu'est-ce, au résidu, que cette sentence importée d'un territoire étranger, qui nous vient dépouillée de toute espèce d'autorité? Rien qu'une lettre inerte que nos juges laissent dans son néant d'extranéité, s'ils n'estiment pas qu'il convient de l'animer, et de la revêtir de la force exécutoire.

Ainsi un nouvel examen, une nouvelle discussion deviennent indispensables, et nous voici replacés dans les termes de l'article 121 de l'ordonnance de 1629 : « Les jugements rendus ès royaumes et souverainetés étrangères, pour quelque cause que ce soit, *n'auront aucune exécution* en notre royaume ; et non-

obstant ces jugements, nos sujets contre les- Art.
quels ils ont été rendus, pourront débattre
leurs droits, *comme entiers*, par-devant nos officiers. »

L'ancienne loi vit donc toujours sous l'écorce
des articles 2123 du code civil, et 546 du code
de procédure. M. Favard, qui porta au corps
législatif le vœu du tribunat sur *l'exécution
forcée des jugements*, a dit depuis, dans son
Répertoire, que ces articles s'expliquaient par
l'ordonnance de 1629 (1). Tous les auteurs
citent un arrêt de cassation que la cour suprême a rendu le 18 avril 1819, lequel rattache très-disertement au texte de l'ordonnance
le vrai sens et la saine application de la législation moderne (2).

Cette doctrine semblait devoir triompher de
toute atteinte, lorsque, le 15 novembre 1827,
le pourvoi du sieur Delamme, contre un arrêt
de la cour royale de Paris, fut rejeté (3). J'ai
dit que M. Dalloz en avait déduit la consé-

(1) T. 2, p. 475.

(2) Voyez surtout *les Quest. de droit* de M. Merlin,
v° *Jugement*, § 14, n. 2.

(3) Voyez les deux arrêts ci-dessus, pages 225 et
suivantes.

ART. quence, qu'un Français qui a consenti à plaider hors de son pays, comme *demandeur* et même comme *défendeur*, ne pourra plus, s'il veut ramener l'affaire devant les tribunaux de France, repousser l'exception de litispendance que l'étranger viendra lui opposer.

Je ne le crois pas.

Il n'en est point des jugements comme des contrats.

Dans les contrats, la volonté privée concourt avec la puissance publique; l'une forme l'obligation, l'autre la rend exécutoire. Le contrat, en quelque pays qu'il ait été passé, subsiste partout comme une loi individuelle que les parties se sont faite, mais il ne reçoit la formule exécutoire que par la consécration de la puissance publique.

Dans les jugements, au contraire, la volonté des parties n'est comptée pour rien (1). La puissance publique agit seule. Or, cette puissance, et l'autorité des actes qui en émanent, venant expirer sur les bords de leur empire, il doit s'ensuivre que les jugements

_____

(1) *Questions de droit* de M. Merlin, v° *Jugement*, § 14.

M. Toullier a dit la même chose, t. 10, p. 117.

rendus en pays étrangers sont réputés non Art.
avenus, et qu'un Français, quand bien même
il aurait procédé volontairement devant les
juges d'une autre nation, n'a pu se lier
en donnant les mains aux actes de leur juridiction.

La maxime *quasi contrahitur in judicio* ne
s'applique point à ce qui se fait en dehors du
territoire.

Je vais emprunter mon meilleur argument à
M. Dalloz lui-même, et copier ce qu'il a dit
dans son excellent *Traité des Droits politiques*,
sect. 1ʳᵉ, art. 5, n° 3 (1).

« Si le Français était *demandeur* devant le
tribunal étranger, conserverait-il en France
le droit de débattre de nouveau la chose jugée? Pourquoi non? C'est volontairement,
dit-on, qu'il a saisi la juridiction étrangère;
il est donc lié par un contrat judiciaire. Mais
acquiesce-t-on à la décision à intervenir, par
cela seul qu'on est demandeur? Mille raisons,
autres que cet acquiescement, peuvent déterminer un Français à diriger son action en pays
étranger. Son débiteur n'a peut-être pas de
biens en France; à quoi bon y obtiendrait-il

(1) *Jurisp. génér.*, t. 6, p. 486.

Art. un jugement qui ne serait pas exécutoire au delà des frontières? Peut-être les preuves de l'obligation de l'étranger sont-elles plus faciles à administrer dans le lieu qu'il habite, parce que la convention qui en est la cause y a été conclue et exécutée. En tout cas, le Français se réserve essentiellement la faculté de réclamer de son souverain la justice qui lui serait déniée par un souverain étranger. » Ici M. Dalloz cite l'autorité de M. Merlin (1), de M. Grenier (2), et celle de plusieurs arrêts; puis il ajoute : « La cour de Paris a jugé le contraire le 29 juillet 1826; mais il s'agissait d'un Français établi dans le ressort du tribunal étranger, et de la liquidation d'une société commerciale formée dans le même ressort. »

Notez que cet arrêt de la cour de Paris, qui ne doit point tirer à conséquence, eu égard aux faits particuliers de la cause, n'est autre que celui contre lequel le sieur Delamme s'est vainement pourvu, et dont le maintien, devant la cour de cassation, aura vraisemblablement été prononcé sous l'influence des

(1) *Ubi suprà.*
(2) *Traité des Hypothèques*, t. 1, n° 210.

mêmes considérations. C'est donc à l'opinion Art.
de M. Dalloz, dans son *Traité des Droits poli-*
tiques, qu'il faut se tenir, et non à celle qu'il
a émise en parlant *des Exceptions*.

J'en étais à cette conclusion, trop attendue
peut-être, que, *dans aucun cas*, les procédures
engagées devant une juridiction étrangère ne
peuvent produire l'exception de litispendance
contre le Français qui veut plaider chez lui,
lorsque j'ai trouvé, dans un recueil périodique
récemment apparu (1), l'annonce d'une seconde
édition des *Lois d'organisation et de compé-*
tence, de M. Carré. J'y ai lu ce qui suit :
« M. Carré soutient que l'article 121 de l'ordonnance de 1629 a été abrogé par les articles
546 et 1041 du code de procédure, et qu'aux
termes du premier de ces articles, les tribunaux
français n'ont pas le droit de prononcer sur le
fond même de la contestation. »

Je ne puis comprendre cette doctrine nouvelle de M. Carré, car ce n'est pas ainsi qu'il
s'était exprimé sur l'article 546, dans ses *Lois*
de la procédure. Il avait dit : « Les jugements

(1) *La Revue étrangère de législation*, etc., publiée
par M. Fœlix, n° 1er, p. 55.

Art. étrangers, sans exception, ne peuvent avoir
exécution en France qu'après avoir été rendus
exécutoires, *en connaissance de cause*, par un
tribunal français, devant lequel *il faut de nouveau déduire et débattre les raisons sur lesquelles
l'action est* FONDÉE; de manière qu'il est vrai de
dire que ce tribunal remplit, en quelque sorte,
les fonctions *d'un juge d'appel* (1). »

L'auteur ne pouvait employer des termes
plus expressément dévolutifs de la connaissance du fond.

Non, il n'y a pas un souffle d'abrogation
dans toute l'économie de l'article 546. Ce sont
les anciennes idées rendues avec quelques mots
de moins. Je l'ai démontré.

L'abrogation serait-elle dans l'article 1041?
Il est vrai que cet article porte que toutes lois,
coutumes, usages et règlements *relatifs à la
procédure civile* sont abrogés. Mais il n'est pas
vrai que l'article 121 de l'ordonnance de 1629
soit une loi de procédure. « C'est une loi purement politique, dit M. Merlin, et nos codes

(1) *Lois de procéd.*, t. 2, p. 363 et 364.

n'ont pas dérogé aux lois de cette nature (1). » Art. Elle existait dans nos mœurs et dans la pratique du royaume longtemps avant qu'elle fût écrite dans l'ordonnance. Dumoulin disait, en parlant du tribunal français, auquel il a toujours fallu demander l'exécution d'une sentence étrangère : *Cognoscere debet de justitiâ et scire quod agat, et ità practitatur in hoc regno* (2).

Voyez les autres pays :

Ludolf et Lauterbach, qui furent membres des suprêmes dicastères de l'empire germanique, attestent que la jurisprudence de ces tribunaux n'admettait l'exécution des jugements étrangers qu'après connaissance de cause (3).

En Prusse, le § 30 du titre 24 du code de procédure donne la force exécutoire aux jugements rendus par des juges étrangers, s'il ne s'élève aucune difficulté relativement à leur compétence, ou relativement *au fond de la cause.* Y a-t-il difficulté ? le tribunal inférieur

(1) *Répert.*, t. 12, p. 756.

(2) *Notes sur les Conseils* d'Alexandre, t. 4, *Conseil* 130, n. 3.

(5) Arrêt de la cour de Liége, du 15 floréal an X. Dalloz, *Jurisp. génér.*, t. 6, p. 496.

Art. consulté son tribunal supérieur, et celui-ci s'adresse au ministre. Ainsi, c'est le ministre de la justice qui décide s'il y a lieu à l'exécution.

Dans le royaume de Bavière, suivant les ordonnances des 9 octobre 1807 et 2 juin 1811, les jugements rendus à l'étranger contre un Bavarois sont exécutoires, mais seulement lorsqu'ils émanent *à judice rei sitæ, contractûs, arresti, vel gestæ administrationis;* lorsqu'il n'existe pas de moyens d'exécution dans le pays où le jugement est intervenu, et lorsque les droits des regnicoles n'en éprouvent point de préjudice.

La règle générale du grand-duché de Hesse, exprimée par l'article 15 de l'ordonnance du 21 juin 1817, veut que les jugements étrangers ne soient point susceptibles d'exécution dans les possessions sur la rive gauche du Rhin : aussi leur inscription aux registres hypothécaires n'y peut-elle emporter une hypothèque judiciaire.

En Angleterre, on suit le système de réciprocité admis par la *magna Carta* et renouvelé des Goths et des Suédois : *Quam legem exteri nobis posuere, eamdem illis ponemus* (1).

(1) Stiernhook, *de Jure Suen.*, 1. 3, c. 4.

Napoléon avait donné ses codes à l'Italie, en Art. échange de la couronne de fer. Toutefois la France et l'Italie, gouvernées par le même prince, ne formaient pas moins deux souverainetés distinctes et séparées. Le code civil disait en France : *Tout Français jouira des droits civils*, et il disait en Italie : *Qualunque Italiano gode dei diretti civili*.

Le ministre de la justice du nouveau royaume publia, le 28 septembre 1808, une instruction circulaire portant qu'une sentence prononcée par des juges étrangers ne pouvait être déclarée *exécutable* contre un Italien, en vertu de l'article 546 du code de procédure civile, *qu'après une décision nouvelle rendue avec toutes les parties intéressées* dans un tribunal d'Italie, et que l'exécution devait être refusée, si la sentence paraissait injuste.

Des jugements et des arrêts ayant été rendus à Intra et à Milan, entre des Italiens et des Génois, devenus Français par leur réunion à l'empire, les premiers vinrent à Gênes demander l'exécution de ces jugements et arrêts, qui leur avaient donné gain de cause. Mais la cour impériale renvoya les parties devant le tribunal de première instance de Gênes, pour

Art. y reproduire leurs prétentions respectives, et
pour y procéder sur le fond.

On se pourvut en cassation ; par arrêt du 27
août 1812, le pourvoi fut rejeté. La cour suprême considéra que les tribunaux italiens
étaient réputés étrangers relativement aux tribunaux français, comme ceux-ci à l'égard des
tribunaux italiens, quoique l'empire français
et le royaume d'Italie fussent soumis au même
souverain ; que, si l'article 546 du code de
procédure, et les articles 2123 et 2128 du code
civil, n'autorisent pas, en termes exprès, le
Français qui a succombé devant le tribunal
étranger à provoquer un nouvel examen du
fond, lorsqu'on demande l'exécution du jugement en France, cette faculté est consignée
dans l'article 121 de l'ordonnance de 1629,
article renfermant une loi politique NON ABROGÉE
par les nouveaux codes, et qui, quoiqu'il
n'eût pas été publié dans les Etats de Gênes, y
était néanmoins exécutoire, *par l'effet seul de
leur réunion à l'empire français* (1).

Permis aux publicistes de dire avec M. Meyer

(1) *Répert.* de M. Merlin, t. 12, p. 769.

que, celte loi politique, née de la rouille des Art.
temps passés, n'est qu'une jalousie de pouvoir mal entendue, un anachronisme ridicule
dans l'état progressif de la civilisation euro-
péenne ; qu'il serait digne de l'attention d'un
congrès de fixer invariablement les règles de
la compétence entre les divers pays, et d'assurer partout l'effet d'un jugement légalement
rendu. Ce n'est point ici le lieu de discuter la
haute portée d'un aussi noble vœu. Mon rôle
est plus humble ; je me contente de faire observer qu'en attendant le futur congrès et le droit
nouveau qu'il pourra proclamer, il faut res-
pecter les lois telles qu'elles existent, et tant
qu'elles existent.

On me pardonnera d'avoir consacré tant de
pages à l'examen d'une question qui peut ne se
présenter que fort rarement ; mais la matière
se trouvera toute préparée pour la solution des
autres difficultés que soulèveront les explications de l'article 546.

C'est chose assez dite et assez connue, que
l'incompétence à raison de la personne est
couverte, si on ne la présente pas dans l'ordre
réglé par la loi, et avant toutes les défenses ou

Art. fins de non-recevoir, que Cicéron appelait *cly-pei sive arietes quibus actio infringitur* (1). Mais le code n'assigne aucun rang aux exceptions de litispendance ou de connexité; il ne fixe aucune époque fatale de la procédure, après laquelle il ne sera plus permis de les proposer. Faut-il y sous-entendre pour elles ce qui est prescrit pour l'incompétence, et en faire absolument le premier mot de la cause?

C'était le système de nos vieux auteurs. Imbert disait dans sa Pratique : « Doit estre l'exception de litispendance proposée avant toutes fins tant de non-recevoir que péremptoires, pour d'icelle estre fait droict préalablement (2).» Et il citait Paul de Castres, Balde, Guy-Pape, Rebuffe, etc., qui confondaient, comme lui, la *litispendance* et la *connexité* avec les exceptions dilatoires. Cette doctrine s'est retrouvée par tradition dans les Commentaires de Jousse (3) et de Rodier (4), sur l'ordonnance de 1667.

(1) *In Topicis.*
(2) Pag. 257.
(3) Tom. 1, pag. 80.
(4) Pag. 86.

Elle est adoptée aujourd'hui par M. Dalloz (1), Art. qui s'appuie de l'autorité de M. Merlin (2).

Il est d'abord à observer que M. Merlin n'a point sérieusement traité la question ; car, dans l'état de cause où il s'était placé, il supposait seulement une *connexité*, et soutenait qu'elle n'existait pas. Puis il n'a pu se dissimuler que, punir d'une déchéance la tardiveté de l'exception de *connexité*, ce serait exposer les parties, pour un même objet, aux tribulations de deux procès et à la chance de deux jugements contraires. Mais M. Merlin croit qu'il est facile de parer à cet inconvénient de deux manières : soit en sollicitant un sursis de l'un des deux tribunaux, jusqu'à ce que l'autre ait statué définitivement; soit en demandant au tribunal où la première affaire avait été portée, qu'il veuille bien n'en pas connaître, et qu'il consente à se dépouiller, en faveur des juges saisis, de l'affaire la plus récente.

A mon avis, cet aperçu jeté, comme en passant, sur une supposition, n'est qu'un léger

(1) *Jurisp. génér.*, t. 7, p. 597.
(2) *Répert.*, v° *Compte*, § 2.

Art. déguisement dont l'auteur a voulu revêtir les exceptions de *litispendance* ou de *connexité*, et qui leur donnerait, en définitive et à toutes les époques de l'instance, le même accès et la même efficacité que si elles eussent été proposées dès l'entrée de la cause. Il était impossible de résister aux exigences de leur nature, parce qu'elles se rattachent tout à la fois aux intérêts des plaideurs et au bon ordre de la justice. Si deux affaires, présentant quelques rapports d'affinité, se trouvent engagées devant le même tribunal, faut-il absolument que la jonction des instances, pour qu'elle puisse être prononcée, soit requise avant toutes autres exceptions et défenses au fond? On n'oserait pas le dire. Pourquoi donc en serait-il autrement, quand deux causes identiques ou connexes se trouvent portées en même temps à deux tribunaux différents? Ne peut-il pas arriver que l'identité, et surtout la connexité, ne se dévoilent qu'au milieu des débats? Ce n'est donc point sans motif que les auteurs du code n'ont pas répété, dans l'article 171, la disposition de l'art. 169. On ne supplée pas plus les déchéances que les nullités, on ne les crée point par relation d'un article à un autre, et l'on ne peut pas induire du silence de la loi des rigueurs injustes et Art. déplacées (1).

M. Favard a beaucoup amendé l'opinion de M. Merlin ; il voudrait que l'on fît droit, en tout état de cause, aux exceptions de litispendance ou de connexité, mais sous la condition de mettre à la charge de la partie, qui d'abord ne les avait pas proposées, les dépens faits depuis l'époque à laquelle elle aurait dû y conclure. Cette idée est juste ; elle entre parfaitement dans le système du code, en ce qui touche les frais *frustratoires*.

Voici une autre question sur laquelle on semble d'accord aujourd'hui. Le savant M. Daniels sut la mettre hors de controverse en 1807, alors qu'il remplissait les fonctions d'avocat général à la cour de cassation. Il s'agissait de savoir si les juges sont obligés de statuer sur une contestation incompétemment portée devant eux, quand l'incompétence, qui d'ailleurs ne serait relative qu'à la personne assignée, n'a pas été révélée par elle. C'était à dire, en d'autres termes : un juge dont la juridiction est volontairement prorogée au delà

(1) Voyez M. Carré, *Lois de la procéd.*, t. 1, p. 448.

Art. de son territoire, est-il tenu de déférer à cette prorogation, soit expresse, soit tacite, ou bien est-il libre de s'abstenir ?

On argumentait de la loi 2, § 1., *ff. de judiciis*, de laquelle il résulte que la volonté des parties suffisait pour rendre le préteur compétent, lors même que son consentement particulier n'était pas exprimé, ou que, par erreur, il se croyait compétent (1).

Le sens du droit romain avait été mal saisi. Vraiment, le consentement du juge n'est pas nécessaire pour la validité de la sentence ; et il importe peu que, par erreur, il se soit cru en droit de prononcer ; la prorogation n'en aura pas moins son effet entre les parties : *volenti non fit injuria*. C'est tout ce qui peut s'induire de la loi citée. Mais elle n'a pas voulu que le juge fût *obligé* de vider un procès qui

---

(1) *Convenire autem utrùm inter privatos sufficit, an verô etiam ipsius Prœtoris consensus necessarius est ? Lex Julia judiciorum ait : quominùs inter privatos conveniat. Sufficit ergo privatorum consensus. Proindè, si privati consentiant, Prœtor autem ignoret consentire, et putat suam jurisdictionem : an legi satisfactum sit videndum est ? Et puto posse defendi ejus esse jurisdictionem.*

n'est pas de son ressort, parce qu'il plairait Art. aux plaideurs de le lui soumettre : *Cùm invitus compelli nequeat, ut non subjectis jus dicat* (1).

De même que les magistrats ne peuvent franchir les limites de leur juridiction, quand un déclinatoire s'élève à l'entrée de la cause, de même ils ont la liberté de se renfermer dans ces limites, et de se déclarer incompétents, sans avoir égard aux conclusions des parties qui les autorisent à passer outre (2).

« Le principe, disait M. Daniels, résulte d'abord de la règle générale, suivant laquelle les conventions n'obligent que les parties qui les ont consenties, sans porter préjudice à des tiers. Il résulte encore de la nature des choses : et, en effet, par quel motif permettrait-on aux parties d'imposer au juge une charge qui pourrait lui devenir bien pénible? Peut-on prétendre raisonnablement que le juge soit

(1) Beckmann, *Introd. in jus Digestorum, ad tit. de jurisdict.*, § 24.

(2) Inutile de rappeler que la loi ne donne pas seulement une simple faculté au juge, mais qu'elle lui impose rigoureusement le devoir de proclamer d'office son incompétence, toutes les fois que cette incompétence existe *à raison de la matière.*

Art. tenu de se prêter à tout le monde, d'épuiser ses forces pour rendre justice à tous ceux qui, appelés devant lui, ne voudront pas proposer le déclinatoire ? Il n'aurait donc plus aucune excuse, pas même dans la multitude des causes dont le jugement lui appartient par la nature de ses fonctions, pas même dans l'impossibilité physique de suffire à tout ? »

La cour suprême adopta ces conclusions par arrêt du 11 mars 1807 : « Attendu qu'aucune loi n'oblige un tribunal à juger les parties qui ne sont pas ses justiciables, alors même qu'elles auraient consenti à être jugées par lui (1). »

Cependant je dois faire observer que l'article 7 du code de procédure enjoint aux juges de paix de statuer sur les différends des personnes qui se présentent *volontairement* devant eux, encore qu'ils ne soient pas les juges naturels de ces personnes, *ni à raison du domicile du défendeur, ni à raison de la situation de l'objet litigieux.* Mais cette disposition toute exceptionnelle, que j'expliquerai au chapitre

(1) *Répert.* de M. Merlin, v° *Prorogation de juridiction,* et les *Quest. de Droit,* v° *Appel,* § 14, article 1, n° 23.

des justices de paix , ne fait que confirmer la Art.
règle , et ne s'étend point aux autres tribunaux (1).

Tout déclinatoire présente à juger cette
question : Le tribunal peut-il connaître de la
demande? Or, dès que la juridiction est contestée, elle demeure en suspens pour tout ce
qui est étranger à l'exception d'incompétence,
jusqu'à l'issue du débat sur ce point. Ne
serait-il pas trop sauvage de commencer par
exercer un droit avant qu'il ait été vérifié et
reconnu? C'est pourquoi nos lois ont de tout
temps défendu aux juges *de réserver les déclinatoires et de les joindre au principal* (2); en 172.
d'autres termes, de faire préalablement instruire et plaider sur le tout, de donner lieu
à beaucoup de longueurs, à beaucoup de frais,
sans savoir s'ils devront, en définitive, retenir
ou délaisser le procès.

Je crois avoir déjà dit qu'il y avait toujours
deux degrés de juridiction pour les questions

(1) Voyez M. Carré, *Lois de la procéd.*, t. 1, p. 18,
note 1.

(2) Ces expressions du code sont celles qui terminaient
l'art. 5 du titre 6 de l'ordonnance de 1667.

Art. de compétence, quelque mince que fût la valeur du litige.

Proposer une incompétence *à raison de la matière*, c'est mettre l'ordre public en cause.

Proposer une incompétence *à raison de la personne*, c'est invoquer le privilége de ne pouvoir être distrait de ses juges naturels.

Sous tous ces rapports, l'intérêt s'agrandit, il se fait inappréciable; les limites du dernier ressort s'effacent, et l'appel devient recevable.

Ceci posé, vous conclurez facilement que les juges, en rejetant un déclinatoire, ne peuvent pas ordonner que l'on plaidera *de suite* sur le fond de la cause. Le droit d'appeler est acquis au défendeur, s'il ne veut pas renoncer à son exception d'incompétence; et la loi ne permet d'appeler qu'après que huit jours se sont écoulés depuis la prononciation du jugement (1). Il faut donc que le tribunal qui se juge compétent renvoie l'affaire à huitaine, au moins, pour la plaidoirie du fond. Les meilleurs commentateurs de l'ordonnance de 1667 ne l'entendaient pas autrement : « On doit donner le temps à la partie d'appeler, si

_____

(1) Voyez mon second volume, p. 55 et 56.

bon lui semble, du jugement qui l'a déboutée Art. des fins de non-procéder; il ne serait pas séant de l'obliger à déclarer cet appel à la face du juge (1). »

Que se passera-t-il à l'expiration du délai?

Si l'appel est interjeté, tout restera suspendu jusqu'à ce qu'un arrêt vienne confirmer ou réformer la décision des premiers juges.

S'il n'y a point encore d'appel, il arrivera de deux choses l'une :

Les parties se présenteront et plaideront. Alors le déclinatoire sera abandonné, et la cause sera contradictoirement jugée.

Le défendeur ne comparaîtra point, afin de ne pas nuire à sa fin de non-procéder. Dans ce cas, le fond sera jugé par défaut *faute de conclure et de plaider*, et de ce jugement on pourra appeler, s'il y a lieu, en même temps que de celui rendu sur l'exception d'incompétence, pourvu que le délai d'opposition soit passé à l'égard de l'un, et que le délai d'appel subsiste encore à l'égard de l'autre (2).

---

(1) Rodier, sur l'art. 3 du tit. 6. Voyez aussi Serpillon, sur le même article.

(2) Ce dernier aperçu exigerait un développement

Art.   Objectera-t-on que l'article 425 du code
permet aux tribunaux de commerce, en cas
de rejet d'un déclinatoire, de statuer *par le*
même jugement et par deux dispositions distinctes, sur la compétence et sur le fond ?

La réponse est partout : nos législateurs
n'auraient point pris l'inutile soin de placer
cet article 425 au titre *De la procédure devant*
les tribunaux de commerce, s'il n'eût énoncé
qu'une règle générale, et si déjà un semblable
pouvoir eût été déféré aux juges ordinaires.
L'article 425, comme tous ceux du même
titre, contient une mesure exceptionnelle accordée à la nature et aux exigences hâtives des
affaires commerciales. Il n'y a plus de contradiction là-dessus.

Cependant un arrêt rendu par la section
des requêtes de la cour de cassation, le 5
juillet 1809, avait jeté quelques doutes dans
la doctrine des auteurs. On y lisait « que les
articles 168, 169 et 172 du code de procédure né présentaient aucune disposition qui
défendît aux tribunaux de prononcer sur le
fond, par le même jugement qui avait préa-

particulier que je suis forcé de renvoyer au chapitre de
l'*Appel*.

lablement repoussé une exception tendant au renvoi de la cause devant d'autres juges (1). » Art.

Comme il faut toujours rechercher dans les paroles de l'oracle quelque *rationalité* qui l'empêche d'avoir tort (2), on a rapproché cet arrêt de son *espèce*, et l'on a vu que la décision confirmée par le rejet du pourvoi était émanée d'une cour d'appel. Or, a-t-on dit, il était de jurisprudence autrefois, et ce doit être de même aujourd'hui, que les juges inférieurs, ou *appelables*, étaient seuls tenus de vider séparément, et à quelques jours d'intervalle, le déclinatoire et le fond, pour donner au défendeur le loisir d'acquiescer ou d'appeler. Mais une cour souveraine n'étant point *appelable*, rien ne pouvait s'opposer à ce qu'elle prononçât sur le fond, aussitôt après justice faite de la fin de non-procéder. Et l'on a conclu que l'arrêt reposait *vraisemblablement* sur cette distinction. (3).

Quoi qu'il en soit, la généralité de ses termes semble très-virtuellement exclure toute distinc-

(1) Sirey, 1809, 1, 409.
(2) *Judicio sincero non utimur, sed tanquam è vinculis sermocinamur*. Bacon, *de Justitiâ universali*.
(3) *Répert.* de M. Favard, t. 2, p. 461.

ART. tion, et il serait difficile de ne pas convenir qu'il a été fort mal rédigé.

Je vais plus loin, car nous ne sommes pas obligés de céder, comme en Angleterre, à l'autorité des précédents : avec ou sans cette distinction tirée de l'infériorité des tribunaux et de la souveraineté des cours, l'arrêt a mal jugé ; le pourvoi devait être admis.

Vous savez qu'un jugement, un arrêt, quand bien même ils ne contiennent aucune condamnation ni aucune disposition qui soit directement à la charge de la partie, ne peuvent être exécutés, s'ils n'ont été préalablement signifiés à l'avoué (1); parce que, dans tout ce qui concerne la marche de l'affaire, et dans tout ce qui n'exige pas absolument l'accession personnelle du client, l'avoué le représente. C'est plus qu'une règle de procédure, c'est une mesure d'ordre public ; c'est une des garanties les plus précieuses contre le danger des surprises. Les paroles du juge ne se comprennent pas toujours bien à l'audience, *paria sunt non esse et non significari*; il faut que la signification mette sous les yeux de l'avoué la teneur exacte de ce qui a été

_____

(1) Voyez mon second volume, p. 450 et suiv.

dit, considéré et jugé, pour qu'il puisse en Art.
calculer la portée, tracer un plan de conduite,
savoir les réserves qu'il conviendra de faire,
les voies de recours qu'il faudra employer,
les risques que l'exécution peut faire courir,
et les ressources que la cause présente encore.

   Ces principes s'appliquent dans les cours,
de même que dans les tribunaux; l'article 147
du code leur est commun. Quand une incom- 470.
pétence, une nullité sont proposées, le jugement ou l'arrêt qui les repousse n'est point
inoffensif, comme s'il s'agissait d'un simple
préparatoire, d'un règlement d'audience,
d'une remise de cause, etc.; il porte coup,
il tranche une exception, il inflige un grief. Il
ne peut ordonner que l'on s'engagera immédiatement dans les débats du fond, avant que
la décision sur la fin de non-procéder ait été
signifiée à avoué.

   Mettez donc à part, si vous le voulez, les
considérations qui ont été précédemment invoquées; l'article 147 est, en définitive, le véritable régulateur de la matière.

   C'est ce que la cour de cassation elle-même
a formellement reconnu le 4 mars 1829 (1).

(1) Voyez le *Recueil périod.* de Dalloz 29, 1, 166.

ART.   Tant il y avait peu de jurisprudence et d'autorité dans l'arrêt de rejet rendu vingt années
auparavant !

Le tribunal d'Aurillac avait débouté la demoiselle Grimal d'une demande en nullité di-
rigée contre un ordre ; et avait ordonné qu'elle
défendrait au *fond*. Le jugement n'avait pas
encore été signifié à son avoué, lorsqu'il en fut
rendu un second, par défaut, qui prononça
sur le fond. La demoiselle Grimal appela ;
elle n'obtint aucun succès devant la cour de
Riom. Mais la décision de cette cour fut cas-
sée : « Attendu que le poursuivant n'avait fait
signifier que le 17 novembre 1824, à l'avoué
de la demoiselle Grimal, le jugement contradictoire du 2 juillet précédent, *qui la débou-
tait de sa demande en nullité, et ordonnait
qu'elle plaiderait au fond*; que le 30 du même
mois de juillet, le poursuivant avait obtenu
un jugement par défaut contre la demoiselle
Grimal, par lequel il avait été statué sur le
fond ; que par conséquent le jugement du 2
juillet *avait été mis à exécution avant d'avoir
été signifié à l'avoué de la demoiselle Grimal*,
et avant l'expiration du délai pendant lequel
elle eût été recevable à en interjeter un appel
déclaré suspensif par la loi ; qu'il suit de là

que le jugement par défaut du 30 juillet était , Art. ainsi que les procédures faites postérieurement au jugement du 2 juillet , irrégulier et nul ; et que la cour royale *avait expressément violé les articles* 147 *et* 457 du code de procédure. »

Sans doute on ne prétendra point que la cour suprême n'aurait pas décidé pour une incompétence ce qu'elle a décidé pour une nullité. Tout ce qui forme obstacle à ce que le juge prononce sur le fond du procès , doit être préalablement vérifié, admis ou écarté. Viennent ensuite les garanties de l'article 147, qui constituent un même droit pour tous les cas où il y a une même raison de les appliquer.

Les exceptions déclinatoires , et j'y comprends celles pour cause de litispendance ou de connexité , sont jugées *sommairement*, ce qui ne signifie pas qu'elles doivent être réputées *matières sommaires* et instruites comme telles (1). Il faut entendre ce mot *sommaire-*

_____

(1) Le tarif, art. 75, chap. 2, *des Matières ordinaires*, autorise une requête de six rôles pour proposer un déclinatoire, et de même pour y répondre.

Art. *ment*, de même que si la loi avait dit *avec célérité*. J'ai déjà eu l'occasion d'en faire la remarque (1).

(1) Voyez mon premier volume, Introd., pag. 596, à la note.

CHAPITRE XIII.

DE L'EXCEPTION DE NULLITÉ.

(Liv. 2, tit. 9, art. 173 du Code de proc.)

La compétence du tribunal a été définiti- Art. vement jugée. Le terrain est assuré, mais la certitude que le procès va s'y débattre n'est pas encore acquise.

L'exploit d'ajournement peut être nul : alors il n'y aura point de demande, point de cause à discuter ; car ce qui est nul ne produit aucun effet.

Si l'instance a été régulièrement introduite, il est également possible que des vices de forme viennent infecter les actes de l'instruction, violer les garanties de la loi, faire tomber une vérification, une enquête, une expertise, et tous les étais de la demande.

Toutefois, vous le savez, il n'est pas dans

Art. la nature de ces nullités *d'exploit ou d'actes de procédure*, comme le code les nomme, de briser tellement l'action qu'elle ne puisse plus se recomposer. Leur fin est *de non-procéder*; par conséquent le dommage qu'elles font n'est irréparable que pour les frais. Un acte nul, ou déclaré nul, peut être refait, à moins que, dans l'entre-temps, le droit que l'on voulait exercer ou conserver n'ait été atteint par la fatalité d'une prescription ou de quelque déchéance particulière.

173. La nullité de l'ajournement est couverte quand elle n'est pas proposée avant toute défense ou exception, autre que celle d'incompétence ou de caution *judicatum solvi*.

La nullité d'un acte de procédure est couverte quand, au lieu de la relever, on commence par discuter la portée de l'acte et la raison probante de ses résultats.

Tel est l'aperçu de ce qui semblerait devoir exclusivement faire la matière de ce chapitre.

Cependant il est d'autres espèces de nullités qui, sans effleurer la forme des actes, s'attaquent au fond des choses, au titre générateur de l'action, à la qualité, à la capacité, à l'intérêt de la personne qui l'exerce.

Mais ces nullités ne sont plus seulement des fins *de non-procéder*, des barres mises en travers, *quasi cancelli qui circum scribunt;* elles sont des fins *de non-recevoir*, de véritables défenses, *arietes qui infringunt*, qui battent et détruisent à la fois, et sans retour, l'instance et l'action; elles peuvent être proposées en tout état de cause.

Le droit civil a aussi ses nullités de forme et ses nullités du fond.

On dit qu'une nullité est *absolue*, lorsqu'elle dérive de quelque prohibition concernant l'ordre public et les bonnes mœurs : comme si l'on a disposé de choses qui ne sont point dans le commerce (1), si l'objet d'une obligation n'a point été déterminé, au moins quant à son espèce (2), si l'on a renoncé à une succession non encore ouverte (3), si l'on a imposé une servitude réprouvée par les lois et la morale (4), si l'on a compromis sur une question d'état (5), etc. Mille autres exemples pourraient être cités. Ces nullités ne s'effacent point

(1) Cod. civ., art. 1128.
(2) *Ibid.*, art. 1129.
(3) *Ibid.*, art. 1130.
(4) *Ibid.*, art. 686.
(5) Code de procéd., art. 1004.

Art. par la ratification ou l'exécution volontaire des actes qu'elles ont viciés ; parce que, suivant l'expression de Dunod, la loi résiste continuellement et par elle-même à l'acte qu'elle défend (1).

Les nullités sont encore *absolues*, lors même qu'elles n'ont point l'intérêt général pour cause première, quand la loi les met à la disposition de tous, c'est-à-dire quand toute personne à laquelle un acte est opposé peut répondre dans son intérêt privé, né et actuel : cet acte est nul.

Il suit de là que toutes les nullités qui se fondent sur des motifs d'intérêt public sont *absolues*, mais que toutes les nullités *absolues* ne se fondent pas sur des motifs d'intérêt public (2).

Les nullités *relatives* sont celles établies en faveur de certaines personnes qui, seules, ont le droit de les proposer, et qui peuvent y renoncer. Telle est la nullité résultant du défaut d'autorisation d'une femme mariée (3).

Je ne fais, s'il est permis d'ainsi parler, que

(1) *Traité des Prescriptions*, 1re part., chap. 8.
(2) Voyez M. Toullier, t. 7, no 555.
(3) Code civil, art. 225.

ranger en ligne des propositions générales et Art.
des définitions, dont le développement m'aurait jeté trop en dehors de ma sphère de procédure ; et j'ai hâte de me rapprocher des spécialités que je dois expliquer.

Les parlements avaient pris pour devise la
formule romaine, touchant l'autorité du pré-
fet du prétoire : *Qui vice sacra judicabat, qui
delicta provinciarum et judicatum puniebat, cujus
reverentia poterat negotia sine appellatione fi-
nire.* Leur souveraine justice s'était élevée au-
dessus des édits ; elle modérait les amendes,
relevait des déchéances, faisait grâce des nullités. Car les dispositions pénales de la loi
étaient réputées simples menaces ou *commi-
nations*, auxquelles la prud'homie des magistrats donnait force et vertu, suivant que leur
semblait bon être.

Alors on disputait beaucoup sur cette thèse :
à savoir si les meilleures lois sont celles qui
laissent le plus, ou celles qui laissent le moins
à l'office des tribunaux.

Les uns disaient que le mieux était de choisir des juges sages et instruits, et d'en faire des
lois vivantes plus efficacement assorties aux

Art. exigences des procès, que les lois écrites et in-animées. *Plus ibi boni mores, quàm alibi bonœ leges.*

Les autres donnaient la préférence à la fer-meté de la loi, esprit sans passion, limite ré-gulière et constante, gage de sécurité, garan-tie toute acquise et moins décevante que le vague espoir d'une perfectibilité jurisprudén-tielle.

Ce dernier système a passé dans le code de procédure : « Aucune des nullités, amendes et 1029. déchéances qu'il prononce, n'est *commina-toire.* »

« Ainsi, disait l'orateur du Tribunat, M. Malarmé, il ne sera plus au pouvoir du juge de confirmer ou d'annuler un acte, de prononcer une amende ou d'en faire la re-mise, de déclarer une déchéance encourue ou d'en relever, suivant que des circon-stances ou des considérations particulières pourraient l'y porter; il ne devra prendre conseil que de la loi; son office sera borné à en faire l'application littérale, sans qu'il puisse jamais modérer ou aggraver sa ri-gueur. »

C'est ce que M. d'Aguesseau avait déjà dit : « La loi a parlé; il ne nous reste plus que la

gloire de lui obéir. Quand ses motifs nous se- Arт.
raient inconnus, nous devrons toujours res-
pecter son autorité. »

Le code ajoute : « Aucun exploit ou acte de
procédure ne pourra être déclaré nul, si la
nullité n'en est pas formellement prononcée
par la loi. » Le magistrat ne doit donc être ni
plus ni moins sévère que la loi.

Remarquez ces expressions : *aucun exploit*,
aucun acte de procédure, et concluez d'abord
qu'elles s'appliquent seulement à ce qui émane
des officiers ministériels, et point aux actes
que chacun peut faire pour l'établissement et
la conservation de ses droits (1), ni au titre de
l'action, ni aux jugements (2).

Ici vient se placer la distinction à faire entre les formalités *accidentelles* ou *secondaires*,
et les formalités *substantielles*.

Les premières sont comme des indications
de la loi, pour une plus stricte régularité ; mais
leur omission n'efface point le caractère de
l'acte, ce qui suppose qu'on y trouve encore

(1) A une inscription hypothécaire, par exemple.
(2) Voyez ce que j'ai dit à cet égard, t. 2, p. 442 et
suiv.

Aʀᴛ. ses principes constitutifs, son but, son intention, et une garantie suffisante pour les
droits d'autrui. Dans ce cas, l'acte devra produire son effet, à moins que le législateur,
attachant une plus grande importance à quelqu'une de ces formalités secondaires, n'en ait
expressément puni l'inobservation par la peine
de nullité.

Par exemple, et pour me renfermer dans les
matières que j'ai traitées jusqu'à présent, l'article 72 du code de procédure dit que le délai
ordinaire des ajournements sera de huitaine;
mais il ne prononce pas la nullité, si le temps
fixé pour comparaître est plus long, et même
s'il est plus court (1). Dans le premier cas, le
défendeur pourra anticiper; dans le second,
les juges lui rendront les jours qui lui manquent, et la cause sera renvoyée à l'échéance
du terme légal. L'ajournement subsistera.

L'article 65 veut que la copie du procès-
verbal de non-conciliation, ou de la mention
de non-comparution au bureau de paix, soit
signifiée avec l'exploit d'ajournement. Certes
on ne peut imaginer une formalité plus acci-

(1) Voyez mon second volume, p. 166 et suiv.

dentelle, plus secondaire ; son absence n'alté-
rera en aucun point les conditions essentielles
qui font l'ajournement. Mais la loi a prescrit
cette signification à peine de nullité ; l'ajournement sera nul.

Vous concevrez parfaitement l'existence
complète et effective d'un ajournement, sans
qu'il contienne la constitution d'un avoué ; ce
n'est encore qu'une formalité *secondaire*, car
elle n'est point exigée quand on assigne devant les tribunaux de commerce. S'il faut un
avoué en matière civile, le demandeur ne
pourrait-il pas le constituer par un acte séparé? Non; l'ajournement serait nul, parce
que l'article 61 porte : « Il *contiendra* la constitution de l'avoué qui occupera pour le demandeur..., à peine de nullité. »

Les exemples abonderaient. Ceux-là suffisent
pour résumer ma démonstration :

L'omission d'une formalité *accidentelle* et
secondaire n'entraîne point la nullité de
l'acte, quand la loi n'a pas dit que la nullité
s'ensuivrait. C'est la disposition de l'article
1030.

Quelle que soit la nature et l'apparente légèreté de la formalité qui manque, la nullité
de l'acte doit toujours être prononcée, quand

Art. la loi a dit qu'il serait nul : c'est la disposition de l'article 1029.

Les formalités *substantielles* sont les conditions d'existence qui constituent tel ou tel acte, qui le font ce qu'il doit nécessairement être pour le but qu'on se propose; elles sont son principe et sa fin ; sans elles il est nul de *non esse*. Cette nullité n'a pas besoin d'être gravée sur les tables de la loi, elle est dans la nature des choses comme une conséquence inflexible. C'est le néant à définir.

Je sens qu'il me faut recourir encore aux exemples :

L'article 1er du code de procédure est ainsi conçu : « Toute citation devant les juges de paix contiendra la date des jour, mois et an, les noms, profession et domicile du demandeur, les noms, demeure et immatricule de l'huissier, les noms et demeure du défendeur; elle énoncera sommairement l'objet et les moyens de la demande, et indiquera le juge de paix qui doit connaître de la demande, et le jour et l'heure de la comparution. »

Il n'y a dans ces dispositions aucune sanction pénale exprimée, pour le cas où elles seraient inobservées; le mot de *nullité* ne s'y trouve

point. Cependant faudra-t-il, appliquant ici Art.
l'article 1030, admettre comme une citation
valable un exploit que l'on voudra ainsi qualifier, et qui n'énoncera ni les noms de celui
qui cite et de celui que l'on cite, ni le tribunal
où il faudra comparaître, ni le jour de la comparution, etc. ?

Non ; car vous voyez dans chacune de ces
formalités une substance qui détermine l'acte
à être une citation, et vous ne comprendrez
jamais une citation qui ne cite personne, par
laquelle personne ne cite, et qui ne cite devant
personne. Citer, c'est ajourner, *in diem dicere ;*
c'est assigner un délai pour venir : et certes
vous ne pourriez vous faire l'idée d'une
citation qui ne fixerait pas le jour de la comparution.

Il y a donc nullité, quoique la loi ne l'ait pas
dit. Avait-elle besoin aussi d'arborer la formule *à peine de nullité,* pour dire que celui qui
n'est pas juge n'a pas le pouvoir de juger, et
que le premier venu n'a pas capacité pour
signifier une citation ou exécuter un arrêt ?

Enfin on compte beaucoup d'autres dispositions qui, ne se rattachant par aucune affinité
substantielle à l'essence des actes, ne veulent

Art. pas moins être observées à peine de nullité, quoique cette peine ne soit pas *expressément* contenue dans les mots de la loi. Ce sont les dispositions *prohibitives*. En général, prohiber un acte, c'est dire assez virtuellement que cet acte sera nul, en cas de transgression. La simple raison suffit pour déduire une conséquence aussi naturelle. Les Romains l'avaient écrite dans leur droit : *Hoc est ut ea quæ lege fieri prohibentur, si fuerint facta, non solùm inutilia, sed pro infectis etiam habeantur; licet legislator prohibuerit tantùm, nec specialiter dixerit inutile esse debere quod factum est; sed et si quid fuerit subsecutum ex eo, vel ob id quod interdicente lege factum est, illud quoque cassum atque inutile esse præcipimus* (1).

Les dispositions *prohibitives* ne règlent point ce qui doit être fait, elles déclarent ce qui ne peut pas être fait; ou bien elles établissent des conditions de temps, de lieu, de capacité, de qualité, etc., sans lesquelles ce qui a été fait ne vaudra.

(1) *L.* 5, *Cod. de Legibus.*
Voyez aussi *l.* 4, 9, 11 et 16 *Cod. de Prædiis et aliis rebus minorum*, et *l.* 7, § 16, *ff. de Pactis.*

Les dispositions *impératives* , au contraire , A<small>RT.</small> se contentent de prescrire , d'enjoindre ; mais leur infraction n'est point punie par la nullité de l'acte, si la loi ne l'a pas dit *verbis expressis*.

Violer une disposition *prohibitive*, c'est aller contre ; c'est faire ce qu'elle ne veut pas. Inobserver une disposition *impérative* ou *préceptive*, ce n'est point aller contre ; c'est ne pas faire ce qu'elle veut.

Le législateur se sert indifféremment de plusieurs termes pour formuler ses prohibitions.

Tantôt il dit qu'une chose *ne peut être faite* (1), et tout le monde sait par cœur la fameuse maxime de Dumoulin : *Negativa præposita verbo* POTEST, *tollit potentiam juris et facti, et inducit necessitatem præcisam, designans actum impossibilem.*

Tantôt il emploie cette locution : *La partie sera déclarée non recevable,* ou bien : *elle ne sera pas reçue à...* (2).

(1) Je prends pour exemples, dans la foule , les articles 128, 1035, 1395, 1967 du code civil; 166, 249, 268, 883, 423, 449, 451, 503, 510, 545, 552, 560, 580, 592, 781, 797 du code de procédure; 40, 198, 443 du code de commerce, etc., etc.

(2) Art. 155, 892, 1311, 1344, 1346, 1363, 1415,

ART.   Ailleurs vous lisez que *l'action ne sera pas
admissible* (1), ou qu'on *ne sera pas admis
à....* (2).

Ici, c'est une autre expression : *Tel jugement
ne sera pas susceptible d'opposition* (3), ou
d'exécution (4).

Là, une simple *négation* suffit pour qu'il
y ait prohibition : *telle chose ne sera pas
faite.*

Sous toutes ces formes de langage, et dans
tous les articles où elles se reproduisent, la loi
n'a point voulu se mettre, faible et désarmée, à
la merci d'un caprice d'équité cérébrine ou
d'une paradoxale indépendance, s'abandonner
au despotisme confus des opinions particulières,
et faire des justiciables les esclaves de leurs
juges. Il importe peu que la peine de nullité
soit plus ou moins crûment écrite, elle est toujours empreinte dans le vif des articles qui
prohibent un acte, comme la déchéance dans

1923, etc., du code civil; 22, 48, 289, 362, 369, 497,
etc., du code de procédure.

(1) Art. 888, 889 du code civil.

(2) Art. 342, 884, 1552 du code civil; 149, 612 du
code de commerce.

(3) Art. 153, 809 du code de procédure.

(4) Art. 546 *ibid.*

ceux qui limitent un délai d'action ou de **Art.** recours.

Toutefois, à ce principe qui sous-entend la nullité d'un acte pour le cas où la disposition prohibitive a été violée, on admet des exceptions et des restrictions.

Il n'y a pas nullité, si la loi punit l'infraction d'une autre peine ; si elle prononce une amende contre les contrevenants, une destitution, une suspension contre les fonctionnaires qui ont instrumenté (1). *Nec sanè verisimile est delictum unum eâdem lege variis æstimationibus coerceri* (2).

L'effet de la prohibition doit être restreint à l'objet que le législateur a eu principalement en vue dans sa disposition. Par exemple : l'article 626 du code de procédure porte que la saisie-brandon *ne pourra* être faite *que* dans les six semaines qui précéderont l'époque ordinaire de la maturité des fruits ; supposez que cette époque ait été devancée par le saisissant,

_____

(1) Loi du 1er brumaire an VII, art. 37 ; loi du 22 frimaire an VII, art. 23 et 41 ; art. 156, 192 et 193 du code civil ; 276, 512 du code de procédure ; 85 et 87 du code de commerce.

(2) *L. 41, ff. de pænis.*

Art. est-ce à dire qu'il y aura nullité, parce que la loi est conçue en termes prohibitifs?

Nullement: dans la discussion qui créa la loi, vous allez trouver son esprit, ses motifs et la vraie portée de ses termes.

Au conseil d'État, le rapporteur du projet, M. Réal, disait que si l'on permettait de saisir longtemps avant la récolte, le débiteur se trouverait ruiné par les frais de garde.

L'archichancelier demanda si la contravention devait entraîner la nullité de la saisie.

M. Réal répondit que l'on n'avait pas eu l'intention d'établir cette peine.

Et sur la foi de ces explications, l'article fut adopté. Ce qu'on a voulu, c'est que le saisi ne se trouvât pas grevé des frais de garde, pour tout le temps antérieur aux six semaines qui précèdent l'époque où les fruits sont bons à prendre. La nullité, si nullité il y a, ne produit point d'autre effet. Que la saisie ait été faite plus tôt ou plus tard, elle aura toujours mis la récolte sous la main de la justice (1).

_____

(1) Voyez M. Merlin, *Quest. de Droit*, v° *Nullité*, § 1, n. 8.

M. Toullier enseigne une doctrine toute con- ART.
traire aux principes généraux qui viennent
d'être exposés, touchant les dispositions *prohibitives*. Il prétend non-seulement que la loi 5,
Cod. de legibus, n'a point en France d'autorité
législative, ce qui est incontestable depuis la
promulgation des codes, mais encore qu'elle
n'y fut jamais adoptée comme raison écrite,
ce qui est insoutenable, a dit M. Merlin (1).

Voici l'aperçu des arguments de l'honorable
professeur de Rennes :

Le code civil a des articles où la peine de
nullité se trouve *expressément* ajoutée aux dispositions *prohibitives* qu'ils contiennent ; il ne
suffit donc pas que la loi soit conçue en termes
prohibitifs, pour qu'on puisse conclure la nullité de l'acte prohibé.

Il est même des articles rédigés en forme
prohibitive, qui se laissent violer fort impunément. Tel, par exemple, l'article 228, lequel
dit que la femme *ne peut* contracter un mariage nouveau avant dix mois écoulés depuis la
dissolution du premier, et ne porte pas la plus

(1) *Quest. de Droit*, v° *Nullité*, § 1, n. 8.

Art. légère atteinte à la validité du mariage nouveau.

Pour ce qui concerne la procédure, M. Toullier se retranche dans l'article 1030 que l'on
connaît déjà (1).

La réfutation de ce système énervant a été
entreprise par M. Merlin (2). Il était impossible de la rendre plus complète : pas un dé-
tail où la critique n'ait pénétré, pas une citation dont le sens n'ait été redressé, pas une
objection qui n'ait été effacée, pas un doute
qui n'ait été éclairci. C'est une des meilleures
discussions que contienne la dernière édition
des *Questions de Droit*.

N'est-il pas évident que les rares articles de
nos codes, où l'on a fait redonder la peine de
nullité avec des termes prohibitifs, n'ont été
rédigés ainsi que pour rendre d'autant plus
notoire et plus solennelle l'intention de mettre
à néant ce que la loi a proscrit?

Qui ne sait que les clauses surérogatoires qui
sont ajoutées dans une loi, dans un contrat,
dans un testament, pour prévenir des doutes,
là même où il ne saurait y en avoir, ne dé-

(1) Tom. 7, n. 482, et t. 12, n. 37.
(2) *Quest. de Droit*, v° *Nullité*, § 1, n. 2.

rogent point au droit commun ? *Quæ dubita-* Art.
tionis tollendæ causâ contractibus inseruntur,
jus commune non lædunt (1).

Et la loi 5, *Cod.* de *legibus*, prouverait au
besoin que la peine de nullité peut se trouver
quelquefois jointe, par surabondance, à une
disposition *prohibitive*, puisqu'elle dit que les
actes prohibés sont nuls, *quoique* le législateur ne les ait pas spécialement frappés de
nullité : *Licet legislator prohibuerit tantùm,*
nec specialiter dixerit inutile esse debere quod
factum est.

De ce que la peine de nullité se trouve mise
à la suite de quelques dispositions prohibitives,
comme dans les articles 1596 et 1597 du code
civil, il faudrait donc inférer *è contrario sensu*,
et c'est le plus mauvais des raisonnements,
qu'elle ne doit point être sous-entendue, quand
elle n'est pas écrite en toutes lettres après la
prohibition !

Ainsi la nullité ne saurait être suppléée
dans l'article 25, où il est dit que le mort civi-
lement *ne peut* ni disposer de ses biens en tout
ou en partie, soit par donation entre-vifs,
soit par testament, si ce n'est pour cause d'ali-

---

(1) *L.* 84, *ff. de Regulis juris.*

Art. ments ; qu'il *ne peut* être nommé tuteur, ni concourir aux opérations de la tutelle ; qu'il *ne peut* être témoin dans un acte solennel ou authentique, ni être admis à porter témoignage en justice ; qu'il *ne peut* procéder que sous le nom et par le ministère d'un curateur spécial !

Ainsi la nullité ne serait point sous-entendue, en cas de contravention à l'art. 344, disant que nul *ne peut* être adopté par plusieurs, si ce n'est par deux époux, et que, hors le cas de l'article 366, nul époux *ne peut* adopter sans le consentement de l'autre !

Ainsi un jugement qui consacrerait l'adoption d'un mineur ne serait pas nul, quoique l'article 346 veuille que l'adoption *ne puisse*, en aucun cas, avoir lieu avant la majorité de l'adopté (1)!

---

(1) M. Merlin, *ubi suprà*, demande encore si l'on oserait sérieusement prétendre que la nullité n'est pas sous-entendue de plein droit dans les dispositions purement et simplement prohibitives des articles 516, 335, 445, 463, 464, 791, 903, 904, 1035, 1076 (§ 2), 1097, 1119, 1388, 1389, 1390, 1595, 1422, 1595, 1600, 1678, 1749, 1860, 1981, 2012, 2045 (§ 2 et 3), 2064, 2065, 2066, 2078, 2126, 2127, 2128, 2129 (§ 2), 2205, 2206, 2213, 2214, 2215 (§ 2), 2220, 2223, etc.

Et, revenant à la procédure, l'article 1030. Art. ne permettrait donc pas d'annuler, à défaut de disposition expresse, ce qui serait fait au mépris de l'article 165 , portant que l'opposition *ne pourra* jamais être reçue contre un jugement qui aurait débouté d'une première opposition; ou de l'article 510, portant qu'un juge *ne pourra* être pris à partie sans permission préalable; ou de l'article 545, portant que nul jugement ni acte *ne pourront* être mis à exécution, s'ils n'ont le même intitulé que les lois; ou de l'article 546, portant que les jugements rendus, et les actes reçus en pays étrangers, *ne seront susceptibles d'exécution* en France, que de la manière et dans les cas prévus par le code civil (1); ou de l'article 552, portant que la contrainte par corps, pour objet susceptible de liquidation, *ne pourra* être exécutée qu'après que la liquidation aura été faite en argent; ou de l'article 560, portant que la saisie-arrêt entre les mains de personnes non demeurant en France sur le continent, *ne pourra* point être faite au domicile des procureurs du roi, et qu'elle devra être signifiée à personne ou

(1) Art. 2123 et 2128.

Art. domicile; ou de l'article 580, portant que les traitements et pensions dus par l'État *ne pourront* être saisis que pour une portion déterminée, suivant les lois et règlements; ou de l'article 582, portant que les provisions alimentaires *ne pourront* être saisies que pour cause d'aliments; ou de l'article 592, portant que le coucher nécessaire d'un débiteur, et les habits dont il est vêtu, *ne peuvent* être saisis, etc., etc.

Il faudrait trop de pages pour citer tous les articles que le système de M. Toullier rendrait si pitoyablement inertes (1).

Je prie qu'on me permette d'ajouter une remarque qui n'a pas encore été faite, que je sache.

On se rappelle que l'article 1er du code de procédure n'a point attaché la peine de nullité à l'omission des formalités qu'il prescrit pour la citation en justice de paix, et que la clause irritante ne doit pas moins y être sous-entendue (2); toutes les opinions s'accordent sur ce

_____

(1) Voyez M. Merlin, *ubi suprà*, et M. Perrin, *Traité des Nullités*, chap. 3.

(2) Voyez ci-dessus, p. 274.

point, et c'est ce qu'enseigne M. Toullier lui- Art.
même (1).

Or, lisez l'article 61 : vous y verrez que l'a-
journement doit contenir les mêmes formalités
que la citation, sauf la constitution d'avoué.
Et cela ne pouvait être autrement, car la citation est un ajournement devant les juges de
paix, comme l'ajournement est une citation
devant les juges ordinaires. Il n'y a de différence que dans le nom (2). Cependant les
quatre paragraphes de l'article 61 se terminent
ainsi : *le tout à peine de nullité.*

D'où vient que ces mots sont ici, et ne sont
pas là, quand les deux articles se composent de
la même substance, et quand le même principe doit nécessairement produire les mêmes
conséquences? Que faut-il en conclure? Rien
de sérieux. Peut-être que les auteurs du code,
en retraçant les règles de l'ajournement, y ont
mis la peine de nullité, parce qu'ils la trouvaient écrite dans les articles correspondants
de l'ordonnance de 1667, de même qu'ils l'ont
laissée en sous-entente, pour la matière plus
neuve des citations en justice de paix, parce

(1) T. 7, n. 501, p. 586.
(2) Voyez le t. 2, p. 24.

Art. que les lois de 1790 et 1791 n'en faisaient pas mention. Peut-être aussi auront-ils tenu à marquer, par une clause surérogatoire, l'importance des formes et des intérêts, dans la juridiction des tribunaux et des cours, comparativement à l'exiguïté des affaires qui s'agitent dans le prétoire des juges de paix.

Quoi qu'il en soit, il reste assez clairement démontré que la peine de nullité placée à côté de quelques dispositions, n'indique point qu'elle ne doive jamais être suppléée en d'autres endroits où elle n'est pas écrite; cette particularité n'a été considérée, dans aucun temps, comme une dérogation au principe qui renferme en soi la proscription de tout ce qui altère l'essence des actes et viole les prohibitions de la loi.

Si l'on venait à me dire que, pour appuyer ma démonstration, j'ai pris un exemple dans des articles où il s'agit de formalités *substantielles*, et que la discussion engagée sur la doctrine que je combats n'a trait qu'aux dispositions conçues en termes *prohibitifs*, j'accepterais l'objection pour m'en prévaloir *à fortiori*.

Dès qu'il est unanimement avoué que l'inob-

servation de ce qui tient à la substance des Art.
actes entraîne de droit la peine de nullité,
c'est une preuve de plus que la mention expresse de cette peine, dans un article *substan-
tiel* ou *prohibitif*, n'est qu'une précaution indif-
férente, qui n'ajoute rien à l'intention de la
loi, et qui ne peut tirer autrement à conséquence, par rapport à des articles de même
nature où la nullité n'est pas littéralement
exprimée.

Ainsi tombe le premier argument de M.
Toullier.

Quant au second, il consiste à tirer avantage de ce que les arrêts n'ont jamais déclaré
nuls les nouveaux mariages contractés avant
l'expiration des dix mois, à compter de la dissolution d'un mariage précédent, quoique l'article 228 du code civil soit rédigé en forme
prohibitive : *la femme* NE PEUT *contracter*, etc.

Voici la réponse de M. Merlin :

« Il y a, pour ne pas suppléer la nullité
dans l'article 228, de même que dans les articles 295, 297 et 298 du code civil, que
M. Toullier n'a pas cités, une raison tout à
fait particulière, et dont on ne peut faire aucune application aux autres, c'est que les
empêchements qu'ils établissent ne sont point

III.   19

Art. rappelés dans le chapitre qui a spécialement pour objet *les demandes en nullité de mariage* (1), et que, comme je l'ai fait remarquer, d'accord avec M. Toullier lui-même, dans le *Réper-toire de Jurisprudence* (2), le législateur, en les passant sous silence dans ce chapitre, a mis quiconque voudrait s'en prévaloir pour faire annuler les mariages contractés au mépris de l'obstacle qu'ils y apportaient, dans l'impuis-sance de le faire. »

D'autres raisons pourraient être données; M. Merlin a sans doute pensé qu'elles seraient inutiles.

Pourquoi n'ajouterait-on pas que la loi pro-nonce une amende contre l'officier de l'état civil, en cas de contravention à l'art. 228 (3), et qu'il suffit de rémémorer ici l'exception qui laisse subsister l'acte prohibé, lorsque l'in-fraction est punie d'une autre peine que celle de nullité (4)?

Pourquoi ne placerait-on pas l'article 228

_____

(1) Chap. 4, tit. 5 du liv. 1 du cod. civ.

(2) V° *Mariage*, sect. 6, § 2, quest. 6, sur l'art. 184 du code civil.

(3) Cod. pén., art. 194.

(4) Voyez ci-dessus, pag. 279.

sous l'influence de cette maxime déjà notée (1), Art.
qui restreint les effets de la peine encourue
pour la transgression d'une loi prohibitive,
dans les limites de ses rapports avec l'intérêt
spécial en faveur duquel la prohibition a été
décrétée ?

La défense faite à la femme, par l'art. 228,
ne crée pas un empêchement dirimant ; ce
n'est qu'un empêchement temporaire ; une
mesure de précaution et de police, qui tend
à prévenir les inconvénients possibles de la
précipitation des secondes noces : *propter tur-*
bationem sanguinis et confusionem partûs.

Or, quand une veuve n'a pas attendu le
terme des dix mois pour se remarier, loin que
l'annulation du nouveau mariage puisse obvier
à la confusion de part, ce serait commencer
par jeter, à tout hasard, un remède fatal et
actuel sur les risques d'un événement incertain auquel il n'y aurait point de remède. La
rigueur de la prohibition ne peut humainement atteindre que l'officier de l'état civil.

Les anciens disaient que les règles générales
devaient céder à la faveur des mariages ; le
même esprit se révèle dans la législation de

(1) Voyez ci-dessus, pag. 279.

Art. nos jours. Voyez l'article 193 du code civil, qui inflige des amendes pour certaines contraventions, lors même que ces contraventions *ne seraient pas jugées suffisantes pour faire prononcer la nullité du mariage.*

Il faut, en tout, remonter au principe des choses pour redescendre à l'application de leurs conséquences ; il faut savoir particulariser ses idées et les isoler des aperçus généraux, suivant l'exigence des cas ; enfin, il faut raisonner toujours *pro subjectâ materiâ.* Irez-vous dire que la peine de nullité ne doit jamais être suppléée dans une disposition *prohibitive*, parce qu'il y a des actes que la loi défend de faire, et qu'il n'est pas en son pouvoir de les annuler quand ils sont faits ?

Ainsi, l'article 592 du code civil porte que l'usufruitier ne peut toucher aux arbres de haute futaie, à moins qu'ils n'aient été mis en coupe réglée : mais qu'adviendra-t-il, s'il y touche ? Les coups de cognée seront-ils déclarés nuls, et la justice opérera-t-elle le miracle de remettre les arbres dans l'état où ils étaient avant qu'ils fussent abattus ?

Ainsi encore, l'article 189 du code de procédure veut que les pièces déposées au greffe, pour les communications entre avoués, *ne*

puissent être déplacées , si ce n'est qu'il en Art.
existe minute , ou que la partie y consente :
mais voici que les pièces ont été illégalement déplacées ; sera-t-il possible de faire qu'elles ne
l'aient point été ? Toute puissance se réduit
alors à punir l'un , et à indemniser l'autre.

La conclusion qui se déduit de cet exposé ,
c'est que les exceptions confirment la règle ,
comme a dit Rodier sur le titre 1er de l'ordonnance de 1667 : « Il est vrai qu'on trouve dans
plusieurs articles la peine de nullité spécialement insérée , et non dans les autres : faut-il
en tirer la conséquence que cette peine n'a lieu
que pour les articles où elle est insérée ? Non;
mais il est encore moins douteux d'appliquer à
ceux-ci la peine de nullité , car autrement la
disposition de l'article 8 de ce titre porterait
à faux , et ne serait pas exacte. Tout ce qu'on
peut dire , c'est que dans les articles où il y a
une peine particulière prononcée , comme de
dommages-intérêts , amende , ou autre , cette
peine particulière est une exception *à la peine
générale* , et qu'en ce cas la peine de nullité
cesse. »

Le système de M. Toullier a porté quelque

Art. trouble dans la jurisprudence (1). Toutefois on
pense généralement que de toutes les erreurs
auxquelles l'autorité d'un nom célèbre a pu
donner cours, celle-ci devait obtenir le moins
de crédit.

(1) La nullité de l'exploit signifié un jour férié, sans
permission du juge, et au mépris des termes de l'article 1037, est toujours controversée. Je me suis déjà
prononcé pour l'annulation dans mon second volume,
p. 244, mais par des raisons autres que celles tirées de
la disposition *prohibitive*. Je voulais prouver que, même
en admettant que la nullité ne dût pas y être suppléée,
il existait d'autres règles et d'autres considérations qui
devaient faire mettre l'exploit à néant. C'est ainsi qu'il
faut entendre les quelques mots, trop vagues peut-être,
que j'ai dits alors touchant les dispositions prohibitives.
Je ne m'y suis point arrêté, et j'ai renvoyé au présent
chapitre pour le véritable examen de la question sous
ce rapport. Un arrêt rendu par la cour de Pau, le 22
juin 1833, l'a résolue dans le sens de la nullité. C'est
un résumé parfait des principes sur la matière; il se
termine par ce motif : « Que la loi serait en contradiction avec elle-même, si elle avait entendu maintenir
les actes qu'elle défend, de faire sans l'autorisation du
président, qui est le seul juge de l'urgence, de qui seul
l'huissier doit tenir le pouvoir que la loi lui retire
pour les jours fériés; en sorte que l'acte fait ces jours-
là, sans la permission du magistrat, doit être consi-

Il n'y a point de sujet qui se prête mieux Art.
aux mouvements de style et à la popularité des
idées, que cette petite guerre contre les nullités. Pour moi, j'adopte, en toute humilité,
l'opinion naïve de nos devanciers : c'est au
législateur, disaient-ils, à déterminer la forme
des procédures et des jugements. Pourquoi les
officiers ministériels ne voudraient-ils pas s'y
soumettre? Si l'on se relâche sur ce point,
il n'y aura plus rien de fixe, et, de l'un à
l'autre, on tombera dans une incertitude et un
désordre également funestes. On accueille quelquefois des nullités que l'on a méprisées en
d'autres cas, ce qui fait qu'on ne sait à quoi
s'en tenir. Il en sera de la jurisprudence
comme d'un chemin que tantôt on quitte et
tantôt on reprend, et qui, dans l'entre-temps,
se couvre d'épines.

Les nullités d'un exploit ou d'un acte de
procédure sont *couvertes* par tout ce qui peut 173.
faire présumer la renonciation de celui qui
aurait eu le droit de s'en prévaloir : comme
s'il a mis un garant en cause, ou demandé un

déré comme non avenu. » (*Journal des avoués*, t. 46,
p. 160.)

Art. délai afin de l'appeler; comme s'il a requis la communication des titres sur lesquels l'action est basée. Le premier pas fait pour entrer dans le fond de la cause ne lui permet plus de revenir en arrière, et de se reprendre à quelque vice de forme. « Autrement, disait M. de Lamoignon, ce serait pour les parties une grande vexation, qu'après plusieurs procédures et jugements, la validité d'un exploit pût être révoquée en doute, et que les parties fussent réduites à l'incertitude continuelle de l'état d'un procès (1). »

Remarquez cependant que tous les préliminaires qui ne sont point en un désaccord absolu avec l'intention de proposer une nullité, ne peuvent pas faire supposer qu'on y ait renoncé.

Exemples : Requérir que l'original d'un exploit soit communiqué, ce n'est point donner à entendre que l'on se démet de la faculté de le faire annuler, s'il y a lieu; car cette communication peut révéler le moyen d'y parvenir.

Faire mettre l'affaire au rôle, poursuivre

_____

(1) Procès-verbal des Conférences pour l'ordonnance de 1667, p. 6.

l'audience, ou demander une remise de la Art.
cause, ce n'est point annoncer que l'on veut
plaider sur le fond, et s'abstenir de conclure à
la nullité : car il faut bien que la cause soit
inscrite, et l'audience fixée, pour que la nullité puisse être discutée; de même qu'il faut
un délai pour se préparer, si l'on n'est pas
prêt.

Laisser rendre préalablement une sentence
qui *joint le profit du défaut*, lorsque quelqu'un
des autres défendeurs assignés ne comparaît
pas, ce n'est point se soumettre à faire grâce
des nullités déja commises; car la jonction et
la réassignation ne tendent qu'à mettre en
présence toutes les parties, afin que chacune
d'elles puisse faire valoir ses exceptions ou ses
défenses, suivant qu'elle l'avisera.

Il n'est pas besoin d'ajouter que la constitution d'un avoué ne couvre rien, puisque, sans
l'assistance d'un avoué, on ne peut rien proposer, rien écrire, rien plaider en justice.

Mais on va dire : Constituer un avoué, poursuivre l'audience, réclamer une remise, etc.,
c'est fort ostensiblement faire acte de comparution. Or, l'ajournement a été donné pour
que l'ajourné vînt se défendre. Le voici venir :

Art. il a donc exactement reçu le cartel judiciaire ; il a donc reconnu la voix qui l'appelait ; il s'est donc appliqué lui-même les énonciations servant à désigner celui qui était appelé ; il n'a donc point été induit en erreur, ni en doute, sur le lieu, sur le jour où il devait se présenter. N'est-ce pas tout ce que voulait la loi ? Et n'est-il pas déraisonnable qu'une personne assignée puisse se présenter devant les juges, l'exploit à la main, pour conclure à ce qu'il soit déclaré nul ?

Il est vrai que la doctrine de nos vieux maîtres ne le tolérait point. Consultez Imbert (1), Mazuer et Fontanon (2) ; ils vous répondront « que l'effet de l'ajournement est la *comparition* de la partie ajournée ; que l'ajournement étant nul, pour quelque défectuosité, si la partie *compare* en vertu d'icelui, il est parvenu à l'effet et cause finale qui lui est propre ; conséquemment la nullité est couverte et l'acte valable ; *non ratione citationis, sed ratione præsentiæ.* » C'était une pratique générale ; Voet l'enseignait à Leyde (3), Mynsinger à Fri-

----

(1) Liv. 1, chap. 18, n° 7.
(2) Pag. 6 et 7.
(3) *Ad Pandect. tit. de in jus vocando,* n° 14.

bourg (1), André Gail (2) et Sébastien Van (3) Art.
à Cologne.

Toutefois, l'ordonnance de 1667 a voulu
que les nullités d'exploit fussent *cotées* dès
l'entrée de la cause, comme un préalable, et
qu'autrement elles demeurassent couvertes par
les *défenses* et règlements de la contestation (4).
L'article 173 du code de procédure y est conforme : et comment serait-il possible de *préalablement coter* ou *proposer* une nullité, si l'on
n'a pas commencé par comparaître ? C'est l'observation que tout le monde s'accorde à faire
aujourd'hui (5).

Avant d'examiner ce point, il faut distinguer, et ne pas rattacher à la question générale, toutes les espèces de défectuosités qui
peuvent vicier un ajournement.

(1) *Centur*. 2, *observ. n*. 3, *p*. 57.

(2) *Pract. observ. lib*. 1, *observ*. 48, *n*. 4, *et observ*. 58,
p. 74 et 88.

(3) *Tract. de nullitatibus processuum, tit. Quibus modis
sententia nulla defendi potest.*

(4) Tit. 5, art. 5. Voyez le *Procès-verbal des conférences*, p. 6 et 7.

(5) Voyez entre autres M. Merlin, *Quest. de droit*,
v° Assignation, § 5 et 6.

Art. Sans peine on comprendra qu'il n'y a rien de contraire à l'ordre naturel des idées, quand je viens à l'audience demander la nullité d'un ajournement qui ne contient ni l'objet de la demande, ni l'exposé sommaire des moyens : car ce n'est pas là seulement le mépris d'une forme servant à constater le fait de l'assignation, c'est la suppression du droit de défense et de ses garanties les plus sacrées; c'est m'appeler au tribunal et requérir que j'y sois condamné, sans que je sache à quoi, pourquoi et sur quoi. L'ajournement est bien parvenu à sa cause finale, quant à ma comparution, mais non en ce qui touche la préparation et la sauveté de ma défense. Lorsque j'apporte une plainte contre une tentative de guet-apens, il serait trop absurde de supposer que je l'approuve.

Relativement aux autres nullités que peut faire éclore le défaut d'énonciation suffisante des noms, du domicile, du *parlant à*, etc., il faut tâcher d'expliquer cette disposition, contre laquelle les arguments se heurtent et se brisent, qui permet à l'ajourné de venir dire à la barre qu'il a fort exactement reçu l'ajournement, mais que ce doit être comme s'il ne l'avait pas reçu, parce que toutes les

règles prescrites pour lui en assurer la remise Art.
n'ont pas été strictement observées.

Dans les commentaires, dans les arrêts, je
n'ai point trouvé de réponse à tous les griefs
que peut étaler là-dessus la logique de l'équité,
sinon que c'est une vaine lutte contre la lettre
de la loi.

J'avoue que cette lettre de la loi m'a tenu
longtemps en échec, tandis que, fidèle à mon
plan, je voulais percer l'épaisse enveloppe qui
doit recouvrir un motif.

Voici ce qui m'est apparu :

Si le législateur n'eût pas neutralisé l'entraî-
nement de cette conséquence qui fait couvrir,
par la comparution, les nullités relatives à
la remise de l'assignation et aux doutes que
produisent des indications imparfaites, le
défendeur mal assigné se serait bien gardé
de comparaître, et n'aurait manqué jamais
de se laisser condamner par défaut. Puis il
aurait toujours attendu que le jugement eût
été expédié, signifié et exécuté, car on a
jusqu'à l'exécution pour se montrer et s'opposer ; alors seulement il aurait formé son opposition fondée sur la nullité de l'assignation,
disant qu'il ne l'avait point reçue ; et toutes ces
procédures de défaut, d'expédition, de signi-

ART. fication, d'exécution, et de second jugement qui rétracte le premier, seraient tombées à la charge du demandeur, avec une perte de frais et de temps dix fois plus lourde qu'il n'échoit, depuis que l'on raisonne avec moins de rigidité, et que l'on admet le défendeur à venir de prime saut dire : L'assignation est nulle.

Ce système, tel que je l'entrevois, est moins positif que celui des temps qui précédèrent l'ordonnance; toutefois il est conçu d'une manière plus humaine et plus secourable. Cela ressemble peut-être à un paradoxe; mais, loin qu'on doive trop logiquement chicaner un plaideur qui présente son ajournement pour le faire déclarer nul, je crois qu'il faut lui aplanir cette voie plus franche, et l'enhardir à attaquer de front, afin qu'il ne s'avise point de tourner *la fin de non-recevoir*, et de s'embusquer dans les détours ruineux de la vieille route.

M. Carré refuse aux juges le pouvoir de prononcer *d'office* la nullité de l'ajournement, dans le cas où le défendeur fait défaut (1).

_____

(1) *Lois de la procéd.*, t. 1, p. 463.

Cette opinion, adoptée par M. Favard (1), ne Art. doit pas être suivie.

C'est quand le défendeur se présente, et qu'il ne propose pas la nullité, qu'elle est couverte par son silence ; mais non lorsqu'il ne comparaît point.

Ne se rappelle-t-on pas que la demande ne doit jamais être adjugée par défaut, avant qu'elle ait été *bien vérifiée*. Or, cette vérification a plus d'importance encore pour la forme que pour le fond ; car l'assignation étant défectueuse, c'est comme si le défendeur n'avait point été appelé, et nul ne peut être condamné, s'il n'a pu se défendre.

Il est des praticiens qui ne rédigent ni conclusions, ni requêtes, sans y ajouter des protestations contre ce qu'ils n'entendent pas faire, lesquelles se terminent notamment par des réserves de faire valoir tous moyens de nullité ainsi qu'ils aviseront.

Ces précautions ou *cautèles*, comme on disait autrefois, n'ont pas la moindre vertu. Si vous commencez par discuter le fond de la cause, vous couvrirez les nullités de l'ajournement,

(1) *Répert.*, t. 2, p. 462 et 463.

Art. en dépit des plus énergiques réserves. Il en sera de même pour les autres actes de procédure dans le cours de l'instruction. *Qui protestatur nihil agit* : cette maxime s'applique à tous les cas où celui qui proteste avait la liberté d'agir autrement qu'il n'a fait.

———

CHAPITRE XIV.

DES EXCEPTIONS DILATOIRES.

L'AJOURNEMENT a résisté aux épreuves des exceptions d'incompétence et de nullité : mais il se peut faire que l'on ne touche pas encore au moment où la cause doit être débattue.

C'est un héritier que vous avez traduit en justice, afin qu'il fût condamné à payer une dette de son auteur : il lui importe fort, avant de s'expliquer sur votre action, de connaître les forces de la succession, et de pouvoir, à bon escient, calculer les chances d'une acceptation ou d'une renonciation.

C'est une veuve, une femme séparée de biens, qui n'a pas un moindre intérêt à constater la valeur de la communauté dont on veut lui imposer les charges ; et à demander trève et sûreté, pour qu'il lui soit

Aᴙᴛ. loisible d'aviser prudemment au choix de la qualité qu'elle devra prendre.

C'est toute autre personne ajournée, qui prétend avoir droit d'exercer une garantie, et qui réclame le temps de faire venir son garant, pour rejeter sur lui les soins et les périls de la défense. La mise en cause exigera que le demandeur originaire attende et ne poursuive pas, jusqu'au jour où le garant, attiré par la juridiction de l'action principale, y devra comparaître et répondre. Cette perte de temps sera rachetée par un double avantage : le premier, de fondre deux procès dans la même instruction et dans le même jugement; le second, d'ôter tout prétexte de dire que celui qui recourt en garantie a commencé par se défendre seul, et s'est mal défendu.

Les délais que peuvent réclamer l'héritier, la veuve, ou la femme séparée de biens, s'appellent *délais pour faire inventaire et délibérer;* ceux de la demande en garantie, s'appellent *délais pour appeler garant.* Ils forment autant d'*exceptions dilatoires.* Le Code n'en donne pas d'autres exemples. Cependant il est permis de regarder encore comme une *exception dilatoire,* le privilége de la caution

qui , sur les premières poursuites dirigées
contre elle par le créancier, exige que celui-
ci discute préalablement, c'est-à-dire qu'il
fasse vendre les biens du débiteur principal,
afin de savoir si le prix ne suffira point à l'acquittement de la dette (1). Il en est qui attri-
buent le même caractère au *bénéfice de divi-
sion* : je crois que c'est à tort. Lorsque l'une
des cautions obligées à toute la dette d'un
même débiteur, demande que le créancier
divise son action entre elles, ce n'est point un
simple délai, une surséance qu'elle veut obtenir ; c'est une défense, un moyen actuelle-
ment décisif qu'elle emploie, pour ne pas être
tenue au-delà de sa part (2).

Nos idées touchant les *exceptions* étaient
fort confusément arrêtées autrefois. On affectait la prétention de les rattacher au droit
romain, où l'on ne trouvait guères que leur
nom, parce que nos mœurs judiciaires n'a-
vaient rien qui ressemblât aux procédures et
aux jugemens de l'ancienne Rome. De cette
inconsistante hétérogénéité sortirent des ca-

(1) Code civil, art. 2022, 2023 et 2024.
(2) Code civil, art. 2025, 2026 et 2027.

Art. pricieuses définitions, des distinctions arbitraires, et même, suivant quelques-uns, des
exceptions anomales (1).

Vainement les rédacteurs du Code se sont
appliqués à tracer une ligne très-marquée
entre les défenses ou les fins de non-recevoir
qui détruisent l'action, et les exceptions ou
les fins de non-procéder qui tendent seulement, soit à l'écarter, soit à la suspendre.
Vainement on a gradué, selon leur nature
et leur but, l'ordre dans lequel elles doivent être proposées. Les vieilles allures de
la pratique ont fait résistance; elles ont bou-
leversé un terrain tout neuf, pour y chercher
des racines séculaires; et beaucoup de livres
n'admettent encore, en l'honneur du droit
romain, que deux genres d'exceptions, à savoir : les exceptions *dilatoires* et les exceptions
péremptoires; puis chacun les subdivise à son
gré.

Si vous suivez cette doctrine, vous verrez
les exceptions *dilatoires* embrasser indistinctement tout ce qui peut renvoyer une affaire, ou
retarder sa marche. A ce compte, l'exception

(1) Bornier, sur l'art. 1 du titre 9 de l'ordonnance
de 1667.

de la caution *judicatum solvi*, l'exception *dé-* A<small>RT</small>.
clinatoire elle-même, tous les incidens qui
jettent quelques ambages dans les poursuites
d'un procès, viendront se ranger parmi les
exceptions *dilatoires*. C'est bien, en effet, la
franche expression du système que je si-
gnale (1).

Ce système est une erreur. Il n'y a d'exceptions *dilatoires* que celles dont l'intention directe et avouée est de solliciter légalement un
délai. Alors l'instance reste au tribunal où elle
est pendante ; mais, avant qu'elle prenne son
cours, on pourvoit à ce que la position du défendeur et la qualité dans laquelle il procédera
soient fixées ; il faut lui donner assez de jours
pour qu'il puisse répondre , sans compromettre les sûretés que la loi lui permet de requérir. Vraiment, celui qui demande caution
à l'étranger, celui qui propose et fait admettre
une incompétence, gagne toujours du temps ;
tous les incidens, et, si l'on veut, toutes les
chicanes qui ralentissent ou déplacent l'exercice d'une action, fournissent aussi quelque
répit ; c'est le résultat nécessaire de la force

(1) Voyez notamment M. Berriat-Saint-Prix, t. 1,
p. 223 et suiv.

ART. des choses, mais ce n'est pas le but direct et
avoué de la conduite du plaideur. Je ne doute
point qu'il n'y ait des gens qui se prennent
à un déclinatoire, dans l'unique vue d'ajourner autant que possible une condamnation
imminente ; toutefois ils ne disent pas tout
haut, comme celui qui présente une exception
dilatoire , qu'ils ne veulent obtenir qu'un
délai.

Quant aux exceptions péremptoires impor-
tées des Institutes et du Digeste , j'ai déjà
eu occasion de faire remarquer que le Code
de procédure n'avait point de place pour
elles (1). « Il ne peut en être question ici ,
disait M. Faure dans son rapport sur le
titre des Exceptions ; elles appartiennent au
Code civil : ce sont celles qui tendent à détruire ou éteindre l'action du demandeur,
comme la prescription , la compensation,
ou le paiement (2). » On ne l'entendait
pas autrement à Rome : *Perpetuæ et perem-*
ptoriæ sunt quæ semper agentibus obstant, et

(1) Voyez mon premier volume, chap. 5, p. 81 et
suiv.

(2) Législation civile , etc. , de M.Locré, tom. 21 ,
p. 585.

semper rem de quâ agitur perimunt : qualis Art.
est exceptio doli mali, et quod metûs causâ
factum est, et pacti conventi, cùm ita con-
venerit, ne omninò pecunia peteretur (1).

À ces caractères vous reconnaissez *les dé-*
fenses dont parle le Code de procédure, et
que l'on peut faire surgir en tout état de
cause : *peremptorias exceptiones omissas in*
initio, antequam sententia feratur, opponi
posse perpetuum edictum declarat (2) ; tandis
que nos véritables exceptions doivent se
présenter dès l'abord du procès, et suivant l'ordre indiqué par leur nature et par
la loi.

Cependant nos commentateurs tiennent in-
finiment à cette qualification *d'exception pé-*
remptoire. Pour faciliter son intrusion, ils
ont imaginé de la dédoubler et d'en faire deux

---

(1) *Instit., lib.* 4, *tit.* 13.

(2) *L.* 2, *Cod. sententiam rescindi non posse.* Dans
les premiers temps il fallait une autorisation spéciale
du prêteur pour proposer des exceptions, *in judiciis*
stricti juris. Cela se rattachait au système des formules
qui disparurent dans le Bas-Empire. Les exceptions
devinrent alors toujours proposables de plein droit
contre toutes espèces d'actions. Voyez mon premier
volume, chap. 5, p. 88 et 89.

ART. espèces. A l'une appartiennent les exceptions *péremptoires du fond* : il est convenu que c'est toujours la même chose que nos *défenses* ou *fins de non-recevoir*. L'autre comprend ce que M. Berriat-Saint-Prix appelle exceptions *péremptoires de forme* (1), ce que M. Carré appelle exceptions *péremptoires de l'instance* (2), ce que M. Pigeau appelle exceptions *péremptoires relatives à l'exercice de l'action* (3). Tout quoi représente identiquement ce que le Code de procédure appelle l'exception de *nullité d'exploit ou d'acte de procédure*. Il serait assez difficile de dire le profit que ce changement de texte peut apporter à la science.

Mais on me demandera, en vue de justifier les termes substitués, s'il n'est pas vrai que le défaut de certaines formalités prescrites pour la contexture d'un exploit, fait périr l'instance ?

Je répondrai d'abord que, par le même motif, on aurait dû donner le même nom à l'exception d'incompétence l'agréger à la

(1) T. 1, p. 219.
(2) Lois de procéd., t. 1, p. 425.
(3) Comment. t. 1, p. 418.

catégorie des *péremptoires*, au lieu de l'appe- Art.
ler *déclinatoire* et de la classer parmi les *dilatoires*, comme font quelques-uns. En effet,
l'instance périt tout aussi complètement par
l'incompétence du juge que par la nullité de
l'exploit (1). Dans l'un et dans l'autre cas,
un nouvel exploit est indispensable pour introduire une nouvelle instance. Sous ce premier rapport, l'argument ne prouve et ne
justifie rien.

Ne me serait-il pas permis d'ajouter que les
exceptions de nullité, lorsqu'il s'agit d'un
acte de procédure, ne font pas toujours
périr l'instance ? Une signification, une
sommation peuvent avoir une médiocre importance, et perdre leurs effets, sans que
l'exercice de l'action en reçoive une atteinte
fatale : *Utile per inutile non vitiatur.* Par

---

(1) Il y a pourtant cette différence, que l'assignation
donnée devant un juge incompétent interrompt la
prescription, et que l'assignation nulle ne l'interrompt
pas. Cela tient aux principes particuliers touchant la
prescription. Le défendeur qui est assigné devant un
autre juge que le sien, n'en reçoit pas moins l'assignation, et ne peut plus ignorer ce qu'on lui demande ; mais
celui qui reçoit une assignation nulle est censé n'avoir
rien reçu, et n'avoir été mis en aucune demeure.

Art. exemple : la déposition d'un témoin est nulle parce qu'il n'a pas déclaré son âge, sa demeure, ou parce qu'il n'a pas fait le serment de dire la vérité ; toutefois le reste de l'enquête subsiste, et la preuve qu'elle contient peut n'être pas moins complète. Ce sera comme la déposition de celui contre lequel un reproche a été admis, elle ne sera pas lue. Quelqu'un s'est-il jamais avisé de prétendre que la proposition d'un reproche était une exception péremptoire? Il y a plus : une déposition déclarée nulle peut être recommencée dans le cours de la même instance, si la nullité provient de la faute du juge enquêteur. Il n'y a rien de périmé.

Enfin, on se prévaut des termes de l'article 5 du titre 5 de l'ordonnance de 1667, pour imposer ce nom *d'exception péremptoires*, soit aux nullités d'exploit qui se peuvent couvrir, soit aux fins de non-recevoir qui ne se couvrent point.

L'objection aurait quelque gravité, si l'ordonnance n'était pas formellement abrogée. Il m'a fallu dire assez souvent que les exceptions avaient pris, sous le Code, un aspect tout nouveau, qu'elles y étaient mieux définies et mieux échelonnées, pour que je doive me dispenser de le répéter encore.

Ce n'est pas qu'il n'y ait aujourd'hui, comme au temps de l'ordonnance, certains moyens qui, se détachant du fond de l'affaire, viennent de prime-saut résumer la défense dans un seul mot, et frapper l'action *d'irrecevabilité*, sans qu'il soit besoin d'en rechercher la justice ou l'équité. Par exemple : quand il s'agit de prescription, de défaut d'intérêt ou de qualité, de l'autorité de la chose jugée, etc.; telles *fins de non-recevoir* seront opposées sur le seuil du procès, si l'on veut procéder logiquement, et couper court à des débats qu'elles rendent oiseux. Cependant il sera permis encore d'y recourir en tout état de cause, car il est toujours temps de prétendre qu'on est libéré par l'accomplissement d'un fait, ou par une disposition de la loi.

Remarquez bien encore cette différence : les fins de non-recevoir libèrent, et les *exceptions* ne libèrent pas.

L'ordonnance a constamment été appliquée dans ce sens. Comme le disait Rodier : « Elle entendait moins astreindre les parties à proposer d'abord leurs fins de non-recevoir, que les juges à y faire droit, par préalable, lorsqu'elles étaient propo-

ART. sées (1). » Car c'est le devoir d'un bon juge d'ôter au buisson le plus d'épines que faire se peut, de réduire un procès à ses véritables expédiens, et de ne pas laisser indifféremment se perdre le temps et l'argent des plaideurs en des preuves et des discussions inutiles.

Le Code de procédure ne donne point de règles à cet égard ; il décrit les phases diverses que peut présenter l'instruction d'une affaire, laissant aux magistrats le soin de donner la priorité à telle question, selon sa nature et son influence préjudicielles.

J'ai cru devoir placer ici les observations qui précèdent sur le démenti que donnent au Code de procédure ce rappel des *exceptions péremptoires*, et cette autre vision qui fait de *l'exception dilatoire* le principe générateur du reste des exceptions. Il ne faut pas étouffer les progrès de la législation dans un réseau de vieux souvenirs. Démolir ce n'est pas commenter.

Je reviens aux détails de ce chapitre.

J'ai déjà parlé des *délais pour faire inventaire et délibérer.*

_____

(1) Pag. 76.

Si l'on ne consultait que le droit naturel, ART.
il semblerait juste que l'héritier ne fût tenu
de payer les dettes de la succession à laquelle
il est appelé, que jusqu'à concurrence de
l'émolument qu'il en retire. Mais ce serait
une trop large porte ouverte à la fraude, et
les audiences des tribunaux ne pourraient
suffire aux procès qui s'élèveraient chaque
jour sur la consistance et la valeur des successions.

La fameuse loi *Scimus*, au Code *de Jure de-
liberandi*, contient l'analyse historique des
dispositions que le droit civil inventa et per-
fectionna pour protéger les intérêts des héritiers, et pour garantir les droits des créanciers. Une ancienne constitution de l'empe-
reur Gordien avait dispensé les militaires de
toutes les précautions établies par la loi
générale, contre les dangers d'une téméraire
adition d'hérédité ; leurs biens personnels ne
pouvaient jamais s'y confondre. *Arma etenim
magis quàm leges milites scire sacratissimus
legislator existimaverat.* Justinien confirma
ce privilége, et permit aux autres citoyens
de réclamer un temps plus ou moins long,
pendant lequel ils pourraient vérifier l'état
d'une succession qui leur serait dévolue,

ART. délibérér sur les résultats et demeurer à l'abri des poursuites qui les viendraient harceler.

Il y avait bien long-temps que les principes de la loi *Scimus*, moins la faveur accordée aux gens de guerre, étaient naturalisés en France, dans les pays de coutume, comme dans ceux de droit écrit, lorsqu'ils ont été consacrés par nos Codes.

174. L'héritier a trois mois pour faire inventaire, c'est-à-dire pour rechercher et faire constater solennellement la valeur du mobilier, les dettes actives et passives, pour examiner les titres, les papiers, et connaître les immeubles de la succession. Il a de plus un délai de quarante jours, afin d'aviser au parti qu'il devra choisir.

174. Le délai pour faire inventaire court à compter du jour où la succession s'est ouverte; celui pour délibérer commence à l'expiration du premier, et même à la clôture de l'inventaire, s'il a été parachevé avant les trois mois.

Dans cet intervalle, aucune *condamnation* ne peut être obtenue contre l'hériter; autrement on lui attribuerait une qualité encore incertaine. Toutefois il n'est pas interdit aux

créanciers de faire les actes qu'exige la conservation de leurs droits, car le cours de la
prescription n'est pas suspendu.

· De même, celui qui est *habile à succéder*,
comme dit la loi (1), qui ne fait que des actes
conservatoires, de surveillance et d'administration provisoire, en même temps qu'il procède à l'inventaire, n'accepte point l'hérédité,
et ne se rend point héritier, pourvu qu'il
n'en prenne pas le titre ou la qualité (2).

Il est possible que des circonstances extraordinaires et l'éloignement des lieux où sont
situés les biens, rendent insuffisant le délai
de trois mois et quarante jours; alors on demande une prorogation que le tribunal oc-
troie ou refuse, suivant qu'il le trouve juste
et convenable.

Enfin, après l'expiration du temps accordé
par les Codes, ou prorogé par les juges, il y a
encore faculté d'accepter sous bénéfice d'inventaire, si l'on ne s'est pas porté héritier
pur et simple, ou si l'on n'a pas été déclaré
tel par un jugement inattaquable. Cela mérite

(1) La loi dit aussi *l'héritier* dans les mêmes articles
et pour les mêmes cas. Cod. civ., art. 796.

(2) *Ibid.*, art. 779.

Art. une plus ample explication; j'y reviendrai dans un instant.

Évidemment, l'héritier qui néglige toutes ces facilités que la loi lui ménage pour dissiper les doutes qu'il peut avoir, et qui s'expose aveuglément aux périls d'une simple acceptation, ou aux regrets d'une renonciation, ne doit accuser que l'excès de son imprudence.

Autrefois on ne donnait à la veuve aucun délai pour délibérer sur l'acceptation de la communauté qui avait existé entre elle et son mari. On disait que cette communauté étant une véritable société, la femme, comme le mari, devait en supporter les pertes, puisqu'elle participait aux bénéfices; et l'on ajoutait que c'était une position fort différente de celle d'un héritier, lequel n'a d'ordinaire aucune connaissance des forces et des charges de la succession qui lui échoit, tandis qu'une veuve, ayant vécu avec son mari, a pu acquérir des notions exactes touchant l'état de la communauté.

On ne pouvait ni plus mal comparer, ni plus mal raisonner.

La communauté entre conjoints n'est qu'une sorte de société irrégulière, qui s'écarte en

plusieurs points de la société proprement ᴀʀᴛ:
dite.

La femme, durant la communauté, n'est
propriétaire d'aucune portion des choses com-
munes; elle n'a que la perspective d'y prendre une part, quand son union sera brisée.
Ces choses sont toutes réputées appartenir au
mari, qui peut en disposer seul, comme seigneur et maître. La femme n'a pas la faculté
de se retirer de la communauté; il faut qu'elle
y reste attachée jusqu'à ce que la mort vienne
dissoudre le mariage, à moins qu'il ne sur-
vienne des causes assez puissantes pour lui
faire obtenir une séparation de biens, ou une
séparation de corps qui entraîne toujours celle
de biens.

Il n'est pas généralement vrai qu'il soit
permis à une femme de pénétrer le mystère
dont un mauvais administrateur s'enveloppe,
et qu'elle puisse savoir le nombre et le montant des dettes que son mari contracte.

Au temps des Croisades, les barons em-
pruntèrent de grandes sommes pour leurs
expéditions et pour leur séjour en Orient. Ce
fut alors que s'introduisit le droit de renonciation à la communauté : les femmes nobles,
veuves de ceux qui mouraient au voyage

ART. d'outre-mer, eurent seules, d'abord, le privilége de l'exercer ; il fut étendu depuis aux femmes roturières (1). On en fit l'art. 237 de la nouvelle coutume de Paris : « Il est loisible à toute femme noble, ou non noble, de renoncer, si bon lui semble, après le trépas de son mari, à la communauté de biens d'entre elle et son dit mari, la chose étant entière, et, en ce faisant, demeurer quitte des dettes mobilières dues par sondit mari, au jour de son trépas, en faisant bon et loyal inventaire. »

Les premiers âges des législations se reconnaissent toujours à leur goût pour les symboles et représentations. La chronique de Monstrelet nous apprend que Marguerite, veuve de Philippe, duc de Bourgogne, vint mettre sa ceinture avec sa bourse et ses clefs, sur la fosse du défunt, *en démonstrance* de sa renonciation à la communauté, ainsi qu'il était d'usage, et qu'elle en requit acte d'un notaire qui était là présent. Plusieurs coutumes prescrivaient expressément cette formalité ; mais il y a longtemps qu'elle ne s'observait plus.

Ce qu'on appelait alors une grâce, n'était

(1) Loisel, Inst. cout., titre du Mariage, n°ˢ 10 et 11.

encore qu'une justice incomplète, car on
plaçait la veuve dans une fort étroite alterna-
tive; elle n'avait guère de temps pour délibérer, quand la renonciation se devait faire
sur la fosse du mari.

De cette condition préalable d'un bon et loyal
inventaire, que la coutume de Paris vint attacher à l'exercice du droit de renoncer, dut
naître la nécessité d'un délai; et la jurisprudence des divers pays s'accorda pour y ajouter
plus ou moins de jours, qui servirent à calculer la chance de l'un des partis qu'il fallait
prendre.

Les choses étaient dans cet état, lorsqu'on
se mit à discuter les articles proposés pour la
composition de l'ordonnance de 1667. Le projet ne faisait aucune mention des veuves, en
ce qui était relatif aux délais pour délibérer.
M. Pussort n'estimait pas qu'il fût bon de leur
en donner, à moins qu'il n'y eût lieu, selon
les circonstances, à leur accorder quelque
briève remise après l'inventaire. M. de Lamoignon fit observer que la faculté de renoncer à la communauté serait une vraie dérision,
si une femme n'avait pas le temps d'en examiner les charges et les forces; et il obtint qu'on
insérât au Titre 7 un article spécial, portant

ART.

que la veuve aurait, comme l'héritier, trois mois pour faire inventaire, et quarante jours pour délibérer.

Le Code civil dit qu'après la dissolution de la communauté, la femme a la faculté de l'accepter, ou d'y renoncer; et le Code de procédure ajoute que cette disposition s'ap-

174.

plique à la femme séparée de biens assignée comme *commune*, tout aussi bien qu'à la veuve. Celle qui invoque le remède de la séparation contre l'imminence de la ruine vers laquelle tournent les déréglemens d'un mari, n'est pas obligée d'attendre que la communauté soit entièrement dissipée, pour conjurer les périls de sa dot (1). Il est possible qu'il lui soit encore moins dommageable de partager que de renoncer; par conséquent elle a besoin de délibérer.

Le bon et loyal inventaire que la nouvelle coutume de Paris avait imposé aux veuves, en retour de la faculté de renoncer, se retrouve exigé par l'article 1456 du Code civil. Mais cette faculté de renoncer n'est plus, comme au temps de la réformation, une

(1) Voyez le Répert. de M. Merlin, v° *Séparation de biens*, sect. 2, § 5.

gracieuse allégeance ; c'est une disposition d'ordre public qui exclut toute convention contraire au droit que la loi consacre, et dont elle s'est réservé seulement de régler l'exercice (1).

L'inaction de la veuve qui ne fait pas inventaire dans les délais de la loi, forme contre elle une présomption d'acceptation ; elle a perdu le droit de renoncer. C'est que l'acceptation peut être tacite, et que la renonciation ne peut être qu'expresse (2).

Il est cependant un cas où ce principe est renversé. L'article 1463 du Code civil porte que la femme *divorcée* ou *séparée de corps*, est censée avoir renoncé, lorsqu'elle n'a pas déclaré son acceptation dans les trois mois et quarante jours, après la prononciation définitive du divorce ou de la séparation.

On a diversement essayé d'expliquer ce contraste.

M. Toullier se contente de dire que c'est

_____

(1) Code civil, art. 1453.
(2) La renonciation se fait au greffe du tribunal de première instance dans l'arrondissement duquel le mari avait son domicile ; elle est inscrite sur le registre établi pour recevoir les renonciations à succession.

Art. une exception motivée, sans doute, sur les causes qui ont amené la dissolution de la communauté (1). M. Delvincourt, tout au contraire, plaçait dans l'article 1463 la règle générale, la vraie présomption de la loi, c'est-à-dire la présomption d'une renonciation ; et il faisait de toutes les autres dispositions relatives aux veuves, un groupe d'exceptions. C'était à peu près dans ce sens que Lebrun entendait la maxime : *N'est héritier qui ne veut ;* il enseignait que pour n'être point héritier, il suffisait de n'avoir pas accepté (2). Le système du Code civil est tout opposé ; l'héritier présomptif est regardé comme héritier, tant qu'il n'a pas renoncé (3).

Je crois que la question se peut résoudre plus simplement par la différence des positions : la veuve restée en possession de la communauté n'a rien à déclarer, rien à demander, si elle veut accepter ; elle n'a besoin de prendre des précautions et de faire des manifestations, que pour conserver la faculté

(1) Tom. 13, p. 202.

(2) *Traité des Successions,* liv. 3, chap. 1, n° 37.

(3) Voyez le rapport de M. Chabot au Tribunat, sur le titre *des Successions.*

de renoncer. La présomption d'acceptation Art.
résulte donc naturellement de son silence.
Mais la femme qui a plaidé pour obtenir le
divorce ou la séparation de corps, est toujours
hors de la maison conjugale ; c'est le mari
qui possède les effets communs ; elle n'y peut
rien prétendre qu'en acceptant, et l'on présume qu'elle renonce, quand elle laisse expirer le délai sans dire qu'elle accepte.

On est d'accord que la femme qui n'est
que séparée de biens doit être également réputée *renonçante*, à défaut d'acceptation,
quoique la loi n'en parle point.

Comme l'héritier qui n'a pu achever son
inventaire dans les trois mois, la veuve
obtient suivant les circonstances une prorogation de délai (1).

Comme celui qui a fait acte d'héritier, la
veuve qui a fait acte de commune est déchue
du droit de renoncer (2).

Comme l'héritier infidèle, la veuve qui a

---

(1) La prorogation est prononcée contradictoirement
avec les héritiers du mari, ou eux dûment appelés.
Art. 1458 du Code civil.

(2) Art. 1454 et 1455 du Code civil.

Art. détourné ou recélé quelques effets appartenant à la communauté, n'est plus admise à
renoncer ; elle est tenue de toutes les dettes,
même au-delà de son émolument, car il n'y a
plus bon et loyal inventaire.

La veuve qui ne s'est point immiscée, *et
qui a fait inventaire*, conserve encore la faculté de renoncer, après l'expiration des délais qui lui avaient été donnés pour délibérer.
Mais elle s'expose à être poursuivie comme
commune, tant qu'elle n'a pas renoncé, et à
payer les frais qu'elle a laissé faire contre elle,
avant de manifester son intention. Veut-elle
accepter ? Grâces à son inventaire qui sert de
garantie à tous les intéressés, elle ne sera
tenue des dettes que jusqu'à concurrence de
son émolument, à la charge de rendre compte,
tant de ce qu'elle a fait décrire et constater,
que de la part qui lui en reviendra (1).

La femme qui a vu sa communauté se dissoudre, mais qui cesse de vivre avant l'entier
accomplissement des conditions ci-dessus indiquées, transmet à ses héritiers ce qui lui
reste de délai pour achever l'inventaire, pour
délibérer, et pour assurer son option. Si c'est

(1) Art. 1483 du Code civil.

par sa mort que finit la communauté , ses
droits et ses obligations passent directement
à ceux qui la représentent; ils lui sont assimilés en tout (1).

En ce qui concerne l'héritier , l'obligation
d'un inventaire préalable ne lui est pas aussi
étroitement imposée; il n'y a pas de terme
fatal qui le rende héritier pur et simple, si
lui-même ne s'est pas fait tel, ou si l'autorité
de la chose jugée ne lui en a pas imprimé la
qualité. Sauf cet accident irréparable , il est
toujours à temps de faire inventaire, et de se
déclarer héritier bénéficiaire.

Le bénéfice d'inventaire se définit par ses
effets : il confère à l'héritier le privilége de
n'être point obligé aux dettes de la succession
ultrà vires, d'en être même entièrement dé-
chargé, en abandonnant aux créanciers et aux
légataires tous les biens qui la composent, de
ne pas confondre avec ces biens sa fortune
personnelle, et de conserver contre la succession le droit de réclamer le paiement de ses
créances (2).

L'héritier bénéficiaire n'est pas moins un

(1) Code civil, art. 1461 et 1466.
(2) Art. 802 du Code civil.

Art. véritable héritier ; il est saisi des biens du défunt ; c'est contre lui que doivent être dirigées les actions des créanciers et des légataires ; c'est à lui qu'il appartient de former les demandes et de les soutenir.

Sous un autre rapport, c'est un administrateur ; il est obligé de rendre fidèle compte du produit de tous les biens. Toutefois ses pouvoirs sont plus étendus que ceux d'un administrateur ordinaire qui gère seulement le bien d'autrui ; il administre *pro suo*, car il doit profiter de ce qui restera après l'acquittement des dettes et des charges.

Mais je ne dois point oublier que dans les chapitres qui correspondront aux Titres 4 et 5 du Livre 2, partie 2 du Code de procédure, j'aurai à m'occuper particulièrement de l'*Inventaire*, de ses formes, des contradicteurs qu'il y faut appeler, des difficultés qui peuvent y surgir, et à développer le système du *Bénéfice d'inventaire* avec tout ce qu'il confère et tout ce qu'il impose, avec toutes ses spécialités et tous ses rapports.

Je bornerais donc ici mes explications miparties de droit et de procédure, touchant l'exception dilatoire *pour faire inventaire et délibérer*, si je n'avais pas à parler encore

d'une question que l'on a transportée du Art.
Code civil au Code judiciaire, dans un état de
flagrante controverse.

Je suis obligé, pour énoncer cette question, de répéter que l'habile à succéder est
toujours à temps de faire inventaire et de se
déclarer héritier bénéficiaire, pourvu qu'il
n'ait point fait acte d'héritier pur et simple,
ou *qu'il n'existe point* DE *jugement passé en
force de chose jugée qui le condamne en cette
qualité* (1).

Faire acte d'héritier, c'est accepter une
succession, expressément ou tacitement. L'acceptation est expresse lorsqu'on prend le titre
et la qualité d'héritier dans un acte, soit authentique, soit privé; elle est tacite lorsqu'on
fait ce qui ne pouvait être fait que par un
héritier : *quod citra nomen et jus hœredis facere non poterat* (2).

« Qui prend des biens de la succession,
jusques à la valeur de cinq sous, disait Loisel
dans ses Institutes, fait acte d'héritier. »

---

(1) Ce sont les termes de l'art. 800 du Code civil,
reproduits par l'art. 174 du Code de procédure.

(2) *L.* 20, § 4, *ff. de adquir. vel omitt. hœred.*

Art. M. de Lamoignon a dit dans ses arrêtés :
Jusqu'à la valeur d'un écu.

Toutefois il y a beaucoup de nuances à
discerner dans l'intention des personnes,
dans leur position, et dans la nature des
choses, pour juger si tel acte suppose ou ne
suppose pas nécessairement la volonté d'accepter : *Pro hærede autem gerere potiùs est
animi quàm facti, nam hoc animo esse debet
ut velit esse hæres.* La loi 20, *ff. de adqui-
rendâ vel omittendâ hæreditate*, qui me fournit cette règle, contient un grand nombre
d'exemples qui servent à leur application.
Ainsi, le fils qui rend les derniers devoirs à
son père, n'est pas réputé, par cela seul,
faire un acte d'héritier : *Ut putà patrem sepe-
livit vel justa ei fecit, si pietatis causâ hoc
fecit, non videtur pro hærede gessisse.* La
coutume de Nivernais se distinguait par une
disposition contraire : « Qui paie les dettes et
frais funéraux du défunt, il est tenu et réputé
héritier (1). » Dumoulin a dit, sur un article
de cette coutume, *stulta consuetudo!* Comment n'a-t-il pas écrit en marge de celui-là,
impia consuetudo?

(1) Chap. 34, art. 26.

Les auteurs ont paraphrasé la loi romaine, et chacun a voulu y ajouter le tribut de son hypothèse particulière. D'Argentré s'est demandé si le successible qui chasse avec les chiens du défunt fait acte d'héritier, et il a répondu négativement, parce que c'est l'exercice d'un droit de familiarité : *Canes venaticos defuncti abduxisse, pro hærede gessisse non est, quià familiaritatis potiùs ista fiunt* (1).

En définitive, tous s'accordent à répéter aujourd'hui comme autrefois, que l'appréciation des faits et des circonstances, concernant l'adition d'hérédité, est abandonnée à la sagesse et à la prudence des magistrats.

On convient également que le successible qui a pris dans quelque acte, ou qui s'est donné par quelque fait, la qualité d'héritier, en demeure revêtu à l'égard de tous les intéressés, et qu'il ne peut plus prétendre au bénéfice d'inventaire.

Mais ce principe d'indivisibilité est-il applicable au cas d'un jugement qui a condamné l'héritier comme héritier pur et simple ? En d'autres termes : l'héritier ainsi condamné ne

---

(1) *Ad art.* 514 *veter. consuet. Britan. glos.* 2, n° 3.

Art. doit-il être réputé héritier pur et simple qu'à l'égard du créancier qui a obtenu le jugement, ou bien sa qualité reste-t-elle généralement constatée, de telle sorte que ce jugement profite même à ceux qui n'y étaient pas parties ? Voilà la difficulté.

Les docteurs en donnaient autrefois des solutions diverses. Quand est venu le moment de faire le Code civil, il a fallu choisir entre les systèmes ; chacun tenait aux sympathies avec lesquelles il avait vieilli, et le choix, en définitive, a été peut-être trop timidement déclaré dans la loi nouvelle. Il fallait une expression assez haute pour dominer les dissidences, assez lumineuse pour les éclairer, assez puissante pour les faire cesser.

Le projet du Code civil, présenté par MM. Portalis, Tronchet, Bigot de Préameneu et Malleville, portait au chapitre *de l'Acceptation et de la Répudiation des successions*, un article conçu en ces termes :

« Celui contre lequel un créancier de la succession a obtenu jugement contradictoire, passé en force de chose jugée, qui le condamne comme héritier, est réputé avoir accepté la succession.

» Si le jugement passé en force de chose

jugée n'a été rendu que par défaut, la con- ART. damnation obtenue par un créancier seul ne profite point aux autres (1). »

Cette distinction était alors prudente et sage ; on n'avait pris encore aucun parti pour extirper les vieux abus dont était hérissée la matière des jugemens par défaut et des oppositions. C'est ce qui faisait dire à M. Emmery, dans la séance du Conseil d'état que je vais rapporter tout à l'heure : « Les jugemens par défaut sont souvent obtenus à l'insu de ceux qu'ils frappent. On objectera qu'ils sont susceptibles d'opposition : mais les *déboutés* d'opposition s'obtiennent d'une manière aussi cachée que les jugemens par défaut; et quand on considère que la négligence d'un avoué ou d'un domestique peut compromettre la fortune d'un citoyen, on est disposé à donner moins d'importance à ces sortes de condamnations. »

La section de législation (2) à laquelle le

(1) Cet article était le 87e du titré 1 du liv. 3. Il y avait dans le projet une série particulière de numéros pour chaque titre.

(2) Elle était composée de MM. Treilhard, Berlier, Réal, Faure et Albisson.

projet avait été renvoyé, suivant la marche accoutumée, tourna l'article dans un sens tout contraire, et, le 9 nivôse an xi, elle proposa au Conseil assemblé la rédaction suivante :

« Celui contre lequel un créancier de la succession a obtenu un jugement, même contradictoire, passé en force de chose jugée, qui le condamne comme héritier, n'est réputé héritier, en vertu de ce jugement, qu'à l'égard seulement du créancier qui l'a obtenu. »

Les opinions se partagèrent. Beaucoup de nos livres contiennent des fragmens de la discussion qui fut engagée; toutefois je demande la permission de la reproduire ici, parce qu'elle a été fort diversement nuancée dans les résumés qu'on en a faits, et dans les conséquences qu'on en a déduites.

M. Treilhard, président de la section de législation, dut soutenir son ouvrage :

« En principe général, dit-il, les jugemens contradictoires, ou par défaut, ne profitent qu'à ceux qui les obtiennent. Il est d'ailleurs possible que le condamné ait été mal défendu, ou trahi par ses défenseurs, ou qu'on n'ait point allégué tous ses moyens. »

M. Defermon observa qu'il était également
possible que le condamné s'avisât de traiter
avec sa partie adverse, de retirer ses pièces,
et de les supprimer.

M. Treilhard, qui venait de supposer qu'un
client *pouvait bien être trahi par ses défenseurs*, répondit qu'aucune loi ne saurait être
bonne, si l'on s'arrêtait à la possibilité des
prévarications.

Après quelques mots jetés par MM. Boulay
et Muraire contre ce système de cisaillement
qui vous fait héritier à l'égard de l'un, sans
que vous ayez cette qualité à l'égard d'un autre,
M. Malleville dit « que si le successible qui a
fait acte d'héritier est par cela seul réputé, à
l'égard de tous, avoir accepté la succession,
à plus forte raison doit-il en être ainsi de
celui dont la qualité a été jugée d'après une
plaidoirie contradictoire. Pour faire adopter une opinion contraire, on objecte qu'un
jugement n'a de force qu'à l'égard de celui
contre lequel il est rendu, et qu'il est étranger
à tous les autres ; mais on pourrait faire la
même observation vis-à-vis du successible qui
a payé volontairement un seul des créanciers
de la succession, ou qui revendique quelques
fonds de cette succession ; cependant, en ce

Art.

cas, on convient que le successible a fait irrévocablement un acte d'héritier, et qu'il est
tenu comme tel vis-à-vis de tout le monde. On
invoque la règle *res inter alios acta;* mais
pourquoi, dans la même matière, cette règle
aurait-elle plus d'effet contre un jugement
solennel qui déclare positivement que tel est
l'héritier de tel? »

M. Treilhard remarqua « qu'il y avait entre
les deux cas cette différence, que, dans le
premier, l'appelé a manifesté la volonté d'être
héritier; que, dans le second, au contraire,
il a désavoué cette qualité. »

M. Bigot de Préameneu insista sur ce qu'il
serait bizarre d'obliger chaque créancier à faire
juger de nouveau la qualité de l'héritier. A
la vérité, les jugemens n'ont d'effet que pour
le même fait, entre les mêmes personnes;
mais ce n'est que lorsqu'il s'agit du règlement
de droits particuliers. « S'agit-il d'une qualité universelle, le jugement qui la déclare
profite, en toute occasion, à celui à qui elle est
donnée, comme elle profite contre lui à tous
les intéressés. »

Je passe quelques légères observations présentées par MM. Regnault de Saint-Jean-
d'Angély et Jollivet, au soutien de l'un et de

l'autre système, et j'arrive à l'opinion de Art. M. Tronchet : « L'intérêt de la société repousse une disposition qui multiplierait les procès, en forçant une foule de créanciers à faire juger de nouveau un fait déjà jugé. Quelquefois même, à l'époque où les créanciers formeraient leur action, les preuves auraient disparu ; et la succession dilapidée dans l'intervalle n'offrirait plus de prise à leurs droits.

» Une qualité universelle déclarée par les tribunaux doit être certaine à l'égard de tous ceux qui ont intérêt à la faire valoir. »

M. Berlier reprit avec un plus long développement les raisons déjà données par M. Treilhard, pour démontrer qu'un successible condamné comme héritier sur la poursuite d'un créancier du défunt, ne conserve pas vis-à-vis de tous les autres l'empreinte de cette qualité. « Ce serait trop circonscrire le ministère des juges, ressusciter la jurisprudence des arrêts, et lui donner plus d'intensité qu'elle n'en eut jamais. »

Toutefois, M. Berlier réduisit la question à de très-minces dimensions, car il reconnut que dans les cas où, d'aventure, un individu, déjà déclaré héritier par jugement, voudrait, dans un autre procès, se débattre contre ce

Art. préjugé, la lutte serait fort difficile et fort rarement heureuse. Il termina en disant que l'article en discussion pourrait être supprimé comme inutile, si, par la suite, le Conseil adoptait la disposition du projet (1) qui définit l'autorité de la chose jugée.

M. Réal ajouta un dernier mot : « L'individu déclaré héritier par un jugement peut être ensuite exclu par le véritable héritier ; sa qualité n'est donc pas irrévocablement certaine, et dès-lors elle peut être soumise au jugement de plusieurs tribunaux. »

Rien n'était plus vrai ; mais il fallait observer aussi que *l'héritier exclu* est héritier à l'égard de tous, tant qu'il est *héritier apparent ;* de même que le *véritable héritier* devient héritier à l'égard de tous, dès qu'il est *reconnu.* C'était une tout autre question.

Le procès-verbal n'offre pas d'autre résultat que celui-ci : « L'article est retranché. »

Ce retranchement fut-il voté dans le sens de M. Berlier ?

Il est permis de croire que la discussion n'alla pas se perdre dans une telle indétermination.

(1) C'est l'article 1351 du Code civil.

Au vrai : ni la disposition primitive, ni Art.
celle que l'on y avait substituée, ne furent
admises.

Mais il existait dans le projet de la Commission un autre texte qui rendait identiquement
la pensée de son article 87. Ce dut être en
vue de cet autre texte, devenu l'article 800 du
Code civil, que le Conseil d'état supprima les
deux propositions qui lui avaient été respectivement soumises.

Si l'on objecte que les procès-verbaux n'offrent aucune trace apparente de cette intention, je puis citer beaucoup de séances où
l'on a discuté, dépiécé, retranché des articles
qui se sont reproduits tout entiers dans la
rédaction définitive, sans que l'on y trouve
ce qui les a fait maintenir, ce qui a empêché
de les remaner, et ce qui a fait modifier
et transformer des dispositions que personne
n'avait attaquées.

Le texte dont je viens de parler, cet article
800 du Code, qui formait, dans le projet,
l'article 104 du titre des *Successions*, s'exprimait ainsi : « Quoique les délais soient expirés,
l'héritier conserve encore la faculté de faire
inventaire et de se porter héritier bénéficiaire,
pourvu qu'il n'ait pas fait acte d'héritier, ou

Art. qu'il ne soit pas intervenu de jugement contradictoire, et passé en force de chose jugée, qui le condamne en qualité d'héritier pur et simple. »

N'oubliez pas que cette disposition avait été tracée par la main qui déjà avait écrit celle-ci : « L'héritier contre lequel un créancier de la succession a obtenu jugement contradictoire passé en force de chose jugée, qui le condamne comme héritier, est réputé avoir accepté la succession. »

On s'est donc généralement trompé quand on a dit que, dans le cours des discussions, l'article 800 du Code civil avait été *substitué* à l'article 87 des premiers rédacteurs (1)? Non ; tous deux existaient dans le projet ; tous deux appartenaient au même système ; ils sortaient de la même source, et la même pensée respirait dans les mots dont ils se composaient.

En définitive : l'article 800 seul est resté, parce que seul il suffisait ; et, si j'ai le bonheur de me faire comprendre, je m'assure qu'il n'est plus possible de méconnaître sa véritable entente.

(1) Cette erreur a été commise, notamment par M. Toullier, t. 4, p. 357, à la note.

L'habile à succéder a laissé passer les délais que la loi lui accorde, et ceux que le juge y avait ajoutés, pour connaître les forces de la succession et délibérer ; il n'en a eu aucun souci. Il ne peut plus renoncer. Néanmoins il conserve encore la faculté de faire inventaire et de se porter héritier bénéficiaire. C'est un retour vers ce principe d'équité naturelle qui semble répugner à ce que l'héritier soit obligé d'acquitter les dettes d'autrui, en payant plus qu'il ne retire de la succession.

Mais la loi exige que les choses soient restées entières. Ici l'imprudence se confond avec la fraude ; elles sont punies de la même peine quand l'intégrité de ces choses est entamée, parce que, d'une manière ou d'une autre, la garantie du droit des tiers se trouve compromise.

De là cette condition sans laquelle il n'est plus permis à l'héritier de prétendre au bénéfice d'inventaire ; il faut qu'il n'ait pas fait *acte d'heritier*, ou *qu'il n'existe pas* DE *jugement passé en force de chose jugée, qui le condamne en qualité d'héritier pur et simple.*

Vous le voyez : *l'acte d'héritier* qui le rend incontestablement héritier à l'égard de tous, et le jugement qui décide qu'un *acte d'héri-*

ART. *tier* a été fait, sont juxta-posés; ce sont deux causes semblables qui produisent le même effet. *Pourvu qu'il n'existe pas de jugement*, dit la loi; cela signifie : *Pourvu qu'il n'existe aucun jugement*. Donc si *un* jugement existe, celui que ce jugement déclare héritier, est aussi héritier à l'égard de tous. Les mots ne peuvent pas avoir une autre portée. Eh! comment hésiter encore, quand ces mots ont été placés là par les rédacteurs de cette disposition surabondante qui précédait : « Celui contre lequel un créancier de la succession a obtenu jugement contradictoire, passé en force de chose jugée, qui le condamne comme héritier, est réputé avoir accepté la succession. »

Autre remarque fort importante : la première rédaction de l'article 800 n'assimilait à l'acte d'héritier que la condamnation *contradictoirement* prononcée; mais la rédaction définitive parle, en termes généraux, d'un jugement *passé en force de chose jugée*.

Il y eut donc, à ce sujet, une discussion qui ne se trouve pas dans le recueil des procès-verbaux du Conseil. Certes, si la majorité des voix ne se fût point ultérieurement prononcée en faveur du système de M. Tronchet et de la Commission, MM. Treilhard et Ber-

lier n'auraient pas laissé passer l'article 800,
tel que leurs adversaires l'avaient fait, avec
ses expressions si absolues qui généralisent,
en les assimilant, les effets de *l'acte d'héritier*
et ceux de la sentence qui le constate.

Enfin, je le demande, est-il sérieusement
possible d'accuser des hommes graves et expé-
rimentés, d'une niaiserie telle, qu'ils auraient
cru nécessaire de mettre deux lignes à la fin de
cet article 800, dans la seule intention d'ap-
prendre aux gens que la chose *irrévocable-*
ment jugée entre un débiteur et son créancier
est *irrévocable*, et que le premier, condamné
comme héritier *pur et simple* sur la poursuite
du second, ne pourrait plus être admis à
lui dire : Je ne veux être encore qu'un héritier *bénéficiaire ?*

Tout en convenant de l'inutilité d'une pareille disposition, les auteurs qui veulent toujours l'entendre dans le sens restrictif, et ne
donner droit de se prévaloir du jugement
qu'au créancier qui l'a obtenu, répondent
qu'il y a bien d'autres surérogations à relever
dans le Code ; et ils saisissent, pour exemple,
ces autres mots de notre article 800 : *S'il n'a*
pas fait acte d'héritier. Ne savait-on pas de

Aʀᴛ. reste, ajoutent-ils, que celui qui a fait acte d'héritier s'est rendu irrecevable à invoquer le bénéfice d'inventaire (1)?

Je réponds à mon tour que ce principe n'était point reçu et observé par toute la France, et qu'il était indispensable de s'en expliquer.

Avant comme après l'ordonnance de 1667, le parlement de Bordeaux admettait l'héritier, qui avait fait inventaire, à prendre la qualité d'héritier bénéficiaire, quoique d'abord il ne l'eût pas prise, et *quoiqu'il eût fait acte d'héritier pur et simple*. C'était un usage constant dans le ressort (2). De même, en ligne directe, celui qui n'avait point fait d'inventaire, et qui avait *fait acte* ou *pris qualité d'héritier*, pouvait, durant trente années, répudier la succession, en rapportant une simple description ou état sommaire du mobilier, sur la sincérité duquel il était cru jusqu'à preuve contraire (3).

(1) Voyez la Jurisprud. gén. de M. Dalloz, t. 12, p. 371.

(2) Voyez Lapeirère et son annotateur, lettre H, n° 6. Voyez aussi les attestations rapportées par Salviat, t. 2, p. 28, édition de 1824.

(3) Salviat, *ibid.*, p. 16.

On dira peut-être que c'était un écart bi- ART.
zarre, un attentat à l'autorité du droit romain,
une révolte contre l'ordonnance de 1667.
Mais les lois romaines n'étaient obligatoires
en pays de droit écrit, qu'autant qu'elles n'y
avaient point été abrogées ou modifiées par
l'usage. Pour ce qui se peut rapporter à l'ordonnance, il serait difficile d'y trouver un
texte que la jurisprudence bordelaise eût formellement violé : il s'ensuit que, jusqu'à la
promulgation du Code civil, cette jurisprudence n'a pas dû cesser de régir le ressort où
elle était née (1).

Ma remarque subsiste donc. Oui, s'il fallait
donner aux mots qui terminent l'article 800
l'interprétation que je combats, cette disposition qui viendrait proclamer là, au profit
du créancier, l'*irrévocabilité* de la chose qu'il
a fait *irrévocablement* juger contre son débiteur, serait ridicule, tant elle serait inutile.
Il n'est point permis de faire au législateur
une injure que nul exemple et nulle considération ne pourraient excuser.

Je m'arrête pour faire observer que jus-

(1) M. Merlin, *Quest. de Droit*, v° *Héritier*, § 2.

Art. qu'ici je me suis uniquement attaché à rechercher ce que le Code a voulu, et non ce qu'il a dû dire. Deux systèmes étaient en présence ; il fallait choisir. C'est ce choix que j'ai essayé de constater. Je n'ai point eu la prétention de refaire la loi à l'image de telle ou telle doctrine ; je l'ai exposée, ou, si l'on veut, je l'ai racontée comme j'ai cru qu'elle avait été faite.

Mais, au fond, est-il vrai que cette loi, animée du souffle de MM. Tronchet, Portalis, Bigot de Préameneu, Boulay, Malleville, Muraire, etc., déroge aux anciens principes du droit et aux traditions de la jurisprudence ? Nos vieux auteurs n'en conviendraient pas. Voyez l'article 326 de la coutume de Bourbonnais ; voyez Coquille sur l'article 27 du titre 34 de la coutume de Nivernais, et La Lande sur l'article 337 de la coutume d'Orléans. Notre Boucheul, qui les cite sur l'article 278 de la coutume de Poitou, admet avec eux, comme règle de droit commun, « que quand la sentence qui déclare le proche parent héritier, est contradictoire, elle profite à tous les autres qui y ont intérêt, par la raison de la loi 12 ff. *de rebus auctoritate judicis*

possidendis (1); mais que quand elle a été ART.
portée par défaut, elle ne le rend héritier
qu'à l'égard de celui qui l'a obtenue, et que
même l'héritier condamné est reçu à revenir
contre, en refondant les dépens (2). » C'était
alors une défiance très-légitime que cette
distinction entre les effets des sentences contradictoires et ceux des sentences par défaut,
car on sait que celles-ci n'arrivaient souvent
à l'état de chose jugée, que par des voies
obscures et déloyales.

Ne lisait-on pas dans le Code du président
Favre : *Res judicata contra hœredem facit
jus, quoad omnes qui jus aliquod habent in
hœreditatem aut bona defuncti, si modò hœres
contradixerit, nec fuerit per contumaciam
aut collusionem condemnatus* (3).

---

(1) *Cùm unus ex creditoribus postulat in bona debitoris
se mitti, quæritur utrùm solus is qui petit possidere potest? An cùm unus petit, et prætor permisit, omnibus
creditoribus aditus sit? Et commodius dicitur, cùm prætor permiserit, non tàm personæ solius petentis, quàm
creditoribus, et in rem permissum videri, quod et Labeo
putat...*

(2) Sur la *réfusion* des dépens, voyez ci-dessus,
p. 129.

(3) *Lib.* 6, *tit.* 11, *defin.* 6, *not.* 61.

« Quelques-uns , disait Ferrière (1)， mettent de la différence entre l'acceptation de la
qualité d'héritier *en une cause* ou contrat , et
la qualité d'hériter fondée sur des actes d'héritier , en ce que par des actes d'héritier, celui
qui les a faits est obligé envers tous les créanciers , mais qu'au premier cas la qualité
d'héritier n'oblige qu'envers la partie avec
laquelle ou a pris cette qualité, et non envers
les autres créanciers. Ils se fondent sur la loi
dernière ff. *de interrogat. in jure faciend.*,
où le jurisconsulte Scévola dit : *Procuratore
Cæsaris ob debitum fiscale interrogante , unus
ex filiis qui nec bonorum possessionem acce-
perat , nec hæres erat , respondit se hæredem
esse; an quasi interrogatoria (actione) creditoribus cæteris teneatur ? Respondit ab his ,
qui in jure non interrogassent , ex responso suo
conveniri non posse.*

» Je n'estime pas que cette opinion soit
soutenable , d'autant qu'il est absurde que
cette qualité se puisse diviser, et qu'une même
personne soit en partie héritier , ou envers
quelques créanciers , et ne le soit pas en par-

(1) *Corps et compilation de tous les commentateurs sur
la coutume de Paris ,* t. 3 , p. 569, édition de 1685.

tie, ou à l'égard d'autres créanciers. Cette Art.
qualité entraîne la confusion des patrimoines
du défunt et de l'héritier, fait que l'héritier représente la personne du défunt, et est obligé,
par ce moyen, à tous les créanciers de la succession. Or, une pareille fiction ne peut point
avoir lieu pour une personne seulement, si ce
n'est en un cas, savoir, lorsque l'héritier présomptif *a répudié la succession*, et que néanmoins il a pris la qualité d'héritier dans un
procès qu'il avait contre un particulier ; cette
qualité ayant empêché ce particulier créancier du défunt, de poursuivre ses droits contre
d'autres que contre celui qui aurait pris cette
qualité, pour lors je n'estimerais pas que les
autres créanciers pussent prétendre que ce
présomptif héritier fût héritier pur et simple.
Et peut-être que c'est dans cette espèce que la
loi dernière ff. *de interrogat. in jure faciend.*,
a été faite, suivant ces termes, *nec hæres erat ;*
le jurisconsulte supposant que celui qui avait
dit être héritier dans les interrogatoires qu'il
avait subis à la requête du procureur du
prince, n'était réellement pas héritier (1). »

(1) L'auteur indique fort bien ici le sens de la loi
dernière, *ff. de interrogat. in jure fac.* ; mais M. Mer-

Art.   Je sais que Pothier a dit dans son *Traité des Successions* : « L'héritier condamné en cette qualité envers un créancier, par jugement souverain ou en dernier ressort, est bien obligé, à cause de l'autorité de la chose jugée, à payer les sommes auxquelles il a été condamné ; mais il ne devient pas héritier pour cela, car il ne peut être héritier sans avoir voulu l'être, selon notre règle de droit coutumier : *Il n'est héritier qui ne veut*. »

Cette raison n'est pas très-concluante : la règle *il n'est héritier qui ne veut*, dont le style a été rajeuni par l'article 775 du Code civil, signifie seulement que nous n'avons point,

lin, dans ses *Questions de Droit*, v° *Héritier*, § 8, prouve jusqu'à la dernière évidence que cette loi ne s'applique qu'au cas où celui qui se déclare héritier n'était cependant pas habile à prendre cette qualité. En effet, la loi 12, *eod. tit.*, dit, en termes exprès, que l'héritier sien *qui délibère*, et ne s'est point encore immiscé dans la succession de son père, fait acte d'héritier en répondant qu'il est héritier : *Si responderit se hœredem esse, tenebitur ; nam ità respondendo pro hœrede gessisse videtur*. Et il n'est pas besoin de démontrer que celui *qui pro hœrede gessit* est obligé envers tous les créanciers de la succession.

comme chez les Romains, des héritiers *siens* Art.
et nécessaires (1).

S'il ne fallait que dire : *Je ne veux être
héritier*, chacun pourrait, se retranchant dans
ce qu'il appellerait la candeur de son intention, neutraliser trop commodément les conséquences de ses actes, ou jouir trop impunément de sa fraude.

L'erreur de droit n'est pas même un motif
qui puisse venir en aide au majeur, pour le
relever des suites d'une imprudente immix-
rition ; on lui dirait : *Cùm ignorantiâ juris
facilè excusari non possis, serâ prece subve-
niri tibi desideras* (2).

Le successible qui se trompe et se rend
héritier, croyant qu'il s'abstient, est un héritier *qui ne veut l'être*, et qui n'en reste pas
moins, en dépit de sa volonté contraire,
soumis à toutes les charges de l'hérédité. La
règle invoquée par Pothier est donc ici sans
application.

(1) *Necessarii verò dicuntur quia omnino , sive velint,
sivē nolint, tàm ab intestato quàm ex testamento , ex lege
duodecim tabularum , hæredes fiunt.* Voyez le tit. 19 des
Institutes , liv. 2, *De hæredum qualitate et differentiâ.*

(2) Voyez l'article 783 du Code civil.

III.   23

ART. Cependant, ne serai-je point accusé de méconnaître, à mon tour, cette autre règle du droit civil, qui veut *que la chose demandée soit la même, et que la demande soit entre les mêmes parties*, pour que l'on puisse dire : Il y a autorité de chose jugée (1)?

Oui, il est écrit dans la loi que les jugemens n'ont d'effet qu'à l'égard des personnes entre lesquelles ils ont été rendus ; mais vous y lisez également que les conventions n'ont d'effet qu'entre les parties contractantes (2).

Or, l'héritier présomptif qui traite avec un créancier de la succession, ne fait-il pas acte d'héritier, et cet acte ne le rend-il pas héritier pur et simple à l'égard de tous ? L'affirmative est incontestée ; il n'y a pas une ombre de dissidence sur ce point.

L'article 800 du Code civil fait donc exception à l'article 1165.

Pourquoi la règle générale de l'article 1351 ne céderait-elle pas de même à cette exigence spéciale de la nature des choses ?

Je sais qu'on insistera. La différence est grande, dira-t-on, entre le successible qui

(1) Code civil, art. 1351.
(2) Code civil, art. 1165.

se reconnaît volontairement héritier par l'effet ART.
d'une convention, et celui qui ne reçoit cette
qualité que par l'effet d'une condamnation.
Je répondrai, avec M. Merlin (1), qu'il est
toujours permis d'argumenter des conventions aux jugemens, et qu'un jugement suppose une convention tacite entre le demandeur et le défendeur, par laquelle ils se sont
soumis d'avance à ses dispositions, s'ils ne
peuvent réussir à le faire réformer par les
voies de droit. *Ut in stipulatione contrahitur,
ità judiciis contrahitur* (2).

Serait-ce trop de subtilité, que d'en tirer
la conséquence qu'il faut assimiler au successible qui a volontairement acquitté une
dette de l'hérédité, celui qui s'est vu contraint de la payer par la puissance d'un
arrêt, et après l'entier épuisement de tous les
moyens de recours? On conviendra du moins,
ajouterai-je avec M. Merlin, que l'assimila-
tion deviendra parfaite en se plaçant dans
l'hypothèse d'un jugement contre lequel il
n'y a ni opposition, s'il était par défaut, ni

(1) *Répertoire*, v^is *Effet rétroactif*, sect. 3, § 9, et
Quest. de Droit, v° *Héritier*, § 8.
(2) *L.* 3, § 11, *ff. de peculio.*

ART. appel, ni requête civile, ni pourvoi en cassation, s'il était contradictoire. Alors la condamnation n'aura pris force définitive et irrévocable que par le libre acquiescement de l'héritier qui a bien voulu la subir et céder au premier choc. La position sera la même que celle du successible qui a payé sans se laisser traduire, parce que, en résultat, ne vouloir point résister, ou ne vouloir plus résister, quand on n'est pas désarmé, c'est chose toute pareille; c'est toujours se rendre volontairement; c'est toujours acquiescer; c'est toujours, de gré, et non de force, faire acte d'héritier.

Cela étant hors de doute, et en raisonnant, si l'on veut, dans le sens restrictif que donnent à l'article 800 les continuateurs du système de Pothier, il faudrait donc en venir à le modifier, et à confesser qu'il y aurait lieu de l'appliquer seulement au cas où la défense du successible condamné comme héritier pur et simple, a été poussée jusqu'aux dernières limites des voies de recours.

Mais la loi permettrait-elle cette sorte d'accommodement? Non, sa disposition est absolue; elle a été reproduite avec toute sa généralité dans le Code de procédure; elle embrasse le cas d'une condamnation à la- quelle l'héritier a volontairement acquiescé, comme le cas où il a fait tout ce qui dépendait de lui pour la faire réformer ; dans l'un et l'autre, elle le rend héritier pur et simple envers tous les créanciers.

M. Toullier combattait cette doctrine par l'absurdité des conséquences qu'il lui imputait. La réciprocité sera forcée, a dit le vénérable et très-regrettable professeur : ainsi, le premier jugement qui, sur la poursuite de l'un des créanciers, aura déclaré que le successible n'a point fait acte d'héritier, pourra également être opposé à tous les autres ! Ce sera donc, pour tous, la chose généralement jugée, quoiqu'ils n'aient été ni entendus ni appelés, et lors même qu'ils viendront alléguer des moyens et des faits nouveaux, inconnus à celui qui le premier a plaidé et succombé !

Je suis de l'avis de M. Toullier : « Ce serait d'une absurdité sensible. » Mais cette conséquence qu'il a déduite, pour la qualifier ainsi, n'était qu'une illusion de critique.

Le successible qui prend le titre d'héritier se rend héritier à l'égard de tous : voudriez-vous en conclure que celui qui se dit n'être pas héritier, ne l'est à l'égard de personne ?

Le successible qui traite sur quelque dette de la succession s'oblige envers tous : voudriez-vous en conclure que celui qui se fait reconnaître par l'un comme pur de toute immixtion, ne peut plus être recherché par les autres ? Ce serait une large porte ouverte aux collusions.

Et de ce qu'un jugement rend héritier, envers tous, le successible qu'il condamne en cette qualité, je demande quelle spéciale et rigoureuse nécessité il y a d'inférer que sa relaxance devra lui donner gain de cause à toujours, et s'étendre comme l'autorité prédominante d'une chose universellement jugée, sur toutes les réclamations, faits et moyens nouveaux des créanciers qui n'ont encore été ni appelés ni entendus ?

Le jugement qui constate l'acte d'héritier produit les mêmes effets que le contrat où se manifeste l'acte d'héritier ; et ces effets sont acquis à tous, parce qu'ils se rattachent à une qualité indivisible, parce qu'ils sont, s'il est permis d'ainsi parler, les rayonnemens d'un fait *positif* qui luit pour tout le monde. Mais ce qui est *négatif* ne peut avoir qu'un effet actuel et individuel, car ce n'est que la chute d'une action dont la preuve a failli.

Celui qui est une fois héritier, est héritier Art.
pour toujours. Celui qui ne l'est pas à présent, peut le devenir.

Ces deux mots répondraient seuls à l'argument de réciprocité déduit par M. Toullier,
contre le sens que j'ai cru devoir adopter pour
l'application des articles 800 du Code civil et
174 du Code de procédure.

Je dois un dernier mot à une dernière objection.

La voici : Il est admis en jurisprudence
que les contestations incidemment élevées
dans les tribunaux inférieurs sur la qualité
des parties, doivent être jugées sans appel,
lorsque la valeur de la demande principale
n'excède pas les limites du dernier ressort.
Et s'il était vrai que nos Codes eussent voulu
rendre commun à tous le bénéfice d'un jugement qui, sur la poursuite d'un seul, a condamné le successible en qualité d'héritier pur
et simple, il s'ensuivrait que des juges de
première instance, et même un juge de paix,
pourraient, statuant à la fois sur le principal
et sur l'incident, conférer irrévocablement
cette universelle qualité d'héritier, devenue
l'accessoire de la plus mince condamnation.

Toutefois on distingue deux cas : celui où

ART. la qualité d'héritier forme l'objet *principal et direct* de la demande, et celui où le débat sur ce point ne sort qu'incidemment du système de la défense.

Au premier cas, on veut bien permettre l'appel, parce que la qualité d'héritier, avec ses incommensurables effets, n'offre point une valeur fixe et certaine.

Au second cas, on prétend que la question de *qualité* vient s'absorber dans la juridiction du principal, *sequitur sortem principalis*, et qu'elle ne met aucun poids dans la balance du premier ou du dernier ressort. Ce serait le rejet d'un moyen, et non l'attribution d'une qualité en dehors de la cause.

Je réponds que vainement on chercherait, dans tous les âges de notre législation, un texte sur lequel se puissent appuyer cette jurisprudence abstractive et ses imperceptibles distinctions. Jamais la qualité d'héritier ne put avoir en soi, principalement ou accessoirement, une valeur fixe et certaine; jamais ce qui est indéfini ne put légalement être resserré dans le calcul d'une compétence déterminée.

Au temps où les baillis et les sénéchaux ne

jugèrent plus qu'à la charge d'appel, les moindres affaires parcouraient de nombreux degrés avant d'arriver aux parlemens qu'elles venaient surcharger. C'est ce qui porta Henri II à créer un dernier ressort intermédiaire, afin d'arrêter les involutions des plaideurs qui ne craignaient d'appeler, jusques dans les Cours, pour quelque petite matière que ce fût (1).

Les présidiaux furent établis au mois de janvier 1551, avec pouvoir de prononcer sans appel sur toutes les matières civiles qui n'excéderaient pas 250 livres en capital, ou dix livres de revenu.

Il y eut toujours dans les créations nouvelles un germe d'envahissement. La présidialité voulut élargir le cercle de sa compétence souveraine, et y faire entrer la qualité des personnes, comme l'accessoire d'*un principal* de dernier ressort, toutes les fois que cette qualité serait l'objet d'une contestation incidente. Ses efforts étaient trop ambitieux. Evidemment, lorsque vous ajournez quelqu'un pour payer une dette du défunt, vous l'ajournez en qualité d'héritier; il ne devra

(1) Voyez mon premier volume, t. 1, ch. 7; p. 115.

Art. rien s'il n'est pas héritier; la question préjudicielle, devenue la question dominante, est
donc celle de savoir s'il est héritier. Tout le
reste en dépend : *Per minorem causam majori*
cognitioni præjudicium fieri non opportet ;
major enim quæstio minorem ad se trahit (1).
C'est l'intérêt que les parties apportent dans
le débat, c'est l'enjeu de chacun, si j'ose ainsi
parler, qui forme la mesure de la compétence. Est-ce que la valeur d'une demande
reconventionnelle , qui n'est autre chose
qu'un *incident*, n'entre pas en ligne de
compte pour fixer le taux de l'instance? Ce
sont des vérités que l'on ramasse à fleur de
terre.

« Les présidiaux ne peuvent juger par jugement dernier ou présidial , disait Filleau (2),
quand il est question de répudier ou appréhender une hérédité, et que la qualité d'héritier est révoquée en doute. Il fut ainsi
décidé par arrêt des Grands Jours de Cler-
mont, le 28 septembre 1582, entre Jean et
Thomas Berthereau appelans de Saint-Pierre-

---

(1) *L.* 54 *ff. de Judiciis.*

(2) *Recueil d'édits , règlemens et arréts notables ,*
partie 1re, tit. 5, chap. 1er, n° 3.

le-Moustier, de ce qu'ils avaient été con- Arт.
damnés par jugement dernier, comme héritiers de leur défunt père, à payer les arrérages
d'une rente foncière à Louis Dubois intimé,
combien qu'ils eussent soutenu n'être héritiers et avoir répudié ; et furent faites défenses auxdits présidiaux de plus juger telles
causes présidialement. »

En l'année 1579, la cour ne traita si
doucement le présidial de Lyon, contre lequel elle rendit un décret d'ajournement
personnel, pour avoir passé par-dessus
l'appel d'un défendeur ainsi réputé héritier. Il y a arrêt semblable du 9 août
1583, et le parlement de Rennes avait prononcé dans le même sens, le 10 septembre
1575 (1).

On alléguera peut-être que ces décisions
étaient cassables, parce qu'une déclaration
du 27 décembre 1574 refusait aux parlemens
le droit de recevoir l'appel des jugemens présidiaux, sous prétexte de vérifier leur compétence, sauf le pourvoi en règlement de juges,
devant le Grand Conseil. Mais à supposer
que cette déclaration, qui fut révoquée de-

(1) *Dictionnaire* de Brillon, v° *Présidiaux*, n° 29.

Art. puis, ait jamais obtenu quelque effet, il est certain que les arrêts cités n'avaient point été cassés.

Je pourrais invoquer encore une ordonnance du 13 août 1669 qui exceptait des causes dévolues à la tournelle civile du parlement de Paris (1), celles concernant les qualités d'héritier ; et l'édit de janvier 1685, donné pour le Châtelet, qui défendait de porter au présidial les affaires où il s'agissait de l'état des personnes et des *qualités d'héritier de femme commune ou séparée de biens.* On ne manquerait pas de me répondre que c'étaient des exceptions, des spécialités, des règles particulières à la tournelle et au Châtelet ; qu'on ne doit pas argumenter d'un cas à un autre, et dépayser les principes. Jousse, conseiller au présidial d'Orléans, en son *Traité des présidiaux* (2), n'a pu trouver que ces lieux communs d'une argumentation malheureuse, pour étayer les prétentions présidiales.

(1) La tournelle civile était une chambre du parlement établie pour l'expédition de certaines causes de valeur et de nature déterminées. Voyez les Déclarations du 18 avril 1667 et du 11 août 1669.

(2) Pag. 179 et suivantes.

L'opinion de Jousse ne devait point peser ART.
sur l'avenir, car un nouvel édit survint au
mois d'août 1777, comme pour lui donner le
plus éclatant démenti. Il était dit dans le
préambule : « Nous nous proposons de pourvoir aux difficultés relatives à l'exercice de la
juridiction des présidiaux, *en déterminant les
objets de sa compétence d'une manière précise,*
qui ne permette *presque plus* aucune incertitude. » Et l'article 10 portait : « N'entendons
que lesdits juges présidiaux puissent connaître en dernier ressort...... de demandes à
l'occasion desquelles il s'élèvera contestation
sur l'état et qualité des personnes, *sur celles
d'héritier,* de femme commune ou séparée,
d'associés, de gardien noble ou bourgeois,
de tuteur ou curateur, ni des oppositions ou
des levées de scellés, inventaires ou par-
tages. »

C'était le dernier état de la législation,
lorsque les temps s'accomplirent, et que les
bailliages, les présidiaux et les parlemens
disparurent dans les révolutions de l'ordre
judiciaire. Mais le fond du droit, en ce qui
touche notre question, n'a point été changé ;
car, pour l'effacer de nos vieilles tables et pour
lui substituer un principe contraire, il eût

fallu une disposition expresse, et quelque chose de gravé dans les Codes qui nous régissent aujourd'hui.

La doctrine de Jousse, quoique condamnée, et, peut-être, parce qu'elle avait été condamnée, réunissait encore quelques partisans. Des arrêts de l'an ix, de l'an xi, de l'an xii et de 1806, la remirent en lumière; et la Cour de Cassation, dans son projet d'un titre préliminaire pour le Code de procédure, présenta un article ainsi conçu : « Tous les incidens, *même ceux relatifs à la compétence*, se jugent en premier ou dernier ressort, suivant la nature de l'action principale. »

Si le principe eût dû être admis, c'était raisonner fort juste que d'en étendre l'application aux matières de compétence.

En effet, vous voulez que, dans un cas de dernier ressort, le tribunal prononce à la fois et sans appel, soit sur le fond de la demande, soit sur une qualité que le défendeur répudiait et que son adversaire lui avait nécessairement supposée; pourquoi ne voudriez-vous pas que dans les mêmes circonstances, et mettant une question de domicile à la place de tout autre incident,

cette question puisse être souverainement ART.
jugée?

Toutefois ni le principe ni ses conséquences ne furent accueillis. Les articles 425 et 454
du Code portent expressément que les dispositions sur la compétence peuvent TOUJOURS
être attaquées par la voie de l'appel, *encore que
le jugement ait été qualifié en dernier ressort.*
Certes, on ne trouvera aucun autre texte qui
permette d'inférer qu'il en doive être autrement, lorsque l'intérêt qui s'attache à la qualité d'héritier devient incidemment la question
préjudicielle et véritablement principale de
la contestation.

Répéterez-vous que la qualité n'a été jugée
en dernier ressort que comme un accessoire
de l'objet qui était en litige; qu'elle peut
être remise en question et décidée en sens
contraire, dans une autre cause; que l'on
peut bien être déclaré héritier à l'égard de
celui-ci, et ne l'être pas à l'égard de celui-là? Je
redirai que toutes ces raisons s'appliqueraient
tout aussi justement à l'exception d'incompétence personnelle, et qu'il n'en est pas moins
vrai que cet incident ne se comprime jamais
dans les limites du dernier ressort, si petite-
ment que soit déterminée la valeur du litige.

Art.   Je ne m'occupe point de l'incertitude et
des déviations de cette jurisprudence, qui s'est
faite le présent du passé. La loi doit prévaloir sur les subtilités de la vieille ligue pré-
sidiale. Tel qui cite aujourd'hui le *Traité des
présidiaux* ne s'est guère mis en souci de
connaître les tracasseries du temps où ce livre
fut écrit, et ce qui dut amener, pour y couper
court, l'édit de 1777, alors que les parlemens
étaient rentrés en grâce.

Cette question de compétence, avec son
intérêt particulier, se présentait tout naturellement pour être rattachée à ma discussion
sur l'article 800 du Code civil : en définitive,
elle vient s'y confondre.

La Cour supérieure de justice de Bruxelles
a très-clairement fait voir leur affinité dans
un arrêt du 9 décembre 1815. Il s'agissait
d'une somme au dessous de 1,000 fr., pour
laquelle un particulier était assigné comme
héritier de son père. Le défendeur répondait
qu'il n'avait point accepté la succession. Il y
eut jugement qui admit la preuve de certains
faits de recèlement imputés au prétendu héritier. Celui-ci se rendit appelant; ses adversaires soutinrent qu'il était non recevable

dans son appel, parce que leur demande n'ex- Art.
cédait pas le taux du dernier ressort. La Cour
rejeta la fin de non-recevoir par les motifs
qui suivent :

« Attendu que, d'après le contenu de l'article 800 du Code civil, celui qui veut se porter
héritier sous bénéfice d'inventaire est recevable à le faire même après les délais expirés,
à moins, entre autres, qu'il n'existe contre
lui un jugement passé en force de chose jugée
qui le condamne en qualité d'héritier pur et
simple ; d'où résulte que, quel que soit le
montant de la demande principale, il y a à
décider préalablement si l'appelant doit être
tenu pour héritier pur et simple, ou non ;

» Attendu que le jugement à intervenir
ne doit pas seulement avoir son effet contre
les parties, mais qu'il peut encore avoir cet
effet même vis-à-vis des tiers qui ne sont point
en cause ; par conséquent ce n'est pas tant
la demande d'une somme quelconque, mais
bien la qualité d'héritier qui est à considérer
principalement dans la cause. »

Une décision conforme fut rendue par la
Cour royale de Douai, le 29 juillet 1816.

M. Merlin rapporte ces deux arrêts dans

III. 24

Art. ses *Questions de Droit* (1). Il avait d'abord adopté et fait adopter la doctrine de Jousse; mais, plus tard, il n'a point épargné les regrets à son erreur. « Comment, a-t-il dit, ai-je pu soutenir dans mon réquisitoire du 28 janvier 1806 (2), que le jugement du 12 messidor an xii, que j'y ai rappelé, était valablement rendu en dernier ressort? Et comment la Cour de cassation elle-même a-t-elle pu le considérer? C'est que ni la Cour de cassation ni moi n'avons alors fait attention au changement que l'article 800 du Code civil avait apporté, en cette matière, au *prétendu* principe qui avait déterminé les précédens arrêts des 8 frimaire an xi et 18 nivôse an xii (3). »

Je ne le dissimule point : l'opinion que

---

(1) V° *héritier*, § 8.

(2) *Répertoire*, v^is *dernier ressort*, § 12.

(3) *Ibid.* M. Merlin disait aussi dans une note du texte dont une partie vient d'être citée : « J'ai adopté trop légèrement l'opinion de Jousse, elle m'a entraîné par le grand nombre d'autorités dont je l'ai vue alors environnée; mais j'aurais dû mieux apprécier les autorités qui *la combattent*, et surtout mieux peser les raisons qui *la détruisent*. »

je défends n'est pas celle que l'on suit le plus Aɴᴛ. aujourd'hui dans les tribunaux. Je ne sais si la jurisprudence restera dans cette direction, mais, en attendant, et après y avoir beaucoup réfléchi, j'ai cru devoir maintenir mon *verum tamen*.

Le cours d'un procès serait comme une ligne tirée à l'infini, s'il était permis aux plaideurs, après l'épuisement des exceptions de nullité et d'incompétence, d'y glisser encore, les unes après les autres, une foule d'exceptions dilatoires. *Dilationum materia est restringenda*, disait Mazuer en sa pratique (1).

« Les exceptions dilatoires doivent être proposées conjointement et avant toutes défenses au fond. » 186.

C'est la règle générale pour toutes les exceptions de procédure. Mais il faut ici qu'elle se soumette à tant de modifications, qu'on ne peut guère la considérer que comme un conseil donné, une recommandation faite aux juges, pour les cas possibles.

Par exemple : on donne à l'héritier et à la veuve attaqués par les créanciers de la suc-

(1) *De dilationibus*, n° 25.

Art. cession ou de la communauté, un délai pour faire inventaire et délibérer sur le parti qu'il leur faudra prendre : ne serait-ce pas d'une absurde inconséquence que de les obliger à présenter, durant ce temps de recherches et de réflexion , d'autres exceptions qui supposent un parti pris, une qualité déterminée et la résolution d'accepter le débat, comme celles qui tendent à la mise d'un garant en cause, à la discussion préalable d'un débiteur principal, etc. ?

Souvent aussi peut-il arriver que le motif d'une exception délatoire ne surgisse qu'à la suite de l'engagement des parties sur le fond de la cause. Telle serait la demande en communication d'un titre que l'une d'elles aurait invoqué, pour la première fois, à une époque avancée de la discussion. Alors l'exception est justifiée par la nécessité de la défense, et rien n'autorise à soupçonner qu'elle ait été présentée en vue d'un injuste retardement.

La conclusion est facile : la loi s'en rapporte à la prudence des magistrats pour accommoder la règle de l'article 186 à la nature et à l'exigence des affaires, aux accidens divers de la discussion , à l'opportunité du temps , et surtout à la bonne foi de ceux qui demandent à dilayer.

Toutes les exceptions dilatoires ne pouvaient être ni signalées ni prévues dans le Code. S'il n'y est expressément parlé que de celles relatives aux délais pour faire inventaire et délibérer, à la mise en cause des garans, et à la communication des pièces, c'est qu'elles devaient être régies par quelques dispositions spéciales.

Je pense qu'il est inutile de définir la *garantie*, le *garant* et le *garanti*. Ce sont de ces mots primitifs, comme dit Pascal, qui sont plus clairs que les mots qui servent à les définir.

En procédure, on distingue deux espèces de garantie, la garantie *formelle* et la garantie *simple*. C'est cette distinction qui a besoin d'être expliquée, à cause des effets différens qui en dérivent.

La garantie est *formelle* quand elle se rapporte à une action réelle ou hypothécaire. Ainsi Pierre a vendu une maison à Paul ; quelque temps après, un tiers assigne l'acquéreur pour le faire condamner à délaisser cette maison. Alors Paul appelle à sa garantie

Art. Pierre, lequel sera un garant *formel*, parce
que, suivant la matière du contrat, le vendeur
doit à l'acquéreur la possession paisible de la
chose vendue (1). Il en serait de même si le
tiers, au lieu de revendiquer la maison, prétendait qu'elle lui est affectée par un droit
d'hypothèque. Le vendeur qui n'aurait pas
déclaré ce droit, serait *formellement* tenu de
venir répondre à l'action du tiers, et de le
faire taire, sous peine de restitution, dommages-intérêts, etc.

Chez les Romains, le garant *formel* était
appelé *auctor*, et, dans la loi des douze tables,
auctoritas se prenait pour *jus dominii;* ce mot
a signifié depuis l'action *pro evictione* (2).
Laudare auctorem, c'était sommer le garant
formel, le vendeur, de venir en cause (3).

Nos vieux auteurs disaient en latin *garan-
dia, garandus* (4), et en français, *gariment,
garandisserre, garandisseur* (5).

(1) Code civil, art. 1625.

(2) L. *ult. ff. de evict.*

(3) L. 6, § 5, *ff. de act. empti et venditi*, et l. 7
Cod. *de evict.*

(4) Mazuer, *de dilationibus.*

(5) Beaumanoir, chap. 34 des *Coutumes de Beauvoisis.*

La garantie est *simple*, lorsqu'il s'agit d'une ART.
action personnelle; comme si étant caution
solidaire d'un prêt fait à Jean, et me voyant
traduit en justice pour le paiement de la somme, je l'appelle dans l'instance, afin qu'il
soit tenu de me garantir de la demande, ou
de m'indemniser des condamnations qui pourraient être directement prononcées contre moi.

Il y a donc, en toute garantie, un demandeur et un défendeur *originaires* ; le défendeur devient à son tour et *secondairement*
demandeur en garantie, et le garant qu'il fait
venir en cause prend le nom de *défendeur en
garantie*. Les arrière-garans, s'il en est amené,
augmentent successivement le nombre des 176.
défendeurs, et la série des délais donnés pour
les assigner.

Cet agencement est le plus ordinaire, et
c'est ce que suppose le Code de procédure,
pour l'application de ses règles. Cependant
il n'est point impossible que le demandeur
originaire se fasse en même temps demandeur en garantie. Vous êtes cessionnaire d'une
créance, et vous avez traduit en justice le
débiteur qui nie ou qui conteste la dette ;
sur ce, vous formez une demande en garantie contre votre cédant, pour qu'il fasse

Art. valoir la cession, ou qu'il soit condamné à telles restitutions et indemnités que de droit. Vous êtes à la fois demandeur originaire et demandeur en garantie.

Le garant *formel* peut toujours prendre le fait et cause du garanti.

182. Prendre le fait et cause, c'est venir se poser devant le demandeur originaire, accepter la lutte pour son propre compte, couvrir le garanti, et lui laisser la faculté de se retirer de l'instance, ou d'y rester comme spectateur.

En garantie *simple*, la prise de fait et cause ne s'admet pas.

Les auteurs ont, en général, cru trouver la source et le motif de cette différence dans l'acception légale du mot *formel*, indiquant une obligation plus intime, plus expresse, plus absolue. On peut tirer, ce me semble, une meilleure explication de la nature des actions.

La garantie *formelle* se distingue de la garantie *simple*, comme l'action réelle immobilière et l'action personnelle diffèrent entre elles.

Or, la garantie *formelle* est l'accession à

une action réelle, et vous savez que cette Art.
action est la revendication d'une chose, ou
d'un droit réel sur une chose, contre toute
personne qui la détient, et en quelque main
qu'elle se trouve. La chose est l'unique objet
de l'action, car les possesseurs peuvent changer, sans que l'action se détache de la chose;
le possesseur actuel n'est cité que pour servir
de contradicteur (1).

Il a suffi de repasser sur ce principe, et
vous voyez clairement ici la conséquence qui
s'y vient engrener d'elle-même. Que m'importe, quand je revendique un champ, de
le disputer contre Pierre plutôt que contre
Paul, si Pierre vient prendre le fait et cause
de Paul? Le champ n'est-il pas toujours là?
Le représentant qu'on lui donne, l'organe
qu'on lui prête, ne fait rien à l'affaire : *res
non persona convenitur.*

Il est loisible au garanti de requérir sa mise
hors de cause, dès que le garant veut bien le
remplacer dans la cause: *tunc fit novatio in
judicio, mutatâ personâ rei.* Mais cette réquisition doit être faite avant qu'un premier
jugement *préparatoire* ou *interlocutoire* soit   182.

_____

(1) Voy. l'Introduction, t. 1, chap. 5.

Art. intervenu ; car , en y prenant part, le garanti
fait cause commune avec son garant , il s'as-
socie à l'instance , il en partage les chances ,
et ne peut plus en sortir que par l'issue commune , celle du jugement définitif , avec ou
sans dépens, selon l'événement.

Cependant la loi dit que le garanti , *quoique mis hors de cause*, sera le maître d'y assister pour la conservation de ses droits , et ,
d'un autre côté , qu'il pourra être forcé *d'y
rester* pour la conservation des droits du
demandeur originaire. N'êtes-vous pas porté
d'abord à croire que tout cela implique contradiction , et ressemble à un choc de textes
qui se heurtent les uns contre les autres ? Cette
première vue né serait qu'une erreur. Le
Code , comme l'ordonnance de 1667 (1), a dû
prévoir qu'en se retirant tout-à-fait du procès,
le garanti pourrait courir le risque de devenir
la dupe d'un concert frauduleux , d'une in-
souciance coupable , d'une défense faible ou
mal entendue. « Et combien que le défendeur qui a appelé en gariment , disait Imbert,
puisse sortir du procez, néantmoins, s'il doute
que celui qui a prins le gariment soit pour

_____

(1) Tit. 8 , art. 10.

colluder avec le demandeur, il sera pour le
mieux qu'il demeure assistant au procez (1). »
Assister aux débats, ce n'est point y conserver une part active, ce n'est point *rester
en cause*, c'est se réserver seulement la faculté d'entendre, de surveiller, et de suggérer
des moyens ; sauf à se faire rouvrir la barrière s'il en était besoin, à rentrer dans la
lice, et à reprendre la double qualité de défendeur originaire et de demandeur en garantie.

Il n'est pas plus difficile de comprendre
l'intérêt que le demandeur principal peut
avoir, et par conséquent le droit qu'il peut
invoquer, pour s'opposer à la retraite du garanti, lorsque celui-ci se trouve personnellement débiteur de fruits qu'il a perçus, ou de
détériorations qu'il a commises.

L'ordonnance de 1667 n'en avait pas,
comme le Code, une disposition expresse ;
mais on y suppléait par justice et par raison (2).

L'insolvabilité du garant formel pourrait-
elle être un motif légitime de retenir le garanti

(1) *Pratique civile*, etc., chap. 20, n° 6.
(2) Rodier sur l'art. 9 du tit. 8, quest. 1re.

Art. dans l'instance ? Non. Il est fâcheux sans
doute pour le demandeur originaire de rester seul aux prises avec ce champion qu'on
lui oppose, et qui n'a pas de quoi payer les
frais de la lutte ; toutefois, n'est-ce pas celui-
là même contre lequel il aurait fallu directement procéder, s'il n'eût pas cessé de détenir
l'objet litigieux ?

L'action *personnelle* se nomme ainsi, parce
qu'elle est intentée contre une personne obligée à donner, à faire, ou à ne pas faire quelque chose : détachée de cette personne, elle
ne se concevrait pas ; elle suit le corps, *ossi-
bus hæret.* On sait cela. Ici le défendeur n'est
point libre de sortir du procès où le lien de
son obligation l'attache, et de se substituer un
garant derrière lequel il se pourrait dérober.
Le garant, s'il y a lieu à garantie, n'est dans
ce cas qu'un autre défendeur qui intervient :
*Persona adjungitur tantùm personæ, non exi-
mitur, nec qualitates mutantur litis* (1).
En cette garantie *simple*, il ne peut donc
y avoir *prise de fait et cause.* Ce serait

---

(1) Theveneau, *Comment. sur les Ordonn.* liv. 5, tit.
6, art. 2.

une merveilleuse commodité pour votre débi-   Art.
teur, que de mettre à sa place et de livrer à
vos rigueurs une figure de répondant à qui
vous n'auriez pas voulu prêter une obole !

Les principes étant posés, je vais exposer
les règles de procédure qui servent à leur
application.

La demande en garantie suspend le cours
de l'action principale jusqu'à l'expiration du
délai que le garant doit avoir pour comparaître. Les deux instances, rendues à ce point
de contact, se joignent pour être instruites et
jugées l'une avec l'autre. La législation a dû
favoriser cette unité des causes qui rallie la
procédure, allége la défense, épargne des
frais, et rassure contre la diversité des jugemens.

M. Regnault de Saint-Jean-d'Angély disait
au Conseil d'état : « Une partie pourrait donc,
en vue de différer le jugement, faire assigner
en garantie un individu domicilié à la Gua-
deloupe ; et, dans cette hypothèse, on serait
donc forcé d'attendre l'échéance de l'assignation ? »

Le grand juge répondit : « Si cette partie
avait le droit de faire appeler l'individu

ART. qu'elle a assigné, on ne pourrait pas passer outre. S'il était jugé qu'elle *n'avait pas ce droit*, son assignation en garantie n'arrêterait pas la marche de la procédure (1). »

C'est le système de la loi dans toute sa simplicité.

Maintenant il faut voir comment le droit est protégé contre les atteintes de l'abus.

Qui veut amener garant, disaient nos vieux livres, n'est point obligé de se pourvoir d'un mandement préalable de la justice ; mais il n'est pas libre de choisir et de prendre le temps qui lui convient. Cela est toujours vrai. Le défendeur doit assigner son garant dans 175. la huitaine du jour où il a été lui-même assigné à la requête du demandeur, et il est tenu 179. d'en aviser celui-ci par acte d'avoué à avoué.

Cette fixation de délai est rigoureusement absolue, en ce sens qu'elle ne cède à aucun privilége, soit par rapport à la qualité des personnes, soit par rapport à la nature des 178. affaires. Elle reçoit seulement une augmentation en raison des distances, afin que, d'une part, l'assignation puisse parvenir au garant, et que, de l'autre, l'original de l'exploit

(1) Séance du 14 floréal an XIII.

puisse revenir au garanti. Il ne faut pas con- Art.
fondre le délai donné au défendeur pour
exercer son recours, avec le délai ordinaire
des ajournemens donné au garant pour comparaître. A l'un le temps d'assigner, à l'autre
le temps d'arriver.

Quand ces préliminaires ont été régulièrement observés, on peut mettre sus l'exception
dilatoire, et l'instance reste stationnaire tant
que le second, appelé par le défendeur, n'est
pas en demeure de prendre part aux débats.

Mais ce temps d'arrêt apporte souvent un
notable préjudice aux intérêts de la partie qui
a introduit l'action, et quelquefois c'est une
ressource à laquelle la fraude, l'opiniâtreté,
ou le désir de retarder la sentence, essaient
de s'attacher. Il est trop juste alors d'accorder
au demandeur principal le droit *de soutenir*
qu'il n'y a pas lieu à surseoir. 180.

Il n'y a pas lieu, si le garant a été appelé
trop tard, sauf au garanti à procéder séparément contre lui. Car l'action en garantie n'est
pas éteinte, parce qu'elle n'a pas été exercée
dans le délai de l'article 175; mais elle perd
son influence sur l'action principale, elle
ne l'arrête point, elle ne s'y joint pas (1).

(1) La garantie contient deux droits, ou deux actions

Art. Il n'y a pas lieu, s'il est évident par les circonstances du fait, ou par d'autres preuves, que l'exception de garantie n'est que *tricherie pour gaigner du temps*, comme disait Beaumanoir. Il eût été bon de conserver dans le Code la disposition de l'ordonnance qui astreignait le défendeur à communiquer les pièces justificatives à l'appui de sa déclaration de recours en garantie ; par-là on serait mieux en état de connaître si ce recours a quelque fondement (1).

On a vu des gens attaqués en justice faire *tricheries* plus déloyales encore, annoncer hardiment, dès l'abord de la cause, qu'ils avaient appelé un garant, et requérir, pour sa comparution, un délai toujours fort long, en raison de l'éloignement. Puis il se trouvait, à la fin, que nul garant n'avait été assigné, et que cette allégation de recours n'était qu'un mensonge. Le Code prévoit ce cas ; il le punit par une condamnation à des dom-

distinctes : l'action d'assistance en cause, et l'action pour être relevé et indemnisé en cas d'éviction. C'est cette dernière action de pleine garantie qu'on peut poursuivre séparément, après le jugement de la demande principale. Vedel sur Catelan, liv. 5, chap. 43.

(1) Rodier, sur l'art. 6 du tit. 8, quest. 1re.

mages-intérêts. Je voudrais que l'avoué qui A<small>RT</small>.
a signifié la fausse déclaration en supportât
la solidarité. Heureusement cette fraude se
commet rarement.

Je passe à d'autres hypothèses. Toutes les
conditions, toutes les formes, tous les délais
ont été scrupuleusement observés, et l'action
en garantie a été loyalement formée ; cependant les deux instances ne sont pas également
en état d'être jugées. L'instruction de l'affaire
principale a été simple et prompte, mais la
garantie a été contestée ; elle s'est compliquée
d'incidens, de vérifications, d'enquêtes,
multis ambagibus innodata. Le demandeur
originaire ne peut être enchaîné par ces retards ; la loi lui permet de faire disjoindre les
instances, si la jonction avait été prononcée,
et de réclamer un jugement à part. Il n'est
point tenu, comme le voulait l'ordonnance (1), de donner préalablement avis
que sa cause est prête ; les parties doivent le
savoir, et les juges doivent le voir (2).

(1) Tit. 8, art. 13.

(2) Je ne puis croire, avec M. Bériat-St-Prix, que la
disjonction doive être prononcée d'office, lorsque le
demandeur n'use pas de la faculté qui lui est donnée.
Il faudrait donc dire aussi que l'exception de garantie

Anr.   Des auteurs pensent que la disjonction est
impossible quand il s'agit d'une garantie
formelle ; ils disent que les deux instances
sont comme si elles avaient été introduites *uno*
contextu ; que leurs sources sont mêlées et
confondues, et que le garant substitué au
garanti qui s'efface sous son abri, est devenu l'unique et l'incommutable défendeur
de tout le procès (1).

Rien de plus raisonnable que cette opinion, pour le cas où le garanti a été mis hors
de cause. Mais c'est tout le contraire que la
loi suppose, en disant que *le demandeur*
184. *originaire pourra faire juger sa demande sé-*
parément, si la demande en garantie n'est pas
en état d'être jugée en même temps. Certes il
serait difficile de concilier cette disposition
avec l'idée d'une fusion complète des deux
instances, puisque l'une a marché plus vite
que l'autre. Et si la question de garantie se
discute encore, il est évident que le défendeur

doit être rejetée d'office, si le garant n'a pas été assigné
dans le délai prescrit par la loi. Je ne vois dans cela
rien qui tienne à l'ordre public.

(1) Voir M. Demiau, *Elémens de droit et de pratique,*
pag. 149.

qui aspire à se faire garantir ne s'est point Art.
retiré du procès.

Les distinctions arbitraires déplacent et
énervent les principes ; elles y projettent une
sorte d'ombre tremblante qui ne permet pas
de saisir un point fixe. Le Code ne parle spécialement de la garantie *formelle* que dans
les art. 182 et 185, et de la garantie *simple*
que dans l'art. 183. Le reste du titre s'applique indistinctement à la garantie en général.
La Cour de cassation a jugé, le 17 novembre
1835 , « qu'en garantie *formelle* , lors même
que le garant a pris fait et cause pour le garanti, si celui-ci ne demande pas d'être mis
hors de cause , il n'est pas représenté dans le
procès par le garant (1). »

Quelquefois le délai de l'ajournement
donné au défendeur , et celui de son assignation en garantie, viennent échoir ensemble.
Voici un exemple : vous demeurez à Paris ;
on intente contre vous devant le tribunal de
Poitiers une action réelle ou mixte , ou même
personnelle si vous vous êtes soumis à sa juridiction (2) : vous avez un garant à mettre en

(1) Sirey , 35-1-251.
(2) Code civil, art. 111.

causc : assurément vous trouverez dans le
nombre de jours que donnent les myriamètres
de Paris à Poitiers , plus de temps qu'il n'en
faudra pour faire concorder l'échéance de
votre assignation en garantie avec le terme
auquel vous devrez vous-même comparaître.
En ce cas , il n'y aura point d'exception dilatoire à proposer , point de motifs pour suspendre, puisque les parties citées de première
et de seconde main se présentent simultanément à l'audience.

Cette matière de garantie mérite une attention particulière. Peut - être ne se rend-on
pas généralement un compte assez éclairé de
la nature de l'action récursoire , de son influence sur l'action primitive, des conditions
qui les unissent , et des accidens qui les
désassemblent.

Voici une question qui a été agitée devant
plusieurs cours : il s'agissait de savoir si
l'art. 153 du Code de procédure peut être invoqué lorsque le garant assigné par le défendeur originaire ne comparaît pas ; en termes
plus explicites , s'il y a lieu de joindre à l'instance principale le profit du défaut prononcé contre le garant, et de le réassigner.

Dès l'année 1812 on avait jugé à Rennes

que l'art. 153 n'était applicable qu'aux dé- Art. fendeurs originaires ; que la morosité d'un garant ne pouvait retarder la décision de la demande principale ; et que c'était à celui qui l'avait assigné à poursuivre son recours par action séparée (1).

Le tribunal de Montdidier avait également considéré, en 1825, que l'art. 153 se rapportait uniquement au cas où, de plusieurs défendeurs assignés par le même demandeur et pour la même instance, les uns se présentaient, les autres ne se présentaient pas ; et que la pratique du défaut-joint ne pouvait s'adapter à la non-comparution d'un tiers ultérieurement appelé par le défendeur. Mais il existait dans la cause des circonstances particulières : c'était au milieu d'une procédure d'ordre, et longtemps après l'expiration des délais, que l'exception de garantie avait été proposée ; et les juges avaient dû *préjudiciellement* la déclarer irrecevable.

Il y eut appel. On rapporte que l'appelant, l'homme à la garantie, qui voulait ajouter

_____

(1) M. Carré, *Lois de la procéd.*, t. 1, p. 370, aux notes, et 479.

ART. les délais d'une jonction de défaut et d'une réassignation à ceux qu'il avait déjà obtenus, produisait à l'appui de ses prétentions une consultation de M. le professeur Demiau-Crouzillac (1).

Quoi qu'il en soit, la Cour d'Amiens se contenta de dire que les juges de première instance ayant, à bon droit, déclaré non recevable la demande en garantie formée après le temps fixé par la loi, *n'avaient pu prononcer un défaut profit-joint.* Des termes douteux de cet arrêt ne serait-il pas permis d'inférer que le *défaut profit-joint* aurait *pu* être prononcé, si la demande en garantie n'eût pas été tardivement intentée ?

La même difficulté, en admettant que ce soit une difficulté, s'est présentée le 28 juin 1835 à la Cour de Poitiers ; mais elle y a été franchement abordée, et nettement tranchée.

« Attendu que M. (le demandeur originaire) n'a dû assigner et n'a assigné en effet que G. seul (le défendeur) ; que si, dans le cours de l'instance, ledit G. , de son côté, a cru devoir assigner en garantie la dame G. son épouse, cette demande n'ayant pu con-

(1) Journal des Avoués, t. 33, p. 162.

stituer la dame G. défenderesse à l'action de ART.
M. , qui n'avait pas de conclusions à prendre
contre elle , il n'a pu résulter de ce qu'elle a
fait défaut, qu'il fût obligé de procéder à son
égard suivant ce qui est prescrit par l'article 153 du Code de procédure. »

Vient ensuite la considération *à fortiori*
tirée de ce que le recours en garantie n'ayant
été exercé que dans un temps où l'instance
principale était en état d'être jugée, on ne
pouvait pas empêcher qu'elle ne le fût séparément.

Mais quelques années auparavant, en 1828,
la Cour de Poitiers avait adopté une doctrine
entièrement opposée; elle donnait au *défaut
profit-joint* une prédominance tellement étendue, qu'elle obligeait le demandeur originaire à réassigner des garans qu'il n'avait
point assignés.

L'espèce était autrement nuancée que celles
qui viennent d'être rapportées.

La dame de Langrènière avait formé contre
la veuve Frogier et les époux Monnier une
demande en délaissement d'immeubles.

Ces derniers appelèrent à leur garantie
plusieurs personnes ; le recours fut exercé
dans les formes et dans les délais du Code de

Aʀᴛ. procédure. Au jour de la comparution , quelques-uns seulement des appelés se présentèrent, les autres ne constituèrent point d'avoué. Le tribunal, statuant sur les conclusions respectives des parties , accueillit la demande principale de la dame de Langrenière , contre la veuve Frogier et les époux Monnier , puis condamna les garans, les uns contradictoirement et les autres par défaut.

La veuve Frogier et les époux Monnier interjetèrent appel, et conclurent à la nullité du jugement, pour violation de l'art. 153 auquel on n'avait pas songé en première instance.

Et la Cour : « Considérant que les dispositions de l'art. 153 du Code de procédure sont d'ordre public , puisqu'elles ont pour objet de prévenir les contrariétés des jugemens et d'activer la décision du procès ;

» Que cet article conçu en termes généraux s'applique à tous ceux qui figurent dans une même cause, en quelque qualité que ce soit; qu'en effet le défaut-joint a pour but de rendre le jugement contradictoire contre toutes les parties , et d'empêcher que les uns plaident par opposition au premier degré de juridiction , et les autres par appel au dernier degré ;

» Que la dame de Langrenière s'est contentée d'appeler devant le tribunal de Bressuire la veuve Frogier et les époux Monnier,
contre lesquels elle avait dirigé une action ;
que ces derniers ayant formé demande en
garantie contre plusieurs parties, ont dénoncé
ces diverses demandes par des actes judiciaires
à la dame de Langrenière, qui, en sa qualité
de poursuivante, était chargée de mettre la
procédure en état, et d'assigner non-seulement les défendeurs principaux, *mais aussi
les parties assignées en garantie qui avaient
à se défendre des demandes formées contre
elles* ;

» Considérant qu'à l'époque à laquelle a
été rendu le jugement dont est appel, toutes
les parties assignées ne comparaissaient pas ;
que quelques-unes d'elles n'avaient pas constitué avoué ; que le tribunal de Bressuire,
au lieu de se conformer à l'art. 153 précité,
a adjugé de suite le profit du défaut qu'il
prononçait la première fois contre les défail-
lans ;

» Qu'il suit de là que le jugement attaqué
a violé les dispositions de l'art. 153 du Code
de procédure, et qu'il y a lieu de prononcer
la nullité de ce jugement ;

» Déclare nul, etc. »

A mon avis, le tribunal de Bressuire avait jugé très-régulièrement.

Les auteurs du Code n'ont créé les dispositions de l'art. 153 que pour le cas où plusieurs personnes auraient été assignées aux *mêmes fins* et *par le même demandeur*. Or, ce n'est pas le demandeur principal qui assigne les garans du défendeur; c'est le défendeur lui-même.

De son chef, le demandeur n'a point d'action à former contre ces garans. Il y a connexité, si l'on veut, mais point identité entre les deux instances. Quand bien même elles auraient été *jointes*, dans l'espoir de les terminer ensemble par un seul jugement, elles peuvent toujours être *disjointes*, dès qu'il est justifié que la première se trouve plus tôt que la seconde en état d'être jugée.

La simultanéité des jugemens tient si peu à l'ordre public, que l'on voit tous les jours l'action en garantie n'éclore qu'après la décision du procès principal. Alors elle se fait *action principale* elle-même, elle passe par les préliminaires de l'essai de conciliation, et elle est portée devant le tribunal du domicile du garant, suivant la règle générale.

ART.

N'est-ce pas assez que d'obliger le demandeur originaire à suspendre sa marche, et de lui imposer un certain nombre de jours d'attente, jusqu'au moment où devront comparaître les garans appelés par son adversaire ? Faut-il encore que cette période d'inaction se prolonge, parce que l'un d'eux ne répond point à l'appel? Faut-il, de plus, que le demandeur originaire soit tenu de laisser *joindre* à sa cause *le profit du défaut* encouru par des tiers, de lever, de signifier le jugement de *jonction*, de les réassigner, et de mettre dehors beaucoup d'argent pour agencer une procédure qui ne lui appartient pas ? Je prie qu'on me dise quelles conclusions il aura à formuler contre des gens avec lesquels il n'a point contracté, desquels il n'a rien à réclamer, et qui ne comparaîtront peut-être, en définitive, que pour contester la garantie. Il n'aurait eu aucun droit, aucun titre, aucune qualité pour les assigner; et l'on veut qu'il les réassigne !

C'est donner à l'exception de garantie une trop exorbitante faveur ; c'est une exagération qui s'ôte à elle-même tout crédit.

Je conçois que le défendeur, qui s'est con-

Art. stitué *demandeur en garantie*, fasse joindre à son action récursoire le profit du défaut prononcé contre ceux de ses garans qui ne se présentent pas, et qu'il les réassigne. C'est dans l'ordre naturel des idées et des choses ; c'est le cas d'appliquer l'art. 153.

Mais la loi n'a point astreint le demandeur primitif à s'enchevêtrer dans ces évolutions. Que doit-il donc en advenir ? La réassignation donnée aux garans ayant mis la demande en garantie hors d'état d'être jugée conjointement avec la demande principale, celle-ci sera jugée séparément, *sauf à faire droit* après *sur la garantie*, *s'il y échet.* C'est ce que dit l'art. 184.

Voici que l'on va m'objecter l'inconvénient d'une contrariété possible entre le jugement de la demande principale et le jugement de la demande en garantie. Je conviens de la possibilité ; mais je n'ai qu'un mot à répondre : lisez l'art. 184.

Certes, ce n'est pas que les auteurs du Code aient méconnu les avantages qui peuvent résulter de l'unité et de la conformité des jugemens : leurs meilleures innovations tendent vers ce but, dans toutes les combinaisons de

procédure où la disposition des affaires permet
d'y arriver sans blesser trop grièvement les
droits des plaideurs.

Mais ne croyez pas que ce soit un principe
fixe, absolu, dominant. L'économie entière
de la loi offre une foule de conjonctures qui
portent en elles toutes les chances d'une contrariété de jugemens.

Les exemples ne manquent point.

Deux personnes ont été assignées pour le
même objet; la valeur du litige est au-dessous
de 1,000 fr. : toutes deux ont comparu d'a-
bord; puis l'une d'elles n'a pas conclu. Or,
vous savez qu'il n'y a lieu ni à jonction, ni à
réassignation, quand toutes parties ont
constitué avoué. Le jugement sera contradictoire à l'égard de celle qui s'est défendue, et
par défaut *faute de défendre* contre celle qui
n'a pas conclu. La première, condamnée en
dernier ressort, n'aura aucune des voies ordinaires de recours ; la seconde pourra se
pourvoir par opposition et faire rétracter le
jugement pour ce qui la concerne. Et si vous
voulez supposer que le jugement n'a été
rendu qu'à la charge d'appel, l'une pourra
plaider par appel, au dernier degré de juri-

ART. diction, tandis que l'autre plaidera par opposition, au premier degré.

De deux parties condamnées ensemble,
l'une interjette appel et gagne son procès
devant la Cour ; l'autre n'appelle point et
reste sous le poids de la condamnation.

Dans toutes les causes où il y a communauté, mais non indivisibilité d'intérêts, une
nullité, une déchéance peuvent faire perdre
à l'un les avantages que l'autre obtient.

Enfin, et pour revenir à ma thèse, toutes
les fois que le législateur dit que deux causes
seront *disjointes* et jugées séparément, il
consacre la possibilité d'un discord entre les
jugemens. Les choses humaines ont des nécessités invincibles.

Suivant le droit romain, le garant appelé
dans la cause principale devait procéder devant la juridiction où cette cause était pen-
dante. C'était pour lui enlever tout prétexte de
dire ultérieurement que la défense originaire,
abandonnée à elle seule, avait été mal conçue
et mal présentée. *Venditor ab emptore denun-
tiatus ut eum evictionis nomine defenderet ;*

dicit se privilegium habere sui judicis ; quæ-
ritur an possit litem ab eo judice, apud quem
res inter petitorem et emptorem cœpta est, ad
suum judicem revocare ? Paulus respondet
venditorem emptoris judicium sequi solere (1).

L'ancienne jurisprudence française ne s'é-
tait point entièrement soumise à l'autorité de
cette réponse. On distinguait : lorsque celui
qui avait été assigné en garantie *déniait être*
garant, il fallait le traduire devant le juge
de son domicile pour y faire vider ce débat.
Théveneau qui atteste cet usage cite un arrêt
conforme rendu au parlement de Paris le 15
décembre 1572 (2). S'il avouait la garantie,
le garant amené ne pouvait plus décliner et
demander son renvoi : *Quòd si vocatus in*
garandiam susceperit defensionem causæ, id
est, s'il prend la garantie, *non potest excipere*
de foro, quia qui venit alium defendendum
non potest allegare privilegium sui judicis (3).
Cependant Rebuffe tenait pour la loi romaine,

(1) *L.* 49, *ff. de judiciis et ubi quisque*, etc.

(2) *Comment. sur les ord.*, liv. 3, tit. 5, art. 1, pag.
697. Voyez aussi Bacquet, *des droits de justice*, ch. 8,
n° 44, t. 1, p. 41, et les notes de Guénois sur Imbert,
chap. 3o, p. 139.

(3) Mazuer, *de dilationibus*, n°. 17.

Art. dans tous les cas : *Etiam si conventus recu-saret sumere causam , adhuc tenetur coram judice primo causas dicere ob quas recusat* (1). Cette dernière opinion fut admise par les ré-dacteurs de l'ordonnance de 1667 ; elle a été transcrite très-fidèlement dans le Code de procédure : « Ceux qui seront assignés en garantie seront tenus de procéder devant le tribunal où la demande originaire sera pen-dante , *encore qu'ils dénient être garans.* » Il faut qu'ils viennent, *ut hoc ipsum scia-tur* (2).

Au temps de l'ordonnance, le cours de la justice était journellement détourné par les priviléges du *grand* ou du *petit sceau* , qui *commettaient* à diverses juridictions les causes d'une foule de plaideurs. J'ai donné dans mon Introduction (3) quelques détails sur ces priviléges , ou lettres de *committimus* , que Loiseau appelait l'oriflamme de la pra-tique, et que Henri IV voulait supprimer. Voici un exemple qui va me servir ici : des bourgeois de plusieurs villes jouissaient de la

(1) *Tract. de dilationibus*, art. 4 , n° 10.
(2) *L.* 2, *ff. si quis in jus vocatus* , etc.
(3) Tom. 1 , chap. 7.

prérogative *de ne pouvoir être tirés hors des* *murs et clôtures de leurs cités, ni tenus de plaider ailleurs, en défendant, pour quelque cause que ce fût, s'il ne leur plaisait.* Or, si, remontant à ces jours où il ne restait presque plus de droit commun, vous vous représentez un bourgeois de la capitale appelé en garantie dans une instance originairement introduite devant quelque sénéchal du midi ; vous le voyez, par la vertu de son privilége, entraîner au châtelet de Paris le demandeur, le défendeur, et de plus le premier garant amené, si, d'aventure, il n'était lui-même qu'un arrière-garant.

Il est à remarquer cependant que le garant privilégié ne pouvait pas requérir son renvoi, lorsque le juge du privilége était inférieur à celui devant lequel l'action principale avait été portée. Il fallait que les deux juridictions fussent d'un ordre égal, pour que le droit de *committimus* pût être utilement invoqué. Ainsi jugé par arrêt du Conseil, le 26 août 1669, en faveur des religieuses de Port-Royal.

Il n'y a d'autre privilége, aujourd'hui, que cette prorogation légale de juridiction, qui couvre l'incompétence personnelle, et qui attire au siége de l'instance principale les

III. 26

Art. demandes en garantie formées avec les conditions prescrites.

Mais la prorogation légale s'évanouit,
quand la demande que l'on veut soumettre
à l'influence attractive de l'action principale,
n'est pas, de sa nature, dans les attributions
du tribunal saisi de cette action. C'est qu'alors
il y a incompétence *matérielle ;* et celle-là ne
se couvre jamais (1) : le renvoi doit être prononcé, même d'office. Tous les auteurs rapportent pour exemple l'espèce d'une garantie
exercée devant des juges de commerce, contre
un huissier qui avait fait un protêt argué
de nullité. La Cour de cassation a jugé que
la matière n'était point de celles comprises
dans la compétence commerciale, et qu'elle
n'y pouvait être amenée par aucune voie (2).

Les cas de fraude font exception à toutes
les règles. J'ai déjà dit que l'exercice d'une
garantie n'était quelquefois qu'une *tricherie*
imaginée pour enrayer l'instance originaire,
et pour éloigner le jour d'une condamnation

(1) Introduct., t. 1, p. 93.
(2) Voyez les nombreux arrêts rapportés dans le Dictionnaire de M. Armand Dalloz, et dans la Table trien-
nale de Sirey, v° *garantie.*

trop certaine ; de même cette instance peut Art.
être une manœuvre concertée entre les deux
acteurs principaux , dans le dessein de traduire un tiers hors de sa juridiction.

Ainsi : vous avez la prétention d'être créancier d'un individu domicilié à Lyon, lequel
ne convient pas de la dette : c'est un procès
à entreprendre. Il serait beaucoup plus
commode de ne point vous déranger, de
plaider chez vous, à Poitiers, que d'aller
attaquer et combattre dans son *forum* l'habitant des bords du Rhône. Mais la loi dispose autrement. Il faut donc user de ruse ;
et, pour ce faire, vous paraissez avoir cédé
votre créance à quelque complaisant ami,
et sous son nom vous faites la dépense d'une
assignation à Lyon. On y répond, comme
vous l'avez prévu, qu'il ne vous est rien
dû. Alors votre ami veut bien vous traduire
vous-même devant le tribunal de Poitiers,
et y conclure à ce que vous soyez tenu de
lui restituer le capital et les intérêts de la
créance que vous lui aviez cédée, laquelle
n'a été ni payée ni reconnue. Sur quoi vous
appelez à votre garantie le débiteur dont
la mauvaise volonté vous expose à ces poursuites et à ces restitutions. Il devra se rendre

à votre appel., *encore qu'il dénie être garant ;*
mais les juges de Poitiers le renverron:.à Lyon,
parce qu'ils ne manqueront pas de voir que
la demande originaire n'avait été formée que
pour le distraire de ses juges naturels.

Ces principes s'appliquent tous les jours ;
à présent il n'y a plus de tribunal de. commerce qui hésite à décider que celui qui n'a
ni *créé*, ni *endossé*, ni accepté une. lettre de
change, ne peut, *sous le prétexte qu'il en doit
le montant au tireur*, être assigné en garantie
du paiement , devant le juge du domicile de
ce dernier. On avait autrefois laissé prendre
à l'abus la consistance et l'autorité de l'usage ;
il a fallu plus d'un arrêt pour le démouvoir
et pour l'extirper.

En d'autres circonstances, la fraude peut se
trahir par une contre-lettre, une correspon-
dance , ou se manifester par l'évidence du
fait ; c'est aux magistrats que le législateur
abandonne le soin de la saisir dans ses détours
et dans ses déguisemens.

Ceci se résume en deux mots : Il faut trouver
dans une loi, dans une convention, ou dans
une reconnaissance, un principe de responsabilité et quelque germe de garantie à exercer
contre un tiers, pour qu'il soit permis de

l'appeler et de le retenir devant un tribunal Art.
dont il n'est pas justiciable (1).

Considérée dans ses rapports avec l'instance
primitive, la demande en garantie est une
exception dilatoire, comme dit la loi; ce n'est
qu'un incident, une sorte d'épisode. Mais
entre celui qui la forme et celui contre lequel
elle est formée, c'est le premier pas de la
poursuite; c'est véritablement une action
principale qui doit subir, à ce titre, les deux
degrés de juridiction. Le garant ne pourrait
donc être amené de prime saut dans une
cause d'appel.

Toutefois on agite encore la question de savoir si cette doctrine ne doit pas fléchir dans
le cas particulier où la garantie est exercée,
devant une Cour royale, contre un huissier,
à raison de la nullité d'un exploit d'appel
qu'il aurait signifié.

La difficulté est grave : elle a été plus souvent tranchée que résolue.

D'abord c'est à la Cour seule qu'appartient

(1) Si le tiers assigné en garantie ne demande pas
son renvoi, les juges ne sont point tenus de le prononcer d'office. Je suppose ici que l'incompétence n'est
que personnelle.

Art. l'examen et le jugement de la nullité d'appel.
Ce point n'est pas contestable.

Si la nullité est prononcée, les dommages-
intérêts encourus par l'huissier devront être
proportionnés au préjudice causé.

Il y aura ou il n'y aura pas de préjudice,
suivant que l'espoir du succès enlevé à l'appelant était ou n'était pas fondé. D'où suit la
nécessité de vérifier s'il avait été bien ou mal
jugé par les premiers juges.

Or qu'arrivera-t-il, si l'on veut que cette
demande en garantie ne puisse être affranchie
de la règle des deux degrés de juridiction ?

Deux hypothèses se présentent :

L'huissier demeure dans l'arrondissement
des premiers juges. — Ne serait-ce pas une
insultante déraison d'aller conclure devant
eux à une condamnation de dommages-intérêts, qu'ils ne peuvent accorder qu'en se blâmant eux-mêmes, et en déclarant qu'à bon
droit leur sentence aurait été réformée, si
l'appel interjeté ne se fût point trouvé nul ?

L'huissier demeure dans le ressort d'un
autre tribunal. — Serait-il moins étrange d'attribuer à ce tribunal la haute puissance de
contrôler une décision rendue par des juges
qui lui sont égaux en pouvoirs ?

Il paraîtrait donc plus conforme à la mar- Art,
che naturelle des idées, à la saine logique,
au bon ordre de la justice et à sa dignité,
de laisser aux magistrats supérieurs l'entière
connaissance d'un recours en garantie, dont
le germe est éclos dans la sphère élevée de
leur juridiction.

Mais voici qu'à ces considérations on oppose un texte formel, spécial. C'est l'art. 73
du décret du 14 juin 1813, *portant règlement
sur l'organisation et le service des huissiers ;*
il est conçu en ces termes :

« *Toute condamnation* des huissiers à l'*a-
mende*, à la restitution et AUX DOMMAGES-INTÉ-
RÊTS, pour des faits relatifs à leurs fonctions,
sera prononcée *par le tribunal de première
instance du lieu de leur résidence*, sauf le cas
prévu par le troisième paragraphe de l'article 43 (1), à la poursuite des parties intéressées ou du syndic de la communauté, au
nom de la chambre de discipline. Elle pourra

(1) Le cas prévu par le troisième paragraphe de l'article 43 est celui d'une copie incorrecte et illisible signifiée par un huissier. L'amende encourue pour ce fait
peut être infligée par la Cour ou le tribunal devant
lequel la copie aura été produite. C'est une exception à
la règle.

Aʀᴛ. l'être aussi à la requête du ministère public. »

Cette disposition est sage. La conduite et les fautes d'un officier ministériel seront toujours mieux appréciées, mieux jugées, et plus justement excusées ou punies par le tribunal auprès duquel il exerce ses fonctions. Mais il est assez évident que les rédacteurs du décret ne songèrent guère aux encombres que leurs articles de compétence allaient jeter sur les degrés de la juridiction.

En 1828, la Cour royale de Bourges déclara un appel nul ; l'huissier qui l'avait signifié était en cause, et il demanda la remise à une prochaine audience pour plaider sur la garantie. Au jour indiqué, l'huissier prétendit que la Cour était incompétente, et qu'il devait être renvoyé devant le tribunal de première instance de Paris, où il résidait. On répondit qu'il avait renoncé au moyen d'incompétence, en sollicitant lui-même une remise *pour plaider sur la garantie*, et que ce serait une confusion inouïe d'attribuer aux juges de Paris la censure d'un jugement rendu par ceux de Châteauroux. Mais la Cour de Bourges considéra que l'exception de l'huissier n'avait pu être couverte, parce qu'elle était d'ordre public, et se fondant sur l'art. 73

du décret de 1813, elle se déclara incompétente (1).

Cette entente trop littérale du décret, si
elle était généralement adoptée, tournerait à
une déviation des principes sur lesquels reposent la constitution des différens corps
judiciaires et l'ordre hiérarchique de leurs
pouvoirs.

La question s'est présentée depuis à la Cour
suprême, mais l'espèce différait un peu.
C'était un appel de jugement interlocutoire
que l'on avait argué de nullité. Les appelans
avaient fait assigner l'huissier *instrumenteur*
devant la Cour de Dijon, afin d'obtenir contre
lui toute garantie : l'exploit d'appel fut annulé, et l'huissier condamné à les indemniser,
non-seulement des frais résultans de l'exception de nullité, mais encore *des suites de
l'exécution du jugement interlocutoire* qui se
trouvait inattaquable. Remarquez que l'huissier avait reconnu la compétence de la Cour,
en se bornant à soutenir qu'il ne devait aucune garantie.

Il y eut pourvoi, et la Cour suprême le rejeta par les motifs que l'on va lire :

(1) Journal des Avoués, t. 36, p. 88.

« Attendu que s'agissant d'une nullité commise dans un acte d'appel, la Cour royale devait statuer sur cette nullité à laquelle les intimés avaient conclu ;

» Attendu, quant au recours en garantie exercé par les appelans contre l'huissier qui avait signifié l'exploit d'appel, que cet officier ministériel pouvait, sans doute, invoquant le principe des deux degrés de juridiction, réclamer son renvoi devant un tribunal de première instance, puisqu'une demande en garantie est une demande principale ; qu'il avait le droit notamment, en vertu de l'article 73 du décret du 14 juin 1813, de demander son renvoi devant le juge de son domicile ; mais qu'il n'a pas usé de cette faculté, et qu'en défendant au fond, il a consenti à être jugé directement par la Cour royale ;

» Attendu que la nullité de l'appel entraînait la nullité de la procédure qui l'a suivi, et que les frais de cette procédure ont dû retomber à la charge de l'huissier qui l'avait occasionnée par sa faute ; qu'au surplus l'arrêt attaqué n'a rien préjugé sur la réparation du dommage causé ; qu'en renvoyant l'huissier, ainsi que les parties, devant les premiers juges, *sur les suites du jugement interlocutoire* dont était appel, il a laissé à la justice l'appréciation de ce dommage, s'il existe, et à l'huissier tous ses moyens de défense personnelle (1). »

On dirait, à la première vue, que cet arrêt a dénoué la difficulté, et qu'il a parfaitement coordonné les dispositions spéciales du décret, et les règles générales des attributions juridictionnelles.

Mais observez que, dans l'espèce de l'affaire, il n'était pas possible de prendre une autre direction. Il s'agissait de l'appel d'un jugement interlocutoire, c'est-à-dire d'un jugement qui, *avant de faire droit au fond*, avait ordonné une preuve, une vérification quelconque. L'appel étant annulé, c'était comme s'il n'eût pas été interjeté, et l'exécution du jugement appartenait aux juges de première instance qui l'avaient rendu. Or, on ne pouvait savoir que par les *suites* de cette exécution, ou, ce qui est la même chose, par les résultats de la vérification, si l'appelant éprouverait quelque préjudice de la nullité de son appel; car, supposez que la vérification ne lui ait pas été défavorable, vous con-

(1) Journal des Avoués, t. 39, p. 192.

Art. viendrez qu'en définitive il n'aura point eu de dommages-intérêts à réclamer. L'application du décret du 14 juin 1813 était donc forcée.

Dans le cas de l'appel d'un jugement définitif, la Cour de Dijon, en annulant cet appel, eût-elle renvoyé au tribunal de première instance l'appréciation du dommage causé par la faute de l'huissier? Les termes de son arrêt permettent d'en douter.

Et si le renvoi n'eût pas été prononcé, l'arrêt aurait-il été cassé? Il est probable que la Cour suprême n'aurait pas moins rejeté le pourvoi par ce motif; que l'huissier, en défendant au fond, avait renoncé au droit d'invoquer l'article 73 du décret du 14 juin 1813, et consenti à être jugé directement par la Cour royale.

Au résidu : la jurisprudence n'offre encore à cet égard rien de précis, rien de positif. Ici l'on ne s'arrête point au décret du 14 juin, on n'en tient aucun compte ; on semble ne connaître que l'article 1031 du Code de procédure, et on l'applique à tous les degrés, comme si le texte spécial du décret n'était pas venu depuis. Là on décide que l'huissier assigné en garantie sur l'appel doit être renvoyé, *même d'office*, devant le tribunal de sa rési-

dence ; ailleurs , l'infraction à la règle des
deux degrés de juridiction se résout simplement en une incompétence *relative*, qui se
couvre et n'est plus écoutée dès qu'elle n'a pas
été le premier mot de la cause (1).

Il faut bien que je le dise : je ne puis as-
souplir mon esprit à cette doctrine, qui met
l'ordre des juridictions à la merci des plaideurs. Les tribunaux d'appel furent institués
pour prononcer sur les appels des jugemens
rendus en première instance (2) ; ils ne reçu-
rent point d'autres attributions touchant les
procès civils, en prenant la dénomination de
Cours d'appel (3), et plus tard celle de Cours
royales (4). Les appels sont *la matière* de leur
compétence ; par conséquent il y a incompétence *matérielle*, absolue, toutes les fois que
le magistrat supérieur retient et juge, hors les
cas d'exceptions écrits dans la loi, les *matières*

(1) Voyez les tables des recueils d'arrêts, v^{is} *degrés
de juridiction.*

(2) Loi du 27 ventôse an VIII, art. 22 ; Code de procédure, art. 809, 1023 ; Code de commerce, 51 , 52 ,
et 644.

(3) Sénatus-consulte organique du 28 floréal an XII,
art. 136.

(4) Loi du 20 avril 1810 , art. 1.

Aɴᴛ. du premier degré, c'est-à-dire les demandes
qui doivent originairement se produire et se
formuler devant le magistrat inférieur. Le
silence et même l'adhésion des parties n'y
peuvent apporter aucun changement.

La chambre des requêtes de la Cour de cassation, dans un arrêt du 4 février 1829 (1), à
considéré la règle des deux degrés de juridiction comme purement relative *à l'intérêt
privé, à l'intérêt individuel des parties*, puisque, a-t-elle dit, il leur est permis, devant les
juges de paix et devant les tribunaux de première instance, de consentir à être jugées en
dernier ressort. A mon avis, la différence est
grande : de ce que le consentement réciproque
des parties peut ériger un juge inférieur en
juge souverain, il ne s'ensuit pas qu'elles
puissent de même faire d'un juge d'appel un
juge de premier et dernier ressort. Sans doute
rien ne s'oppose à ce que les plaideurs s'accordent pour reculer les bornes de la juridiction d'un tribunal inférieur, parce que ce
n'est pas en conférer une nouvelle, ce n'est
que développer en lui et étendre le germe

_____

(1) Journal des Avoués, t. 36, p. 255.

préexistant de son pouvoir (1). Mais vouloir Arr.
se faire juger par une Cour royale sans passer
par le premier degré, c'est lui donner une
juridiction dont le germe n'existe pas encore,
et qu'elle ne peut acquérir que par un appel ;
ce n'est pas proroger, c'est créer.

« Les Cours d'appel ont, il est vrai, la
plénitude de l'autorité judiciaire, disait M. le
président Henrion de Pansey ; leur juridiction
est universelle, mais elle n'est pas *immédiate* :
bornées aux affaires dont la connaissance leur
est dévolue par la voie de l'appel, il y aurait
de leur part *excès de pouvoir*, si elles se per-
mettaient de statuer sur une demande principale qui n'aurait pas subi le premier degré de
juridiction (2). »

Je demande pardon si cette discussion me
rappelle les vieux appels de grief à venir, *à
futuro gravamine*, que l'on pratiquait du
temps de Bouteiller (3). Les juges royaux les
avaient mis en usage, comme un moyen de
dépouiller les justices subalternes, et d'accou-

(1) Voyez l'Introduction, chap. 6.
(2) *De l'autorité judiciaire*, chap. 29. Voyez aussi *les
Questions de droit* de M. Merlin, au mot *appel*, § 14,
art. 1.
(3) *Somme rurale*, liv. 2, tit. 14, p. 773.

Art. tumer les peuples à recourir aux tribunaux
supérieurs. Le principe en venait d'une décision du pape Fabien : *Si quis judicem ad-
versum sibi senserit, vocem appellationis ex-
hibeat* (1). C'était, dit-on vulgairement, *appeler de la mine du juge ;* mais au moins
fallait-il l'avoir vue.

De ces prémisses trop étendues peut-être,
je conclus : 1° que les juges d'appel sont in-
compétens pour statuer sur une demande en
garantie portée devant eux, *omisso medio*, et
que le silence ou l'adhésion du garant, quel
qu'il soit, ne couvre point cette incompétence, parce qu'elle est matérielle, absolue,
radicale ; 2° que dans le cas particulier d'un
recours exercé contre un huissier, à cause de
la nullité qu'il aurait commise en signifiant
un acte d'appel, les condamnations ne peuvent être prononcées que par le tribunal de
première instance de l'arrondissement où il
réside ; 3° que néanmoins il appartient aux
juges d'appel seuls de statuer sur la nullité de
l'appel, et de déclarer la chance qu'il aurait
pu obtenir, s'il eût été régulier.

On va se récrier et dire qu'il y a implica-

(1) *Décret* 1, *part.* 2, *caus.* 2, *quæst.* 6, *caus.* 9.

tion dans ces conséquences, et que j'ai tra-
versé quelques vérités pour me précipiter
dans l'absurde. On va me demander le moyen
de mettre ces conséquences en action, sans
qu'elles se heurtent et s'entre-détruisent.

Voici comme je l'entends.

Vous êtes appelant; votre exploit d'appel
est argué de nullité : c'est l'acte introductif
d'une instance à la Cour royale, et c'est là
que devra être jugée la question de nullité. A
cet égard le doute n'est pas permis.

L'huissier est responsable de sa faute, *sui-*
vant l'exigence des cas ; ce point n'est pas
plus contestable.

Vous voulez être garanti du dommage qui
peut vous en advenir.

Vous assignerez donc cet officier ministériel à comparaître devant la Cour, non pour
le faire *immédiatement* condamner à vous
payer des dommages-intérêts, au cas où la
nullité serait admise, mais pour assister dans
la cause, pour défendre la forme de son
exploit, et pour qu'il ne vienne pas vous objecter, en définitive, qu'à tort vous vous étiez
chargé seul de ce soin, et que vous vous en
êtes mal acquitté.

Vous conclurez aussi à ce que la Cour

Art. veuille bien déclarer que le jugement dont vous aviez interjeté appel aurait été réformé, si cet appel eût été régulier, et vous demanderez acte de la réserve de tous vos droits et actions de garantie, à raison de la nullité, pour les exercer devant juges compétens.

Ces conclusions n'auront rien d'insolite ; car les Cours qui croient pouvoir, après l'annulation d'un appel, statuer sur le fond de la garantie et sur les dommages-intérêts réclamés contre l'huissier, entrent nécessairement dans l'examen *du bien ou du mal jugé*, pour constater la vérité du préjudice et pour en apprécier les résultats.

La marche que j'indique me paraît conforme à la nature des choses, à la distribution légale des pouvoirs judiciaires, à la lettre et à l'esprit du décret.

Il est temps d'arriver au dénoûment de ces doubles instances qui tantôt se rallient et tantôt se divisent, où la bonne foi se veut faire absoudre et réconforter, et où la fraude s'efforce de retarder et de changer le cours de la justice.

Si l'action principale et l'action en garantie ont été disjointes et vidées séparément, il y

a eu deux jugemens qui s'exécuteront chacun Art.
à part, comme ils ont été rendus.

Mais je dois supposer, ce qui d'ailleurs est
le plus ordinaire, que les deux causes réunies
sont parvenues jusqu'à leur terme commun,
avec le demandeur originaire, avec le défendeur qui s'est, à son tour, constitué demandeur en garantie, et le tiers qu'il a fait assigner pour y répondre.

Le premier perd-il son procès? les deux
autres le gagnent à la fois, et il est condamné
envers eux à tous les dépens ; car son action
avait rendu nécessaire le recours en garantie.
Cet accroissement de frais doit tomber à la
charge du téméraire plaideur (1) : *Victus vic-
toribus in litis expensas condemnandus est.*

Autre hypothèse : Le demandeur originaire
obtient gain de cause, et l'action en garantie
est déclarée non recevable ou mal fondée. La
condamnation reste alors fixée tout entière
sur le défendeur, qui succombe des deux
côtés.

(1) Arrêt conforme de la Cour de cassation du 30
juillet 1832, *Journal des Avoués*, tom. 44, pag. 18. Cet
arrêt a sans doute été recueilli pour prouver que tout
ce qu'il y a de plus évident peut être aujourd'hui l'objet
d'un doute.

Art.   Enfin un troisième cas se présente : Les
juges condamnent le défendeur ; mais, faisant
droit de son action récursoire, ils disent que
le garant sera tenu de l'eximer, de le déchar-
ger de tous les effets de la chose jugée au
profit du demandeur, et de l'indemniser des
torts qu'il en pourrait éprouver.

C'est ici que reviennent les spécialités de la
matière.

Comment les dispositions du jugement se-
ront-elles exécutées ? L'exécution princ:pale
ira-t-elle immédiatement frapper le garant,
ou bien l'atteindra-t-elle par le contre-
coup des poursuites que lui renverra le garanti ?

Ces questions sont déjà résolues, si j'ai
bien fait comprendre la différente nature de
chaque espèce de garantie.

L'exception de garantie *simple* n'affecte un
moment la cause où elle s'exerce, que sous le
rapport du délai qu'elle procure au défendeur pour amener son garant ; mais l'intervention de celui-ci ne change point la personnalité de l'action et de la défense. Il s'ensuit que le jugement qui termine en même
temps les deux instances, doit être exécuté
comme s'il y avait deux jugemens, c'est-à-dire

que le demandeur prend les voies d'exécution ᴀʀᴛ.
qui lui conviennent pour forcer le défendeur
au paiement de la condamnation, et que le
défendeur peut en user de même envers son
garant.

En garantie *formelle*, les parties s'agencent
autrement. Le garant se met à la place du
garanti ; et si le garanti se retire de la cause,
le demandeur y reste seul avec ce nouvel
adversaire qu'il est obligé d'accepter. Or, il
semble au premier aspect que le jugement
devrait être exécuté contre le champion qui
est venu se substituer au défendeur, se soumettre aux risques du procès, et le perdre.
Mais veuillez observer que le garant, ou le
vendeur, ne détient pas le fonds litigieux ;
qu'il a été appelé pour défendre l'acquéreur
contre une demande d'éviction, et que l'on
ne peut déposséder que la personne qui possède. Le jugement rendu contre le garant
formel est donc toujours *exécutoire* contre le
garanti, *en ce qui concerne l'éviction*, lors
même qu'il aurait été mis hors de cause (1).

185.

(1) Le jugement serait de même exécutoire contre le
garanti, dans le cas où le demandeur, au lieu de revendiquer le domaine, aurait prétendu et fait juger qu'il

Art.

Cette exécution directe contre le garanti n'exige point que le jugement soit, au préalable, déclaré commun avec lui. Il suffit que la signification lui en soit faite. S'il refuse d'obéir et de désemparer, on peut, en définitive, le contraindre par corps, ainsi qu'on le voit à l'article 2061 du Code civil.

Je viens de dire que le jugement est *exécutoire* contre le garanti, *en ce qui concerne l'éviction.* C'est que l'action principale était *réelle ;* c'était la propriété d'une chose que l'on revendiquait, sans considération de la personne aux mains de laquelle elle était passée. Cette personne qui n'était obligée envers le demandeur qu'à raison de la chose qu'elle détenait, et non autrement, qui s'était retirée de l'instance après son recours en garantie, est tout-à-fait libérée, dès qu'elle a subi l'éviction. Toutes les poursuites d'exécution contre le garanti ne pouvaient aboutir qu'à le forcer de désemparer le fonds, ou de le posséder avec la charge de certains droits réels, si tel était l'objet de l'action.

Mais en autorisant le demandeur à rentrer

lui est affecté par hypothèque, ou par un autre droit réel.

dans la propriété qu'il revendiquait, les juges
ont dû prononcer à son profit une condamnation de dépens, de dommages-intérêts.
Contre qui cette disposition du jugement
sera-t-elle exécutée ? Contre le garant seul (1).
A lui seul remontent les nécessités et les
torts du procès, soit qu'il ait vendu ce qui
ne lui appartenait pas, soit qu'il ait vendu
comme exempt de charges et de droits ce
qui était grevé d'hypothèques ou de servi-
tudes (2).

L'insolvabilité du garant *formel* n'aurait
pu fonder un motif légitime pour retenir en
cause le garanti (3) ; ce ne pourrait être une
meilleure raison pour faire rejaillir sur lui la
condamnation des dépens et des dommages-
intérêts. S'il n'est plus dans l'instance, c'est
que le demandeur principal ne s'est point
opposé à sa retraite, ou que l'opposition a été
écartée : dans le premier cas on a librement
reconnu, dans le second on a formellement
décidé qu'il ne devait être passible d'aucune

---

(1) Code civil, art. 1630, n° 3.
(2) Code civil, art. 1638.
(3) Voyez ci-dessus, p. 379 et 380.

Art. répétition, *quia nec contraxit, nec deliquit in judicio* (1).

Mais ce fut autrefois une question fort controversée que celle de savoir si le garanti pouvait se prévaloir de cette immunité, *lorsqu'il était resté partie au procès*, et que son garant se trouvait insolvable.

Rodier n'admettait point de distinction, parce que l'ordonnance n'en faisait point, et il pensait que, dans aucun cas, le garanti ne pouvait être passible des dépens (2). Boutaric disait bien aussi que l'insolvabilité du garant ne pouvait donner au demandeur principal le droit subsidiaire de se faire payer les dépens par le garanti, mais il supposait la condition que ce dernier aurait été mis hors de l'instance (3). Les commentateurs de l'ordonnance de 1539, qui avait servi de type à celle de 1667, étaient également divisés (4).

Or, la première rédaction de l'article 185

(1) *Faber,* sur la loi 1, *Cod. Ubi in rem actio exerceri debeat.*

(2) Sur l'art. 11 du titre 8 de l'ordonn. de 1667, quest. 2.

(3) Sur le même article.

(4) Voyez Imbert, liv. 1, chap. 20, et Theveneau, liv. 3, tit. 4, art. 2.

du Code de procédure ne contenait rien de plus que les anciens textes, et le champ restait ouvert à de nouvelles disputes. Mais le Tribunat observa « qu'il fallait distinguer les cas où le garanti avait été mis hors de cause, et ceux où il y était demeuré. La raison veut, ajoutait-il, qu'on soit beaucoup plus sévère à l'égard du garanti qui ne s'est pas retiré de la cause, parce qu'alors il a tout à s'imputer, au moins à l'égard du demandeur originaire. »

ART.

Ces remarques amenèrent la seconde partie de l'article, qui, en cas d'insolvabilité du garant, veut que le garanti soit passible des dépens, *à moins qu'il n'ait été mis hors de cause.*

185.

Rien n'est plus juste. Le défendeur qui, après avoir appelé un garant, ne se désarme point, combat à ses côtés, et succombe avec lui, doit, à son défaut, payer les frais du procès. Et pourquoi déciderait-on autrement pour les dommages-intérêts, s'il a été auteur ou complice du fait qui peut y donner lieu ?

Pour finir ce qui concerne cette matière, je ferai remarquer ici que le droit de garantie ne s'éteint point, quoique l'acquéreur se soit laissé condamner sans appeler son vendeur

Art. dans l'instance, *à moins que celui-ci ne prouve qu'il existait des moyens suffisans pour faire rejeter la demande* (1).

Or, cette demande était purement *réelle;* à ce titre, elle avait été portée et jugée au tribunal de la situation de l'objet litigieux, *forum rei sitæ.*

Mais l'éviction ayant été souverainement prononcée, le recours tardif de l'acquéreur qui s'est défendu seul ne peut plus tendre qu'à obtenir, s'il y a lieu, des restitutions de deniers, des indemnités; et son action, devenue toute *personnelle* alors, ira se formuler devant les juges du domicile du vendeur.

Le garant, en général, a droit de faire valoir toutes les exceptions et toutes les défenses que le garanti n'a pas présentées, et de prendre toutes les voies qu'il a négligées. Cette proposition, si simple et si naturelle, n'est pourtant point exempte de difficultés : elles se rattachent plus particulièrement aux théories de l'appel. J'en dirai quelques mots en parlant *des personnes qui peuvent appeler.*

(1) Code civil, art. 1640.

ART.

J'ai déjà ébauché mes explications sur la communication des pièces, dans le chapitre *des délibérés et instructions par écrit*. Il reste des distinctions à faire.

Ce serait une déloyale inégalité dans la condition des plaideurs, que d'accorder à l'un la licence d'employer contre l'autre des pièces qui n'auraient pas été préalablement signifiées ou communiquées. Autant vaudrait abroger ce précepte d'éternelle sagesse, qui veut que nul ne puisse être condamné s'il n'a pu se défendre. L'instruction d'un procès se doit faire à ciel découvert, *ut nihil ex insidiis agatur* (1).

C'était à bon droit qu'un vieux magistrat du xv⁰ siècle se plaignait de ce que « aucuns voulussent faire de la justice, comme des saints et sacrés mystères qui ne se communiquent qu'aux prêtres (2). »

On pourrait reprocher aux rédacteurs du Code de procédure de n'avoir pas sanctionné

(1) Rebuffe, *Tract. de partium productionibus*, art. *ult.*

(2) Pierre Ayrault, lieutenant criminel d'Angers, *De l'ordre, formalité et instruction judiciaires*, etc., liv. 3, art. 3.

par une disposition formelle le vœu de plusieurs cours, et de n'avoir pas *expressément* défendu aux parties de faire usage d'une pièce qui n'aurait pas été communiquée *quelques jours avant l'audience.*

Toutefois, il faut convenir que le principe se trouve implicitement dans la loi, puisqu'elle reconnaît aux parties le droit respectif de demander, par un simple acte, la communication des pièces employées contre elles, dans les trois jours où ces pièces auront été signifiées ou employées. Le droit de demander donne ici le droit d'obtenir, et nous devons penser que le législateur n'a point entendu qu'il serait permis de différer l'exhibition d'un titre jusqu'au milieu des débats de l'audience.

188.

C'est le devoir des tribunaux surtout de veiller au maintien de nos traditions d'honneur et de délicatesse sur ce point, afin que chacun sache à quoi s'en tenir quand est venu le moment de la discussion, et que les plaidoiries ne soient pas hachées par ces aigres incriminations de surprise, et par ces petits incidens de remise. Comme les anciens juges du camp dans les tournois, ils doivent, avant d'ouvrir la barrière aux combattans,

leur partager le soleil, inspecter leurs armes,   A<small>RT.</small>
et s'assurer qu'ils ne cachent rien qui puisse
servir aux tromperies ou maléfices.

Il y a des époques différentes et des modes
divers pour la signification et la communication des pièces.

Avant 1667, on attendait que l'instance fût
liée. Mais l'ordonnance astreignit les demandeurs à faire donner, avec l'exploit d'ajournement, et *sur la même feuille ou le même
cahier*, copie des pièces, ou de la partie des
pièces sur lesquelles l'action était fondée (1).

C'est humanité et justice que de faire
mettre sous les yeux du défendeur, en même
temps qu'on l'assigne, les titres de son ad-   65.
versaire, pour l'éclairer sur les chances du
procès, et peut-être sur le danger d'une résistance inutile. Cette disposition est reproduite dans le Code (2).

La notification des pièces se fait donc par
le demandeur, avec le premier acte de la
cause.

Quand le seuil du palais est franchi, le

(1) Tit. 2, art. 6.
(2) Voyez le tom. 2, pag. 152 et 153.

ART. moment vient de signifier les moyens de la défense. Or, la défense oppose ses titres aux titres de l'action, et cette juste réciprocité, qui nivelle les droits et les devoirs des plai-
77. deurs, exige que le demandeur reçoive à son tour la communication des pièces employées pour lui répondre (1).

Mais *en plaidant le droit accroît*, et de nouvelles communications peuvent être demandées, parce que de nouvelles pièces peuvent être invoquées, dans le cours de l'instance.

Ce n'est pas toujours s'acquitter définitivement du devoir de communiquer, que de se borner à donner une copie ou un extrait des pièces.

Une copie, même entière, est quelquefois infidèle. La vieille écriture d'un titre a pu être mal déchiffrée, des mots ont pu être omis, des fautes ou des fraudes ont pu changer le vrai sens d'une clause. « Les copies collationnées ne laissent pas d'être suspectes d'altération ou de déguisement, disait M. de Lamoignon ; *il s'est trouvé des parties assez artificieuses pour couvrir d'encre les mots qui*

_____

(1) Voyez le tom. 2, pag. 271.

faisaient contre elles. Enfin , ce qui vient Art. d'une main ennemie est suspect. »

Les suspicions de M. le premier président étaient peut-être trop générales , mais il n'en fallait pas tant pour établir le droit et la nécessité de réclamer la communication d'une pièce en original , quoique la copie en ait été signifiée.

Ce droit et cette nécessité se font encore mieux sentir , lorsque la copie n'a été donnée que par extrait. *Edere non videtur qui stipulationem totam non edit* (1). Ce n'est pas à dire qu'il soit toujours indispensable de signifier en entier des actes très-longs et dans lesquels il y a des clauses qui ne se rapportent, sous aucune face , aux questions du procès. Les actes contiennent souvent des traités différens sur des points détachés et divers. Par exemple , une demande formée pour le paiement d'un legs particulier n'a pas besoin d'être accompagnée de l'entière copie du testament; il suffit d'y joindre copie de la clause où se trouve le legs, et de celle qui institue la personne qui doit l'acquitter. Mais on conçoit que jamais on n'a pu laisser à la discrétion d'une

_____

(1) L. 1 , § 4 , ff. *de Edendo.*

Art. partie le choix des clauses qu'elle jugerait à
propos d'extraire, et la faculté de mettre à
l'écart ce qui contrarierait, ce qui détruirait
son système d'attaque ou de défense. La représentation des titres originaux peut donc
être toujours exigée. Je ne crois pas qu'il soit
encore venu de controverse sur ce point.

On a sérieusement agité la question de
savoir s'il y a lieu d'ordonner, en cause d'appel, la communication d'une pièce qui aurait
été communiquée en première instance. Le
doute serait raisonnable, si le même avoué
suivait au deuxième degré de juridiction la
partie qu'il représentait devant les premiers
juges, ou s'il suffisait de défendre un appelant
pour avoir le don de seconde vue.

La communication consiste ordinairement
entre les avoués dans un simple échange des
pièces contre un récépissé (1). Toutefois,
celui qui doit communiquer a la faculté de le
faire en déposant les pièces au greffe, d'où
elles ne peuvent être déplacées sans qu'il y
consente, à moins qu'il n'y en ait minute.
C'est à lui qu'appartient le choix de l'un ou
de l'autre de ces modes.

(1) Voyez le tom. 2, pag. 338.

La demande en communication est sou- ART.
vent une nécessité du procès ; quelquefois elle
n'est qu'un prétexte qui tend à gagner du
temps. Il fallait donner à l'exercice du *droit*
des limites assez resserrées, pour que *l'abus*
ne pût en tirer que le plus mince profit.

La communication doit être requise dans
les trois jours de la signification ou de l'em- 188.
ploi des pièces.

Lorsque la communication est faite avec
déplacement, c'est par le jugement qui l'a
ordonnée, si pour l'obtenir il a fallu recourir au juge, ou par le récépissé qui la constate,
si les avoués se sont amiablement entendus,
que la durée de la communication est fixée.
Le jugement et le récépissé sont-ils muets à
cet égard? les pièces ne peuvent être rete- 190.
nues plus de trois jours.

Toutefois, ces délais ne sont pas mesurés
avec une rigueur telle qu'ils n'admettent aucune prorogation. La loi s'est contentée de
manifester son esprit aux magistrats, et rien
ne s'oppose à ce que, prenant en considération certaines circonstances, ils déclarent
excusable un retard qui n'arrête pas trop la
marche de l'affaire.

Vous avez vu, au chapitre *des Délibérés*

ART. *et instructions par écrit* (1), comment on procède pour contraindre un avoué à rétablir au
greffe *les productions* qu'il a prises en communication, et qu'il retient après l'expiration du
temps prescrit. Il n'était pas moins indispensable d'assurer la remise des titres commu-
niqués dans le cours des procès ordinaires.
Le Code reproduit ici les dispositions de son
article 107, si ce n'est que les dix francs de
191. dommages-intérêts par chaque jour de retard,
192. sont réduits à trois francs, et que la voie
d'appel n'est pas fermée à l'avoué condamné.

Cette différence pourrait s'expliquer par la
nature des causes.

L'instruction par écrit n'est ordonnée que
dans les cas où les titres sont trop multipliés,
pour qu'il soit possible de saisir à l'audience
leur génération, leur classement et leurs rapports. Ajoutez que les productions sont presque toujours d'une grande importance : c'est
peut-être la collection entière des papiers
d'une famille, comme lorsqu'il s'agit d'un
lignage, et d'un vieil arbre généalogique auquel il faut rattacher ses branches ; ou bien
encore, c'est un sac rempli de factures, de

(1) Tom. 2, p. 340.

quittances et des pièces justificatives du Art.
compte d'une gestion longue et considérable.

Quant aux affaires qui se peuvent expédier par plaidoirie, les pièces communiquées sont beaucoup moins nombreuses, et leur importance ne s'étend guère au-delà de l'intérêt actuel du litige.

Cependant je pense que, pour ce qui concerne l'instruction par écrit, une autre préoccupation dut contribuer à cet accroissement de sévérité contre les avoués qui retiendraient trop longtemps les *productions communiquées.*

Force a bien été d'admettre qu'on *instruirait* en écrivant, toutes les fois qu'il ne serait pas possible *d'instruire* en plaidant. Mais nos législateurs modernes, effrayés du mauvais renom des anciens *appointements* jusqu'à bannir le mot de leur Code, se sont particulièremeut étudiés à prévenir et à réprimer, par un système plus menaçant et plus harcelant, les longueurs décevantes qui transmettaient jadis à deux ou trois générations le triste héritage d'un procès par écrit (1).

Dans les causes que le tour de rôle amène

(1) Voyez le tom. 2, p. 367 et suiv.

Art.
à l'audience, les communications de pièces n'ont point cette portée et cette extensibilité; les délais sont plus courts, les interpellations sont plus fréquentes, et la surveillance est plus immédiate.

Quel que soit le mode d'instruction, la remise des pièces données en communication peut toujours être demandée par la partie elle-même, et sans l'assistance de son avoué. La loi n'a point voulu imposer à ce dernier l'obligation trop dure de provoquer contre un confrère les rigueurs d'une condamnation par corps. Mettant à part cette raison de convenance, le Tribunat prévoyait une possibilité qu'il serait pénible d'admettre, celle d'un concert entre les deux avoués, qui rendrait la partie victime du retardement, s'il ne lui était pas permis de se pourvoir toute seule.

Mais voici une question qui n'a pas encore cessé d'être en état de controverse : Est-ce le président du tribunal, ou le tribunal lui-même, qui doit appliquer à l'avoué coupable les dispositions de l'article 191 ?

La difficulté tient principalement à la manière d'entendre le mot *ordonnance* que cet article emploie : « Si, après l'expiration du délai, l'avoué n'a pas rétabli les pièces, il

sera sur simple requête, et même sur simple ᴀʀᴛ.
mémoire de la partie, rendu *ordonnance* portant qu'il sera contraint à ladite remise incontinent et par corps, même à payer trois francs
de dommages-intérêts par chaque jour de retard, du jour de la signification de ladite ordonnance, outre les frais desdites requête et
ordonnance qu'il ne pourra répéter contre
son constituant. »

D'une part, on prétend que le président
seul rend des *ordonnances*, et que l'article
aurait dit qu'un *jugement serait rendu*, si
l'attribution eût été faite au tribunal entier (1); que d'ailleurs il serait malséant de
permettre à une partie de venir en audience
publique, sans être assistée d'un avoué, porter sa plainte et donner lecture de son mémoire (2).

D'autre part, on répond que le Code se
sert indifféremment des termes de *jugement*
et *ordonnance*, pour exprimer la même idée
et désigner le même acte; que l'article 329,

_____

(1) Carré, *Lois de la procéd.*, t. 1, p. 449; Favard,
t. 2, p. 468; Demiau, p. 154; Dalloz, t. 7, p. 630.

(2) Thomines des Mazures, *Commentaire*, tom. 1ᵉʳ,
pag. 218.

ART. au titre *des Interrogatoires sur faits et articles,*
a donné le nom *d'ordonnance du tribunal* à
ce que l'article 325 venait d'appeler *jugement
rendu à l'audience* (1). On aurait pu trouver
un autre exemple dans l'article 809, au titre
des Référés ; la décision rendue par le président y reçoit, à la fois, les deux dénomina-
tions d'*ordonnance* et de *jugement.*

L'objection tirée de l'inconvenance qu'il
y aurait à laisser une partie se montrer seule
à l'audience pour redemander ses titres, n'est
pas fort grave. Lorsqu'une affaire s'instruit
par écrit, n'est-ce pas en audience publique
que le tribunal condamne l'avoué qui n'a pas
rétabli, dans le délai prescrit, les *productions*
107. qu'il a prises en communication? Or, la loi
dit formellement que cette condamnation
pourra être prononcée sur la demande de la
partie, *sans qu'elle ait besoin d'avoué,* et sur
un simple mémoire qu'elle remettra ou au
107. président, ou au rapporteur, ou au procureur du roi. Ce qui n'est pas malséant selon
l'article 107, ne saurait l'être selon l'article
191.

(1) Pigeau, t. 1, p. 194; le *Praticien Français,* t. 2;
p. 47; le *Journal des Avoués,* t. 7, au mot *communication de pièces,* n° 14, et t. 51, p. 395.

On objecte encore que ce dernier article Aʀᴛ.
aurait exprimé , comme l'autre l'a fait , que
le jugement serait rendu sur un simple acte
pour venir plaider, si la demande en restitution de pièces eût dû être portée devant le
tribunal ; et que la mention isolée d'une requête, ou d'un mémoire à présenter de prime
abord , indique assez clairement qu'il faut
s'adresser au président, que c'est lui qui doit
statuer (1).

Je crois que cet argument pèche par une
fausse entente des articles cités.

La loi permet bien à un plaideur d'entrer
seul dans le prétoire, pour revendiquer ses
pièces ; mais elle ne lui défend point de se
faire accompagner , et de se pourvoir par
le ministère de son avoué, dès que celui-ci
n'éprouve pas de répugnance à poursuivre
sévèrement un confrère infidèle. C'est en supposant cette assistance d'un avoué, que l'article 107 parle du simple acte à venir plaider. Mais l'avoué se veut-il tenir à l'écart ?
il n'y a plus de signification possible d'*a-
venir* et de requête : alors le simple mémoire
de la partie suffit.

(1) Carré , *Lois de la procéd.*, t. 1 , p. 499.

Je sais que, dans les procès par écrit, l'a-
voué poursuivi pour le rétablissement des
productions doit être mis en demeure par un
premier jugement, qui punit le retard de
chaque jour par dix francs de dommages-intérêts, avant qu'on le condamne par corps
à de plus fortes indemnités et peut-être à une
interdiction temporaire.

A part cette différence qui tient à la gravité progressive du châtiment, en raison de
l'opiniâtreté du coupable, c'est toujours devant *le tribunal* que la réclamation doit être
portée, pour obtenir le jugement unique de
l'article 191, comme pour obtenir les deux
jugements de l'article 107, soit que le plaignant élève sa propre voix, soit qu'il agisse
par le ministère de son avoué.

M. Pigeau a fort bien remarqué qu'une
condamnation ne peut émaner du président
seul, si ce n'est en vertu d'une disposition
spéciale de la loi. Et l'on voudrait, en y sup-
pléant ici, lui donner le pouvoir de fulmi-
ner seul des sentences ou des ordonnances
emportant la contrainte par corps !

Il faut remonter aux origines, il faut pénétrer dans l'intimité des conseils où les principes de la loi furent élaborés, où son esprit

fut révélé, où sa pensée fut définie, pour A<small>RT.</small>
faire parler son silence.

Or, si vous voulez bien procéder ainsi,
vous verrez que la rédaction primitive de l'article 191 disait qu'à défaut du rétablissement
des pièces dans le délai prescrit, « il serait,
sur requête *présentée au président du tribunal*, rendu ordonnance portant, etc. » Les
Cours de Grenoble et de Dijon craignirent
que ces termes ne fussent entendus dans le
sens d'une attribution particulièrement faite
au président ; elles en demandèrent le redressement, et elles observèrent « que les ordonnances de cette nature devaient être rendues
par le tribunal, et non *par le président
seul.* »

Cependant on n'avait pas songé aux embarras que pourrait faire naître la répugnance
d'un avoué à présenter requête contre un
membre de sa compagnie. Le projet et les
observations des Cours laissaient tout-à-fait
entier et absolu l'empire des règles touchant
la postulation en justice.

Le Tribunat reproduisit la proposition qu'il
avait déjà faite sur l'article 107, et, par analogie, il pensa que la rédaction de l'art. 191
devait être amendée comme il suit : « Si après

Art. l'expiration du délai, l'avoué n'a pas rétabli les pièces, il sera *sur simple requête*, et même sur simple mémoire de la partie présenté au tribunal, rendu ordonnance portant qu'il sera contraint, etc. »

Ce changement fut adopté par le Conseil d'état, sauf les mots *présenté au tribunal*, qui ne se retrouvent point dans le Code ; mais il importe de noter que ces autres mots du projet : *présenté au président du tribunal*, disparurent également.

Effacer ce qui semblait offrir le caractère d'une délégation spéciale en faveur du président, c'était très-formellement reconnaître que la matière restait comprise dans la délégation générale que les tribunaux ont reçue. Car il y a bien longtemps que l'attribution universelle des tribunaux ordinaires a été proclamée une fois pour toutes (1), et l'attribution particulière du président a toujours dû être écrite dans la loi, pour chacun des cas où elle a été conférée.

Enfin on se retranche dans les usages de

---

(1) La création des tribunaux extraordinaires est une exception qui confirme la règle. Voyez l'Introduction, chap. 6 et 13.

la vieille pratique, et l'on se croit fort comme ART.
si l'on avait pour soi les Romains. Les anciens
usages gâtèrent les anciens règlements dont
les vues étaient bonnes en général, et les
étouffèrent sous un amas de honteux et ridi-
cules abus. Car l'esprit humain a des nuits
profondes qui détruisent souvent l'ouvrage
de ses jours.

Voici, par exemple, un ancien usage :

Les procureurs étaient contraints par
amendes et par corps à la restitution des
pièces qu'ils retenaient indûment (1). « Mais
au parlement de Toulouse, dit Rodier, les
procureurs qui sont mieux disciplinés, et qui
exercent leur ministère avec plus de loyauté
et de décence, ont coutume, après la huitaine
échue, de donner avis aux procureurs contraires de rendre le procès (les pièces communiquées), avant de requérir l'ordonnance
de contrainte. On n'exécute pas même ordinairement la contrainte par corps contre la
personne même du procureur, quoiqu'on
le pourrait, mais contre quelqu'un de ses
clercs. »

(1) Arrêts du parlement de Paris du 19 juillet 1689,
et du parlement de Toulouse du 4 septembre 1722.

ART. N'êtes-vous pas émerveillé de la décence et de la loyauté de ces procureurs bien appris et bien disciplinés, qui, pour ne pas obéir et retarder d'autant la remise à laquelle ils avaient été condamnés, se faisaient représenter en prison par un clerc qu'ils détachaient de leur étude? N'était-ce pas un bel ordre de justice, un usage fort édifiant? Cela ne ressemblait pas mal à la dévotion des barons du moyen-âge, qui faisaient jeûner et flageller leurs valets, afin d'obtenir la rémission de leurs péchés.

Une autre difficulté s'est élevée : on a demandé si, nonobstant le texte de l'art. 2065 du Code civil, il y a lieu de prononcer la contrainte par corps contre l'avoué qui persiste à retenir les pièces communiquées, lors même que l'intérêt du plaignant paraît être -au-dessous de 300 fr. ?

Il est généralement vrai que l'attente d'une somme aussi modique ne peut avoir assez d'influence sur la fortune d'un créancier, pour qu'on lui abandonne en gage le corps de son débiteur. J'ai déjà eu occasion de le dire (1).

(1) Tom. 2, pag. 529.

Mais cette disposition générale de la loi se laisse dominer quelquefois par des circonstances de fait et de position ; elle a dû céder surtout à l'étroite nécessité de punir énergiquement le manque de foi d'un officier ministériel. La condamnation par corps de dix francs (article 107) ou de trois francs (article 191), pour chaque jour qui s'écoule après le terme fixé, sans que les pièces aient été restituées, est moins un dédommagement accordé à la partie, qu'une peine infligée à la déloyale obstination de l'avoué.

Voyez, en outre, comment l'application de l'article 2065 du Code civil se pourrait accorder avec les exigences de l'article 191 du Code de procédure !

Il faudrait, pour se conformer au Code civil, estimer préalablement, apprécier, liquider en argent le dommage résultant du retard de l'avoué, et calculer la durée probable de sa mauvaise volonté. Les pièces resteraient aux mains infidèles qui les retiennent, et l'instance s'arrêterait pendant ces graves opérations ; ce serait encore une perte de temps dont l'évaluation devrait être comptée, afin de composer un capital éven-

Art. tuel, et de savoir si le tout pourra bien aller à trois cents francs.

Cependant le Code de procédure veut que sur simple requête, et même sur simple mémoire de la partie, il soit rendu ordonnance portant que l'avoué qui n'a pas restitué les pièces, *sera contraint* à les remettre INCONTINENT *et par corps*, etc. Il est donc évident que cette pressante coercition implique une dérogation particulière à la règle de l'article 2065 du Code civil (1).

(1) La demande en *communication de pièces* est placée, dans le Code, sous le titre des *Exceptions*. L'un des estimables rédacteurs du *Journal des Avoués* (t. 51, p. 391) a critiqué cette classification : 1° parce que les exceptions n'appartiennent qu'au défendeur, et que la communication peut être demandée *respectivement* par les deux parties ; 2° parce que les exceptions doivent être présentées *à limine litis*, et que rien ne s'oppose à ce que la communication soit requise en tout état de cause, même en appel ; 3° parce que les exceptions sont des *fins de non-procéder*, et que la communication est un moyen d'instruction, une fin de procéder.

Je pense qu'il n'est pas difficile de justifier l'économie de la loi ; je vais répondre suivant l'ordre de l'attaque: 1° Les exceptions n'appartiennent pas toujours au défendeur. Il peut arriver, par exemple, que l'exception

L'article 192 permet à l'avoué condamné ART.
de former opposition, s'il n'a pas été en-

de garantie soit proposée par le demandeur originaire
(voyez ci-dessus, pag. 375). 2° Les exceptions dont le
motif ne surgit qu'après l'engagement des parties sur le
fond, sont proposables en tout état de cause. Telle est,
quelquefois l'exception de connexité (voyez ci-dessus
pag. 248-251 et 372). L'exception d'incompétence *ratione materiæ* peut être présentée pour la première fois,
même en appel. 3° La demande en communication suspend la marche de l'instance jusqu'à ce que les pièces
aient été communiquées, et jusqu'à ce qu'elles soient
restituées, lorsqu'il y a eu déplacement. La communication n'est un mode particulier d'instruction et un
moyen de procéder, que dans les procès par écrit. Dans
les procès ordinaires, c'est une exception; la loi a eu
raison de le dire.

Mais cette exception est-elle une *exception dilatoire?*
Le législateur ne l'a point qualifiée ; il en a même fait
un paragraphe séparé.

Toutefois son objet avoué, direct, est d'obtenir un
délai pendant lequel on verra, on examinera, on déli-
bérera, on avisera. L'exception dilatoire n'a pas d'autre
but et d'autres caractères. La demande en communication est une exception aussi franchement *dilatoire* que
la demande d'un délai pour faire inventaire et délibérer ; le plus ou le moins d'étendue dans le délai ne
change pas la nature des choses.

C'est l'opinion de tous les auteurs, et je n'ai rien
trouvé qui dût me dispenser de la suivre.

Art. tendu, et l'appel ne lui est point interdit, comme dans l'article 107. J'ai déjà dit la raison de cette différence (1).

(1) Ci-dessus, pages 434 et 435.

CHAPITRE XV.

DE LA VÉRIFICATION DES ÉCRITURES.

Tout ce qui tendait à écarter l'action, à la déplacer, à la neutraliser, à suspendre sa marche ou à différer ses effets, est épuisé. Le défilé *des exceptions* est franchi; nous entrons dans la voie *des défenses*. Art.

Les défenses attaquent le fond du droit, afin de le détruire, de l'anéantir sans retour. Mais le droit naît du fait. Si les parties s'accordent sur le fait, la question du procès se réduit à l'application du droit. Le fait est-il contesté? il faut tâcher de l'établir avant de s'occuper du droit, c'est-à-dire qu'il faut venir d'abord aux preuves.

Les preuves judiciaires sont de deux sortes : la preuve *littérale* et la preuve *vocale*. *Duæ sunt præcipuæ, maximæ probationum species, instrumenta et personæ* (1). Le témoignage des

---

(1) Cujas, *in Parat. ad Tit. Cod. de probat.*

Art. hommes est leur source commune ; car nous
ne pouvons connaître ce qui se passe loin de
nous, ce que nos sens ne perçoivent pas, que
par les écrits ou les paroles d'autrui.

Ce mot *preuve* a quelque chose de trompeur. Il semble que ce qui s'appelle ainsi
possède une vertu suffisante pour déterminer
la croyance ; mais on ne doit entendre par là
que le *moyen* dont on se sert pour montrer
la vérité d'un fait, moyen qui peut être bon
ou mauvais, complet ou incomplet.

On a vu dans l'Introduction de cet ouvrage (1) comment la preuve *vocale* était
tombée en discrédit, à mesure que l'art d'é-
crire avait fait des progrès. Plus ne fut dit :
Témoins par vive voix passent lettres ; bien
au contraire, défenses furent faites de recevoir preuve de vive voix, contre et outre le
contenu aux lettres.

La principale utilité des preuves *littérales*
fut de remplacer des souvenirs fugitifs et douteux par des signes permanens, et de *monu-
menter* la certitude actuelle d'un fait.

Ainsi, « pour obvier à la multiplication
des faits sujets à preuve de témoins, et repro-

(1) Chapitre 9.

ches d'iceux, dont advenaient plusieurs inconvéniens et involutions de procès, » l'ordonnance de Moulins, donnée en 1566, voulut que toutes conventions de choses excédant
la somme ou valeur de cent livres fussent arrêtées par écrit. Ce fut l'œuvre du chancelier
de l'Hôpital, qui mit tant d'ardeur et de
sagesse à la réformation de la justice.

Non-seulement les preuves écrites terminent les procès plus vite et plus sûrement,
elles servent encore à les prévenir ; c'est un
remède anti-litigieux, comme disait Bentham.

Cependant il est arrivé que les lettres ont
été altérées, faussées, corrompues ; elles ont
été déniées, chicanées, impugnées, comme
la vive voix des témoins. Il a donc été nécessaire d'établir des épreuves et des règles pour
la vérification des écritures.

Les écritures produites comme titres en justice, sont *authentiques* ou *privées.*

Les titres ou les actes authentiques sont
ceux qui ont été reçus par des officiers publics
et compétens, avec les solennités requises (1).
Ils ont le privilége de faire pleine foi des

_____

(1) Code civil, art. 1317.

ART. clauses et des énonciations qu'ils renferment ; et cette foi ne peut être ébranlée par une simple dénégation. Il faut, pour les atteindre, sortir des lignes de la défense ; il faut une attaque plus directe, plus énergique ; il faut *s'inscrire en faux*, et se lancer au travers des formes spéciales et difficiles d'une poursuite souvent dangereuse. Ce sera la matière du chapitre suivant.

L'acte sous seing privé ne fait preuve que lorsqu'il est reconnu par la personne à laquelle on l'oppose (1). Cette personne, en supposant qu'elle ne veuille pas le reconnaître, n'est point obligée de l'incriminer, de s'inscrire et de se mettre à la poursuite du faux ; elle peut se contenter de désavouer l'écriture ou la signature. Il n'est pas même besoin d'une dénégation formelle, si la pièce est produite contre l'héritier ou l'ayant-cause de celui dont on prétend qu'elle émane : une simple *méconnaissance* suffit. Nul n'est tenu de désavouer ce qui ne lui est pas attribué.

Alors c'est comme un fait allégué d'une part et dénié de l'autre. L'obligation de prouver la vérité de l'écrit tombe naturellement

(1) Code civil, art. 1322.

sur le plaideur, auquel il sert de titre. Nos plus vieux livres l'avaient déjà dit : « Quant ancun est ajourné à se lettre, et il nie pardevant juge qu'il ne bailla oncques chelle lettre, et que che n'est pas ses sceaus, il convient que le demandier le prueve (1). »

Mais, de nos jours, parmi les jurisconsultes et les magistrats, il en est qui veulent créer une exception à ce principe consacré par la justice de tous les âges. Il s'agit de savoir si la vérification d'un testament olographe doit être mise à la charge du légataire qui le produit, ou de l'héritier qui le méconnaît.

On disait, dans la nouveauté de cette controverse, qu'un testament olographe était plus qu'un acte sous signature privée, que c'était un acte solennel; et l'on citait, à l'appui, ce texte de l'article 289 de la Coutume de Paris : « Pour réputer un testament *solennel*, est requis qu'il soit écrit et signé du testateur ou qu'il soit passé devant deux notaires, etc. » D'où la conséquence que le testament olographe, comme le testament authentique, n'aurait pu être atteint que par une inscription

(1) Beaumanoir, sur les *Coutumes de Beauvoisis*, chap. 35.

Art. de faux ; ce qui eût été beaucoup trop prouver, car la solennité du testament olographe, même en la Coutume de Paris, était chose douteuse et tenue en suspens, tant que les héritiers du testateur n'en avaient pas reconnu l'écriture, ou que le légataire ne l'avait pas fait vérifier (1).

Cependant la question se réduisit à des proportions moins ambitieuses. On ne parla plus de la solennité intrinsèque du testament olographe ; mais on fit cette distinction : le légataire est tenu de demander la délivrance (2), ou il est saisi de plein droit (3). Dans le premier cas, on trouva bon de mettre à sa charge la vérification de l'écriture *méconnue ;* dans le second, on prétendit que la vertu spécifique de la *saisine* rejetait cette charge sur l'héritier *méconnaissant.*

La faveur de ce raisonnement n'a pas duré : c'était tourner dans un cercle vicieux. Tout

---

(1) Ferrière, sur la *Coutume de Paris,* art. 298, glose 2ᵉ, n° 15 ; Bourjon, *Droit commun de la France et de la coutume de Paris,* t. 2, p. 203 ; voyez aussi Pothier, *Traité des donations testamentaires,* chap. 1 art. 2, § 3.

(2) Code civil, art. 1004.

(3) Code civil, art. 1006.

héritier capable de succéder, qu'il soit ou
qu'il ne soit point héritier *à réserve*, n'est pas
moins saisi de plein droit des biens du défunt (1). Le droit de l'héritier est dans la loi ;
celui du légataire dérive du testament. Mais il
faut que ce soit un vrai testament, pour que
la saisine testamentaire efface la saisine légale. Si le droit de l'héritier était contesté, ne
devrait-il pas faire apparoir de son lignage et
de son degré? Pourquoi donc le légataire dont
le titre n'est pas reconnu, serait-il dispensé
d'en prouver la vérité ?

Enfin, on s'est retranché dans l'hypothèse
d'un légataire envoyé en possession par le
président du tribunal (2). Alors, dit-on, les
rôles sont changés ; le légataire a titre et possession ; son titre est revêtu d'un caractère et
d'une forme d'exécution qui l'élève au-dessus
de la classe ordinaire des actes privés. L'héritier collatéral qui veut le déposséder devient
demandeur ; il doit, en cette qualité, prouver
le fait sur lequel sa demande est fondée,
c'est-à-dire la fausseté de l'écriture et de la
signature du testament. Telle est l'opinion de

Art.

(1) Code civil, art. 724.
(2) Code civil, art. 1008.

.Art. M. Toullier (1), et la Cour de cassation l'a consacrée par ses arrêts. Voici les motifs de celui que je crois le plus récent :

« Attendu que, lorsqu'il n'y a pas d'héritiers à réserve, le légataire universel est saisi de plein droit, à la charge seulement, dans le cas où le testament est olographe ou mystique, de se faire envoyer en possession par justice, dans la forme prescrite par le susdit article 1008 ;

» Que les héritiers légitimes, autres que ceux à réserve, ne sont saisis de plein droit par l'article 724, que lorsqu'il n'y a pas de testament qui institue un légataire universel, sans distinction du testament olographe, mystique ou authentique ; que si c'est par un testament olographe, ce légataire universel n'est tenu par la loi qu'au dépôt du testament entre les mains du notaire commis par l'ordonnance du président du tribunal, et à demander son envoi en possession ; que lorsque ces diverses formalités ont été remplies, le légataire universel se trouve, par cela, avoir la saisine de droit et de fait des biens composant l'hérédité ; que si les héritiers légitimes, dont parle

(1) Tom. 5, n° 503.

l'article 724, dénient ensuite l'écriture et la signature du testateur, ce ne saurait être à l'héritier testamentaire, qui a tout à la fois la saisine de droit et celle de fait, à prouver la sincérité de l'acte, lorsqu'aucun fait de suspicion grave, de nature à porter atteinte au caractère de ce titre, déclaré exécutoire par le juge, n'est constaté, ni même allégué au procès, et qu'il n'existe, comme dans l'espèce, qu'une simple dénégation vague de l'écriture, faite longtemps après les notifications du testament et de l'acte de dépôt. »

Ces prestiges de la saisine testamentaire et de l'ordonnance qui la consacre ne me séduisent pas. L'arrêt de la Cour suprême m'apparaît plutôt comme une modification que comme une interprétation de la loi.

Il me revient toujours que la saisine du légataire n'est qu'une exception aux principes préexistans de la saisine de l'héritier; que toute exception doit être justifiée par celui qui la propose, et que le légataire est tenu de prouver sa qualité, comme l'héritier lui-même serait tenu de prouver la sienne, si elle n'était pas avouée. L'article 1006 du Code civil ne comporte aucune dispense à cet égard.

Tout ce que prouve l'envoi en possession,

Art. c'est que l'on a présenté à M. le président un écrit en forme de testament ; que son ordonnance a été rendue sans vérification, sans contradiction, aux risques et périls de celui qui l'a requise, et sous la condition, qui n'avait pas besoin d'être exprimée, de la sincérité du titre.

Le *Journal des Avoués* tire de l'arrêt ci-dessus cet enseignement, que le légataire universel doit faire les diligences les plus empressées pour présenter le testament olographe qui l'institue, se mettre en mesure au plus vite, et se faire envoyer immédiatement en possession, afin de n'être pas obligé de faire procéder à la vérification (1). C'est donc à dire que la solution de cette grande question *de principe* se réduit à savoir, en définitive, lequel a mis le plus de rapidité dans sa course, ou du légataire pour obtenir l'ordonnance, ou de l'héritier pour s'y opposer.

On craint peut-être qu'un collatéral mécontent ne veuille trop souvent susciter au légataire les embarras et les difficultés d'une vérification. Mais n'y a-t-il pas aussi quelque inconvénient à décider qu'il suffit de se dire

_____

(1) Tom. 43, pag. 745 et suiv.

légataire pour être réputé un véritable léga- ART. taire, et qu'il suffit de présenter un écrit dressé comme un testament, pour que cet écrit soit réputé un véritable testament? On croit apparemment que les faussaires sont devenus très-rares!

Il n'y a point, à mon avis, de présomptions ni de fictions qui puissent faire fléchir cette maxime née de la nature et de l'essence même des choses : *Ei incumbit onus probandi qui dicit.* Vous dites que vous êtes légataire, c'est donc à vous à le prouver. Cet œuvre de mystère que vous vous empressez d'exhiber, ce testament rédigé sans assistance d'officiers publics ou de témoins, n'est pas reconnu par l'héritier : prouvez donc qu'il fut écrit et signé par celui que vous appelez le testateur (1).

Cette jurisprudence nouvelle, qui se laisse nuancer par des reflets de circonstances, de probabilités et de considérations, n'est point aussi bien établie que l'affirment quelques collecteurs d'arrêts. Le temps, critique ad-

(1) C'est la doctrine de M. Merlin, *Répert.*, t. 17, p. 770 et suiv. ; de M. Dalloz, *Jurisprudence générale*, t. 5, p. 658 ; des auteurs du *Journal de procédure*, t. 2, p. 275 et suiv.

ART. mirable, *res enim sapientissima tempus* (1),
le temps redira que la vérification de *tout*
écrit méconnu, comme la preuve de *tout*
fait dénié, doit être, sans distinction ni exception, à la charge de toute partie qui le
met en avant.

En thèse générale, c'est dans le cours·d'une
instance, et lorsqu'un écrit sous signature
privée est dénié ou méconnu, que la partie
qui veut s'en prévaloir devient obligée de le
faire vérifier.

Cependant il se fait quelquefois qu'un
créancier dont le titre n'est pas encore échu,
s'inquiète des difficultés qu'il pourra rencon-
trer plus tard pour le faire reconnaître, soit
parce qu'il lui est venu des motifs de défiance
contre le débiteur, soit parce qu'il craint que
les moyens de vérification ne s'échappent,
soit à raison de toute autre préoccupation
bien ou mal fondée. Alors la loi lui permet
d'assigner, pour avoir acte de la reconnaissance, si l'écrit n'est ni dénié ni méconnu, et
193. dans le cas contraire, pour faire ordonner la
vérification. Cette demande n'est point sou-

(1) Bâcon, *Aph.* 32.

mise à l'essai préalable de la conciliation. Le Art.
délai de comparution est fixé à trois jours.
C'est une abréviation toute légale qui fait exception à l'article 72 du Code ; il n'est pas
besoin de se la faire accorder.

Le défendeur vient-il dénier ou méconnaître
l'écriture ? on procède à la vérification, ainsi
qu'on le verra ci-après, et, s'il succombe, il
est condamné aux dépens, selon la règle ordinaire. Ne comparaît-il point ? le tribunal
tient l'écrit pour reconnu. Ici ne s'applique
pas l'article 150, qui veut que les conclusions du demandeur soient trouvées justes,
avant de lui être adjugées. Le défaut échéant,
la présomption est en faveur de l'écrit, et les
juges ne peuvent pas le faire vérifier d'office,
car ils ne pourraient ni le dénier ni le méconnaître d'office. Si la partie assignée se présente et reconnaît son écriture, ou celle attribuée à son auteur, le jugement en donne acte.
C'est une sécurité que le demandeur s'est pro-
curée ; il doit la payer. Tous les frais resteront
à sa charge, même ceux de l'enregistrement
de l'écrit, qui ne pouvait se montrer en justice sans être revêtu de cette formalité. Celui
qui doit n'a aucun intérêt à ne pas reconnaître l'engagement qu'il a souscrit ; mais on

ne peut lui demander rien de plus avant l'exigibilité de sa dette, et l'on ne saurait admettre, comme présomption générale, qu'il ne l'acquittera point, afin de lui faire supporter par anticipation une dépense que son exactitude rendra peut-être inutile.

Supposons maintenant qu'après l'expiration du terme, le débiteur ne se soit pas libéré : devra-t-il être condamné à restituer le coût de l'enregistrement que le créancier avait été obligé de débourser pour obtenir le jugement de reconnaissance ?

Les Codes sont muets sur ce point. L'article 2 d'une loi du 3 septembre 1807 a rempli cette lacune, en disant que les frais d'enregistrement seront à la charge du débiteur, *tant dans le cas où il aura dénié sa signature, que lorsqu'il aura refusé de se libérer après l'échéance ou l'exigibilité de la dette.*

Cette disposition est de toute justice : il est fort indifférent que le titre ait été enregistré d'avance, puisque le défaut d'acquittement et la régularité des poursuites auraient; en définitive, rendu cette formalité nécessaire. La précaution se trouve justifiée par l'évènement.

Mais l'objet principal de cette loi du 3 sep-

tembre 1807 fut de réparer une autre omis- Art.
sion, et de remplir un vide plus dangereux.

L'article 2123 du Code civil avait répété la
disposition de l'article 3 de la loi du 11 brumaire de l'an vii, qui faisait résulter l'hypothèque judiciaire de la reconnaissance ou de
la vérification faite en jugement d'une obligation écrite sous seing privé ; mais il n'avait
pas plus distingué que son modèle, le cas où
cette reconnaissance est faite *avant* l'époque
de l'exigibilité, et celui où elle est faite *après*.

Or, des doutes s'élevèrent sur le point
de savoir si, lorsque le jugement était rendu
par anticipation, il devait produire une hypothèque anticipée.

L'ancienne législation n'offrait là-dessus
d'autres précédens qu'une déclaration du 2
janvier 1717, ainsi conçue :

« Voulons que toutes personnes qui ont
précédemment obtenu des sentences, jugemens et arrêts, et qui pourront en obtenir
dans la suite, sur exploit d'assignations données avant l'échéance des billets, lettres de
change, et de toute autre sorte de billets et
promesses passés par marchands, négocians,
banquiers et autres particuliers, faisant trafic

ART. et commerce de denrées et marchandises, ne puissent prétendre avoir acquis, ni acquérir en vertu desdites sentences, jugemens et arrêts, aucune hypothèque sur les biens et effets des débiteurs. »

Cette déclaration avait été particulièrement donnée pour les intérêts du commerce, *afin d'empêcher le trouble parmi les marchands et l'altération de leur crédit, et afin qu'il ne fût porté préjudice à ceux qui se pourvoiraient seulement après l'échéance des termes.* On concluait de cette spécialité que, dans les matières ordinaires, le jugement qui par avance donnait acte de la reconnaissance d'une écriture privée, donnait en même temps une garantie hypothécaire et le droit de prendre inscription sur tous les immeubles du débiteur, quoique son obligation ne fût pas encore exigible.

On s'appuyait pour le décider ainsi, sur la loi 14 ff. *de pign. et hypoth.* : *Quæsitum est, si nondum dies possessionis venit, an et medio tempore persequi pignora permittendum sit? Et puto dandam pignoris persecutionem, quia interest meâ.* A mon avis, il ne s'agissait point de l'hypothèque dans cette loi, mais du gage

proprement dit (1), que le créancier avait droit   Art.
de se faire remettre avant l'échéance du terme.
Suivant notre vieux droit français, l'hypothèque s'attachait d'elle-même à toute convention, pourvu qu'elle fût consacrée solennellement par un acte passé devant notaires,
ou par l'intervention de la justice; ce qui
pouvait être, comme la loi romaine, un prétexte, mais non pas une raison de juger en
faveur du créancier.

En l'an xi, après l'introduction du nouveau
système hypothécaire, la question fut agitée
devant la Cour d'appel de Lyon et résolue en
ces termes : « Attendu que celui qui a terme
ne doit rien; que, si l'on pouvait faire prononcer la reconnaissance d'un billet sous
seing privé avant son échéance, et prendre
inscription en vertu du jugement qui interviendrait, le créancier chirographaire serait
traité plus favorablement que le créancier
hypothécaire, ce qui est contraire à l'esprit
de la loi, et que d'ailleurs la convention des
parties de ne donner et de ne recevoir aucune hypothèque serait détruite. »

Au mois de janvier 1806, la Cour d'appel

(1) *Proprie pignus dicimus quod ad creditorem tran-*
III.   30

Art. de Paris jugea de même : « Attendu que la demande de Hodin tendait à lui conférer une hypothèque résultante d'un jugement qui aurait tenu pour reconnues les signatures étant au bas des billets souscrits à son profit par les sieur et dame Lance, et ce, avant l'exigibilité d'aucun desdits billets ; que, dans pareille circonstance, le débiteur doit être réputé n'avoir pas voulu donner d'hypothèque à son créancier, à moins qu'à l'échéance les billets ne fussent point acquittés ; comme aussi le créancier est censé s'être contenté d'un engagement sous seing privé, sauf le cas de non paiement à l'échéance. »

Ces deux arrêts furent cassés. La Cour régulatrice considéra que d'après la loi du 11 brumaire, et la teneur de l'article 2123 du Code civil, le jugement portant reconnaissance ou vérification de l'écriture sous seing privé, constituait au profit de celui qui l'avait obtenu, un droit d'hypothèque sur les biens immeubles du débiteur ; que la loi ne défendait point d'obtenir un pareil jugement avant l'exigibilité de la dette, et qu'une prohibition

---

sit ; hypothecam cùm non transit, nec possessio ad creditorem. L. 9, § 2 ff. De pigner. actione.

de celle importance ne pouvait être fondée Art.
que sur un texte formel (1).

Cette fois, c'était étouffer l'esprit sous l'enveloppe du texte.

C'était accuser le législateur d'avoir eu la pensée de changer arbitrairement la condition que se sont faite deux parties, dont l'une a suivi la foi de l'autre. Comment pouvait-on croire qu'il fût permis à l'une de recourir au juge, pour se faire donner des garanties qu'elle n'avait pas demandées en acceptant l'engagement de l'autre? Et par quel droit la force de l'action judiciaire intervenait-elle, pour suppléer à la forme, à la nature et aux effets du contrat, quand rien n'indiquait qu'il ne serait point régulièrement exécuté?

S'il était vrai que l'hypothèque judiciaire, qui affecte *généralement* tous les biens du débiteur, fût acquise au créancier aussitôt qu'il a eu son jugement de reconnaissance, et s'il pouvait en même temps prendre inscription avant l'échéance du terme, il s'ensuivrait qu'il aurait pleine licence de se créer à lui-même des droits plus étendus que ceux qu'il eût obtenus d'un acte passé devant no-

(1) Sirey, 6-1-179 et 7-1-154.

ART. taires, en dépit du débiteur qui avait voulu lui en attribuer moins.

Cependant la discussion du projet de Code de procédure arriva ; le Tribunat fit les observations suivantes sur les premiers articles du titre *de la vérification des écritures :*

« C'est ici le lieu de trancher une difficulté qui résulte de l'article 2123 du Code civil.

» Cet article dit que l'hypothèque judiciaire résulte des reconnaissances ou vérifications faites en jugement des signatures apposées à un acte obligatoire sous seing privé. On se demande si la reconnaissance ou la vérification peut produire l'hypothèque, lorsqu'elles ont été faites avant que l'obligation soit exigible.

» Il est certain qu'il s'est élevé des doutes sur ce point. La section ne les partage pas. Elle est convaincue que l'hypothèque ne peut être acquise avant l'exigibilité, quoique, avant l'exigibilité, il ne doive pas être interdit de faire procéder à la vérification. »

Après l'exposition de quelques motifs que l'on connaît déjà, le Tribunat proposa d'ajouter ce paragraphe à l'article 193 : « Dans le cas où l'acte obligatoire ne serait pas exigible, l'hypothèque ne pourra être acquise

que du jour de l'inscription faite postérieure- Art.
ment à l'expiration du terme. »

Cette addition fut unanimement adoptée
par le Conseil d'état, elle fut insérée dans la
rédaction définitive, dit M. Locré ; mais elle
ne s'y trouva plus lors de la promulgation.
On ne sait comment elle avait disparu.

L'année suivante, on s'occupait, au Conseil
d'état, du Code de commerce. M. Merlin demanda que l'on mît à la suite de l'art. 553 :
« Il ne peut être pris aucune inscription hypothécaire en vertu de jugemens portant, de
la part des débiteurs, reconnaissance ou vérification de billets, ou engagemens de commerce sous seing privé à terme, non encore
échus. »

La proposition de M. Merlin ne fut point
admise, non qu'elle ne fût approuvée comme
très-juste en soi, mais parce que l'on remarqua qu'elle se rapportait également aux matières civiles et aux matières commerciales,
et qu'il était plus convenable d'en faire le
sujet d'une loi générale (1).

Telle a été la filiation de la loi du 3 septembre 1807. Voici sa teneur :

(1) *Législation civile*, etc., de M. Locré, t. 19,
pag. 414.

Art.   « Lorsqu'il aura été rendu un jugement sur une demande en reconnaissance d'obligation sous seing privé, formée avant l'échéance ou l'exigibilité de ladite obligation, il ne pourra être pris aucune inscription hypothécaire en vertu de ce jugement, qu'à défaut de paiement de l'obligation, après son échéance ou son exigibilité, à moins qu'il n'y ait eu stipulation contraire. »

La loi dit : *échéance* ou *exigibilité*. C'est qu'en effet une créance peut devenir exigible avant d'être échue, lorsque les sûretés dont le créancier s'était contenté d'abord, viennent à être compromises ; par exemple, lorsque le débiteur pourchassé d'un autre côté, emprisonné, failli, est tombé dans un état tel, que le délai du terme tournerait évidemment à la perte d'un droit légitime (1).

Je rentre maintenant dans les conjonctures ordinaires d'une action qui se forme pour l'acquittement d'une obligation sous seing privé, quand est venu le jour de son exigibilité : *dies venit qua pecunia peti potest* (2).

(1) Code civil, art. 1188, et Code de procédure, art. 124.

(2) L. 213, ff. *de verb. signif.*

Autrefois, et conformément à un édit du Art.
mois de décembre 1684, les conclusions de
l'exploit introductif, en matière civile, avaient
une double portée : elles tendaient préalablement *à ce que l'écriture ou la signature fût
reçonnue, ou tenue pour reçonnue ;* puis, *au
principal, à ce que le défendeur fût condamné
au paiement,* etc.

Nous avons secoué ce joug des formules et
de leur phraséologie. Produire l'acte sous seing
privé sur lequel votre demande se fonde, n'est-
ce pas implicitement sommer votre adversaire de l'avouer ou de le dénier, de le reconnaître ou de le méconnaître ? La voie, pour
être plus simple, n'aboutit pas moins à la
nécessité d'une vérification d'écriture, en cas
de désaveu ou de méconnaissance.

Cela s'applique non-seulement au titre de
l'action, mais encore à tous les écrits que les
plaideurs peuvent respectivement s'opposer
dans le cours d'une instance.

Les fastes du barreau révèlent assez l'ef-
frayante perfection à laquelle est parvenu
l'art d'altérer et de contrefaire les écritures.
D'une autre part, il n'est pas sans exemple
que des gens perdus dans les embarras d'une

ART. mauvaise affaire, honteux ou impudents, pourchassés de mensonge en mensonge, ne s'acculent à un désaveu de leur propre seing. Les formes représentatives de notre procédure, si l'on veut me passer cette expression, donnent peut-être trop de facilités à de coupables essais. Il est beaucoup plus commode de se montrer et de se cacher à la fois, en donnant pouvoir à un avoué de produire ou de dénier une pièce, que de venir s'expliquer soi-même, et répondre de suite et de vive voix aux interpellations de la justice, sur les circonstances qui se peuvent rattacher à la fausseté ou à la sincérité de l'écrit. La mauvaise foi s'enhardit dans l'ombre, elle se trouble souvent aux clartés de l'audience et dans le malaise d'une comparution personnelle. Ces considérations n'ont point échappé aux rédacteurs de la loi de procédure, pour le canton de Genève. Leur titre *de la vérification des écritures* impose aux parties l'obligation de se présenter en personne devant le tribunal, et d'y soumettre leur conscience à un examen public et solennel. Aucune hésitation n'est permise à celui qui dénie l'écriture ou la signature qu'on lui attribue. Son refus de s'expliquer équivaut à un aveu ; l'acte est re-

connu par le juge. « Arrêter d'entrée l'emploi
de pièces fausses, en prévenir jusqu'à la ten-
tation, éviter la précipitation et la légèreté
dans les inscriptions de faux (1) et les déné-
gations d'écriture, tel est le but de la loi,
disait le savant rapporteur (2). »

(1) La loi de procédure de Genève a réuni dans un
seul titre *la vérification des écritures et le faux incident
civil.*

(2) Exposé des motifs, par M. le professeur Bellot,
membre du conseil représentatif.

Le texte des articles est bon à connaître :

« Art. 231. Il y aura lieu à la vérification d'écriture,
lorsqu'une pièce produite et utile à la décision de la
cause se trouvera dans l'un des cas suivans :

» 1° Si l'une des parties soutient que la pièce est
fausse ;

» 2° Si, s'agissant d'un acte sous seing privé attribué
à l'une des parties, celle-ci en désavoue l'écriture ou
la signature ;

» 3° Si, s'agissant d'un acte sous seing privé attribué
à un tiers ou à l'auteur d'une des parties, celle-ci déclare n'en pas reconnaître l'écriture ou la signature.

» Art. 232. Dans les cas ci-dessus, le tribunal ordonnera aux parties de comparaître en personne à
l'audience qu'il fixera.

» Il n'en dispensera que les parties qui, à raison
d'absence ou d'empêchement grave, seraient dans l'impossibilité de se rendre à l'audience, et qui devront se

ART.   Cette disposition de la loi de Genève ne se
trouve pas spécialement dans nos articles du
Code de procédure, touchant la vérification
des écritures ; mais les tribunaux français

faire représenter par un fondé de pouvoir spécial.

» Art. 233. A l'audience fixée, le tribunal, par l'organe du président, sommera la partie qui aura produit la pièce de déclarer si elle entend s'en servir.

» Art. 234. Si la partie fait défaut, refuse de répondre, ou déclare qu'elle ne veut pas se servir de la pièce, la pièce sera rejetée du procès.

» Art. 235. Si la partie déclare qu'elle entend se servir de la pièce, le tribunal sommera l'autre partie de déclarer si elle persiste à soutenir que la pièce soit fausse, à en désavouer, ou à n'en pas reconnaître l'écriture ou la signature.

» Art. 236. Si cette partie fait défaut, refuse de répondre, ou ne persiste pas dans sa première déclaration, la pièce sera admise, et l'écriture ou la signature reconnue.

» Art. 237. Si la partie persiste dans sa déclaration, le tribunal la sommera d'énoncer les moyens sur lesquels elle la fonde.

» Si la pièce est arguée de faux, la partie sera spécialement interpellée de s'expliquer,

» Sur l'espèce de faux dont elle prétend que la pièce est entachée;

» Sur les personnes qu'elle soutient être auteurs ou complices du faux. »

n'en ont pas moins l'entière faculté de l'ap- Art.
proprier à leur justice, puisqu'ils peuvent
toujours, et quel que soit le sujet du litige,
ordonner la comparution personnelle des 120.
parties : *Ubicumquè judicem æquitas moverit,
æquè oportere fieri interrogationem dubium
non est* (1).

« Si le défendeur dénie la signature à lui
attribuée, ou déclare ne pas reconnaître celle
attribuée à un tiers, la vérification en *pourra*
être ordonnée tant par titres que par experts,
et par témoins. »   195.

Voici la vérification par titres : Mon adversaire dénie l'écriture d'un acte sous seing privé
que je lui attribue. Cependant, je découvre
et je produis un titre authentique dans lequel
il a figuré, et qui contient la relation du
premier acte ; la vérité de l'écriture est prou-
vée. C'est la plus sûre de toutes les preuves ;
mais cette bonne fortune est fort rare (2).

---

(1) L. 21, ff. *de interrog. in jure faciend.* Voyez ce
que j'ai dit dans le tom. 2, pag. 471 et suiv., sur les
avantages de la comparution personnelle et sur l'emploi
trop rare de ce moyen d'instruction.

(2) Il est inutile de faire remarquer que l'on peut
vérifier de même une écriture simplement *méconnue.*

ART.   L'ordonnance de 1667 permettait la vérification par témoins, pour le cas seulement
où l'écriture serait attribuée à un tiers (1).

L'édit de 1684 abrogea l'ordonnance, et
voulut que, dans tous les cas, la vérification
ne se fît que par experts.

Le Code admet les témoins et les experts.
C'est un système qu'il faut bien comprendre.

On ne supposera point que le législateur
ait voulu détruire son propre ouvrage, bou-
leverser toute l'économie du Code civil, en ce
qui concerne la preuve testimoniale, et permettre qu'une obligation, quel que soit son
objet ou sa valeur, puisse être établie ou détruite à l'aide de quelques témoins, sous le
prétexte d'une vérification d'écriture.

D'abord la preuve testimoniale n'est pas
reçue des choses excédant la somme ou valeur
de 150 francs, parce que de ces choses il doit
être passé acte devant notaires ou *sous signature privée* (2). Or, celui qui a pris la précaution d'exiger un acte sous signature privée
pour constater son droit, n'est pas coupable
du manquement que la loi a voulu punir. Il

(1) Titre 12, art. 7.
(2) Code civil, art. 1341.

serait donc injuste de ne pas lui laisser toute Art. liberté des genres de preuves, pour combattre une dénégation qu'il ne lui était pas ordonné de prévoir.

Quant à celui qui dénie ou ne veut pas reconnaître l'écrit, c'est une question de dol, de fraude, ou d'un pire méfait encore. En pareil cas, la prohibition cesse, car il serait fort difficile à l'individu que la fraude a choisi pour sa visée, de se procurer d'avance la preuve écrite des manœuvres qui doivent être pratiquées contre lui (1).

Ne croyez pas d'ailleurs que des témoins appelés pour la vérification d'une écriture puissent être reçus à déposer sur ce qui a été convenu entre les parties, sur l'existence de l'obligation, sur la vérité de la dette : non ; c'est sur la vérité de l'écriture, sur la formation matérielle de l'acte, que leur témoignage doit porter. Il ne s'agit pas encore de savoir si Pierre doit à Paul, mais si le billet dont Paul réclame le paiement a été *écrit* ou *signé* par Pierre : *si his præsentibus subscripsit qui documentum fecit et hunc noverunt* (2), ce qui

---

(1) Code civil, art. 1348.

(2) Nov. 73, cap. 1.

a été traduit ainsi par le Code de procédure :
« Pourront être entendus comme témoins ceux
qui ont vu écrire ou signer l'écrit en question, ou qui auront connaissance des faits
pouvant servir à découvrir la vérité. »

L'enquête peut n'être qu'un élément, et
quelquefois un supplément d'instruction ,
selon que les juges ont réglé son emploi ou
son concours avec d'autres modes de vérification.

Un autre mode , c'est la vérification *par
comparaison d'écritures.*

Les bons esprits sont armés de défiance
contre les hasardeuses difficultés de cette espèce
de preuve qui, partant de la supposition que
chaque individu donne à son écriture un caractère original , aspire à conclure par l'examen comparatif de plusieurs écritures, qu'elles
sont ou qu'elles ne sont pas de la même main.
Cet argument *à simili et verisimili* doit être
souvent trompeur ; car il y a loin de la vrai-
semblance à la vérité, et de la ressemblance
à l'identité.

Exhumées de la poudre des âges, les vanités
et les erreurs de l'art conjectural des experts
ont encore leur cours parmi nous ; et l'on ne
trouve rien de mieux à dire aujourd'hui pour

en signaler les dangers, que ce que disait
Justinien dans cette préface de sa novelle 73 :

« Nous avons fait réflexion sur les lois qui
ont été jusqu'ici établies touchant la comparaison des écritures. Nous avons vu qu'il y
en a quelques-unes par lesquelles cette manière de preuve a été reçue ; nous avons vu
aussi qu'il y en a d'autres par lesquelles nos
prédécesseurs l'avaient entièrement rejetée (1). L'expérience avait fait connaître à ces
sages empereurs que ce moyen, inventé pour
couper chemin à la mauvaise foi de quelques
particuliers , n'avait fait qu'ouvrir la porte
aux faussaires ; que du moment qu'ils avaient
vu que l'on faisait consister la foi d'une pièce
en la ressemblance, ils ne s'étaient plus exer-
cés qu'à contrefaire toutes sortes d'écritures ;
et qu'enfin c'était un aveuglement étrange de
penser bien juger de la qualité d'un acte faux ,
par le seul rapport qu'il avait avec un acte
véritable , puisque la fausseté n'est autre
chose qu'une imitation des choses vraies.
Aussi avons-nous reconnu nous-mêmes qu'il
provenait de là un nombre infini de faus-
setés ; et nous avons vu entre autres arriver

_____

(1) Il ne reste rien de ces dernières.

ART. une chose incroyable en Arménie. Un particulier ayant produit en justice un contrat d'é-
chéance, la comparaison en fut ordonnée ;
les experts furent entendus ; ils trouvèrent
une disparité entière dans les écritures, ils
jugèrent la pièce fausse. Et cependant, par
l'événement, la pièce qu'ils avaient jugée
fausse se trouva vraie, et elle fut reconnue
par tous les témoins qui l'avaient signée. Mais
en effet quel fondement peut-on faire sur une
ressemblance qui peut être altérée par tant
de causes ? Un homme écrit-il toujours de
même manière ? Quel rapport peut-il y avoir
entre les traits qui partent de la main vigou-
reuse et assurée d'un jeune homme, et ceux
qui partent de la même main, quand elle est
affaiblie et tremblante par la langueur de la
vieillesse ? Mais que dis-je ? faut-il autre
chose qu'un simple changement d'encre ou
de plume, pour ôter la naïveté de la ressemblance ? Il est impossible enfin d'exprimer tous les inconvéniens qui en peuvent
naître (1). »

(1) *Novimus nostras leges quæ volunt, ex collatione
litterarum fidem dari documentis, et quia quidam impe-
ratorum super excrescente jàm malitiâ eorum qui adulte-*

Nos experts, depuis la renaissance de l'art
d'écrire, ne se sont pas faits plus habiles
que ceux d'Arménie. Je pourrais invoquer ici
le témoignage des docteurs qui ont commenté
la loi 20 au Code *de fide instrumentorum*, et
la novelle 73 ; c'est de l'érudition qu'on trouvera tout arrangée dans le traité *de la Preuve*

rantur documenta, *hæc talia prohibuerunt : illud studium
falsatoribus esse credentes, ut ad imitationem litterarum
semetipsos maximè exercerent , eo quòd nihil est aliud
falsitas , nisi veritatis imitatio. Quoniam igitur in his
temporibus innumeras invenimus falsitates in judiciis
multis quorum fecimus auditores ; et quoddam inopinabile
ex Armeniâ nobis exortum est. Oblatonamque commenta-
tionis documento et litteris dissimilibus judicatis , quoniam postea inventi sunt ii qui de documento testati sunt
subscriptionem subdentes , et eam recognoscentes , fidem
suscepit documentum : et quoddam hinc inopinabile oc-
currit, eo quòd litteræ quidem sine fide visæ sunt , licet
examinata responsa verorum testium cum veritate concor-
daverunt , et hoc per fidem testium quæ videtur quodam-
modo esse cauta. Videmus tamen naturam ejus crebrò
egentem rei examinatione , quandò litteramus dissimilitu-
dinem sæpè quidem tempus facit. Non enim ita qui scribit
juvenis et robustus ac senex et fortè tremans : sæpè autem
et languor hoc facit. Et quidem hoc dicimus quandò ca-
lami et atramenti immutatio similitudinis per omnia au-
fert puritatem : et nec invenimus de reliquo dicere quanta
natura generans innovat.*

III.   31

Art. *par comparaison d'écriture*, de M. Levayer (1).
Je n'en rapporterai que la conclusion : *Com-
paratio facit duntaxat fumum.*

Quelques maîtres écrivains ont eu l'ambi-
tion de relever leur importance, et de composer des traités, à leur manière, sur l'art de
vérifier les écritures. Cela ne vaut pas la peine
d'être cité, si ce n'est le livre de Raveneau (2)
qui, non content d'instruire le public des
secrets de sa science, les mit en pratique pour
lui-même, si bien ou si mal, qu'il se fit condamner à garder prison durant toute sa vie.

Les rapports des vérificateurs sont encore
dressés aujourd'hui d'après les modèles du
jargon héréditaire dont leurs devanciers se
sont constamment servis. Ce sont toujours des
observations microscopiques sur les *pleins* et
les *déliés* du trait, sur le *bec* et les *angles* de
la plume, sur les jambages *maigres* ou *nour-
ris*, sur les lettres *fermes* ou *tremblées*, sur
leur *dimension*, leur *œil*, leur *queue*, leur
pente, leur *essor*, leur *jetée*, leur *physiono-*

(1) L'ouvrage de M. Levayer a été imprimé à la
suite du *Traité de la preuve par témoins en matière civile*, de Jean Boiceau, avocat au présidial de Poitiers.

(2) *Des Inscriptions de faux et des Reconnaissances
des écritures et signatures*. 1666.

mie, etc. Comme si mille circonstances diverses, la position de la personne qui écrit,
la taille de son instrument, son état de santé
ou de maladie, les sentiments qui peuvent
l'affecter, ne devaient pas produire des varia-
tions, et faire que son écriture, dans tel temps
ou dans telle occasion, ne ressemble point à
ce que sa main aura tracé dans telle autre
disposition du corps ou de l'esprit !

Ces opérations expérimentales ont causé
trop souvent d'amers repentirs (1). On punit
le faux témoignage, mais on répute inno-
centes les erreurs des maîtres d'écriture ; on
prend en pitié l'imperfection de leur art, et
l'insuffisance de leurs prétentieux rapports.

Qui n'a pas gardé souvenir de ce jeune officier de dragons qui vint de Saumur à Paris
pour déposer dans le terrible procès de la Ron-
cière? Voyant la belle et noble victime exposée, par les conjectures des vérificateurs, à
d'odieuses récriminations, il prit la défense
de cette malheureuse enfant, et tout-à-coup,
en pleine séance, les pièces en main, il dé-
montra à la Cour, aux jurés, à tout le monde,

---

(1) Voy. le *Répertoire* de M. Merlin, au mot *Comparaison d'écriture*, et M. Toullier, t. 8, nᵒˢ 233 et s.

Art. que MM. *les experts-écrivains assermentés* près les cours et tribunaux de la capitale étaient complétement en défaut,

La loi de Genève a remis aux tribunaux eux-mêmes la comparaison et la vérification des écritures.

« Conjecture pour conjecture, celle du juge nous a paru bien préférable à celle des experts, disait M. Bellot (1). Nous croyons devoir plus de confiance à son discernement, à son expérience, et surtout à cette responsabilité qui par là pèsera sur lui tout entière.

» Cependant, en cessant d'imposer aux tribunaux l'obligation de se servir d'experts, nous n'allons point jusqu'à leur en interdire l'usage. Nous leur laissons la faculté, lorsqu'ils l'estimeront utile, d'appeler des personnes expérimentées, et de profiter de leurs lumières... »

C'est la direction que prend la jurisprudence française, et nos lois n'y sont pas contraires. M. Pussort disait bien dans les Conférences sur l'ordonnance de 1667 (2), qu'en

_____

(1) *Exposé des motifs*, etc.
(2) Procès-verbal, p. 132.

fait de comparaison d'écritures, l'expert était ᴀʀᴛ.
beaucoup plus juge que le juge même : mais
on ne s'y arrêta point. Toujours et en toutes
matières, on a suivi cet adage, que l'article
323 du Code de procédure est venu consacrer
expressément, *Dictum expertorum nunquam
transit in judicium.*

La conscience des juges étant affranchie des
liens de l'expertise, c'est déduire du principe
une conséquence très-raisonnable et très-légitime, que de leur reconnaître le droit de
vérifier eux-mêmes, et la faculté de se passer
d'experts.

M. le professeur Rauter, de Strasbourg (1),
enseigne que le juge peut vérifier lui-même
l'écriture, en ce sens qu'il est libre de décider d'après sa propre conviction, et contrairement au résultat de l'expertise, mais
qu'il ne peut, sans expertise, tenir l'écriture
pour vraie, ni la rejeter. Son opinion se
fonde sur les termes de l'article 1324 du Code
civil : « Dans le cas où la partie désavoue son
écriture ou sa signature, et dans le cas où
ses héritiers ou ayant-cause déclarent ne
les point connaître, la vérification en est

(1) Cours de procédure civile, pag. 208.

ordonnée en justice. » Cette disposition ne doit pas être prise comme une défense aux juges de vérifier par eux-mêmes ; elle signifie seulement qu'une pièce ne peut être mise à l'écart ou rejetée, par le seul motif qu'elle n'aurait point été avouée ou reconnue. Le désaveu ou la méconnaissance établissent un doute, une question ; il faut que la question soit posée et que le doute soit éclairci : c'est toute la portée de la loi. Ainsi la Cour de cassation a jugé que la vérification devait être ordonnée même d'office, lorsque, sans y conclure formellement, des héritiers se bornaient à méconnaître l'écriture de leur auteur (1). Et cela se comprend fort bien. Les héritiers étaient dans leur droit : dès qu'ils *méconnaissaient*, il n'était pas raisonnable de passer outre, et d'autoriser contre eux l'exécution d'un acte non encore avéré.

Mais il ne s'ensuit point qu'il soit interdit aux juges d'examiner, de vérifier et de prononcer, avec l'unique secours de leurs propres lumières, sur la sincérité d'une écriture déniée ou méconnue ; il suffit que la sentence

(1) Sirey, 1816-1-334 ; 1834-1-649 ; 1837-1-201.

constate l'examen qu'ils ont fait et la conviction qu'ils y ont puisée.

L'article 1324 du Code civil avait dit que, dans les cas de dénégation ou de méconnaissance d'un écrit sous signature privée, la vérification en serait faite.

L'article 195 du Code de procédure a dit comment elle serait faite. C'est la loi organique qui met en action le principe abstrait du droit civil, qui règle ses divers modes d'exécution ; qui consacre en faveur des magistrats le libre exercice de leurs facultés intuitives, et ne les oblige point à consulter toujours ou des experts ou des témoins : « Si le défendeur dénie la signature à lui attribuée, ou déclare ne pas reconnaître celle attribuée à un tiers, la vérification en *pourra* être ordonnée tant par titres que par experts et par témoins. »

Je sais que l'on a disputé sur le point de savoir si cette expression *pourra* se doit entendre d'une faculté touchant la vérification elle-même, ou d'une simple permission de choisir entre les conjectures des experts et les dépositions des témoins : mais il ne m'est pas donné de concevoir comment des juges saisis, au seul aspect d'une pièce,

Art. par l'évidence du faux ou du vrai , n'en seraient pas moins astreints à se mettre à la suite d'une procédure longue, dispendieuse, et surtout ridiculement inutile , puisqu'ils sont convaincus d'avance, et qu'en définitive ils ne sont pas obligés de se conformer à l'avis des experts (1).

Un arrêt tout récent de la Cour de cassation , rapporté par le journal *le Droit*, dans son numéro du 26 mai 1837, mettra peut-être fin à toute controverse sur ce point.

« Attendu , y est-il dit , que l'emploi des divers modes indiqués par l'article 195 du Code de procédure , pour parvenir à vérifier une écriture , est purement facultatif , et que le juge peut même prononcer, sans leur secours, sur cette vérification, si sa conviction le lui permet, la loi s'en rapportant à ses lumières et à sa conscience; qu'ainsi l'arrêt attaqué (de la Cour royale de Paris) n'a point violé les articles 1324 du Code civil , 195 et 196 du Code de procédure, et a fait une juste application dudit article 195 du Code de procédure. »

(1) Sirey, 1837-1-199.

Je dois supposer maintenant, si je veux suivre la marche de l'instance et discuter les questions dont elle peut être incidentée, que le tribunal a jugé nécessaire de consulter les experts, et de leur déférer la mission de vérifier, par comparaison, l'écriture déniée ou méconnue.

La sentence qui l'ordonne ainsi contient :

1° La nomination d'un *juge-commissaire*, chargé de préparer, de régler les préliminaires de la vérification et d'en surveiller les détails.

On verra que cette mesure est prescrite toutes les fois qu'il s'agit d'ouvrir, en dehors de l'audience, une voie d'instruction, de recueillir des preuves, de constater des faits, ou de décrire des localités. Le tribunal s'y fait représenter, autant que cela est possible, par l'un des magistrats qui ont pris part au jugement interlocutoire, afin que l'opération soit conduite dans la direction des idées qui l'ont fait adopter. C'est ce que nos pères exprimaient en ce commun adage : *L'entente est au diseur.*

2° L'injonction au demandeur de déposer au greffe la pièce à vérifier. C'est une nécessité qui n'a pas besoin d'être expliquée.

3° La désignation de trois experts qui sont

ART. nommés *d'office* , à moins que les parties ne se soient *accordées* pour les nommer elles-mêmes , ce qui n'arrive presque jamais.

Il y a ici une amélioration qui mérite d'être remarquée.

L'ordonnance de 1667 portait que la comparaison d'écriture serait faite par experts dont les parties conviendraient; et que , si l'une d'elles était en demeure de nommer le sien , il serait choisi par le juge (1).

Cette disposition avait été combattue par M. le premier président de Lamoignon. Il aurait voulu que le juge nommât tous les experts, lorsque les parties ne s'accordaient pas pour les désigner , et lorsque l'une d'elles ne comparaissait point , ou gardait le silence. Une convention n'existant que par le concours de deux personnes , on ne pouvait pas dire qu'elles fussent convenues d'experts , puisqu'une seule avait nommé pour elle. M. le premier président invoquait l'article 184 de la Coutume de Paris et la loi 1re au Digeste

(1) Tit. 12 , art. 8 et 9. Le texte de ces articles semblait dire que chacune des parties, ou le juge pour celle qui refusait, pourrait nommer plusieurs experts ; mais il fut bien entendu dans la conférence *qu'il ne devait y en avoir qu'un de part et d'autre.*

de inspic. ventre, contre cet amalgame de nominations mi-parties.

« En toutes matières sujettes à visitation, disait la Coutume, les parties doivent convenir en jugement de jurez ou experts, et gens à ce connoissant ; et où les parties ne conviennent de personnes, le juge en nomme d'office. »

Dans l'espèce de la loi romaine, c'était un mari qui prétendait que sa femme était enceinte, celle-ci soutenant qu'elle ne l'était pas. Le Préteur nommait d'office les matrones chargées d'en rendre témoignage.

L'usage du Parlement était conforme à cette manière de procéder. On s'en remettait toujours à la probité et à l'honneur des juges, du soin de remplacer, par la plénitude de leur choix, l'ébauche d'une nomination volontaire que le défaut ou le refus d'un plaideur avait laissée incomplète.

M. Pussort répondait que cet usage avait pu être bon dans les temps antérieurs, où la corruption n'était pas si grande au fait de la justice ; mais que les abus qui s'y étaient glissés depuis avaient fait sentir la nécessité d'une réforme ; que souvent une partie se refusait à désigner un expert, afin de rendre inutile

Art, le choix déjà déclaré par son adversaire, parce que, comptant sur la protection du juge, elle espérait que la nomination d'office se composerait tout entière de gens bien disposés pour elle ; qu'en donnant au juge le pouvoir de suppléer à l'absence ou au refus d'un plaideur, il ne fallait point exclure l'expert que l'autre aurait choisi, et favoriser ainsi les calculs d'une manœuvre à laquelle correspondraient la facilité et le relâchement des juges.

Le procès-verbal des conférences tenues pour l'examen de l'ordonnance de 1667, offre ainsi de fréquentes et précieuses occasions d'observer le caractère, les vues et les contrastes des deux personnages qui prirent la plus grande part à la discussion, et l'animèrent de leurs continuelles dissidences.

L'un, M. le premier président de Lamoignon, avait depuis longtemps présenté à Louis XIV un plan de réforme touchant l'administration de la justice. Les bases de son système étaient larges, ses idées étaient grandes, nobles, élevées : ce n'était point une simple révision des ordonnances qu'il avait préparée dans ses fameux *Arrêtés ;* c'était une fusion des coutumes, un code général, une

législation complète; c'était *ce beau livre* dans
lequel Louis XI aurait voulu que toutes les
lois fussent mises en français.

L'autre, M. Pussort, conseiller d'état, tenait une sorte de milieu entre le talent décidé
et la médiocrité réelle. Fort entêté dans ses
préventions, il s'était distingué au procès du
surintendant Fouquet, en opinant à mort
avec une ardeur que Madame de Sévigné
qualifiait *d'emportement et de rage.* Malheu-
reusement ce fut à lui que le roi confia le
travail de la réformation.

M. de Lamoignon, avec son austérité parle-
mentaire, son âme bienveillante, la majesté
de ses discours, et son aristocratie de probité
et de vertu, portait au plus haut degré les
idées de respect, d'honneur et de dignité qu'il
attachait aux fonctions de la magistrature;
il s'indignait de voir, dans presque tous les
articles du projet, des dispositions pénales
contre les juges, des menaces de *prise à partie*, de condamnations *aux dépens, dommages
et intérêts*, de *privation d'offices*, etc. On ne
pouvait pas trop garder les proportions, disait-il, on ne pouvait trop s'appliquer à me-
surer tous les termes, à peser toutes les conséquences, à accommoder partout le com-

Art.

Art. mandement avec la raison, la douceur avec l'autorité, à réformer les abus sans renverser l'usage, et à relever la justice sans abaisser les juges.

La dureté, la sécheresse de M. Pussort, son habitude de défiance, le rendaient fort peu sensible à ces garanties d'honneur et de conscience ; il les traitait comme des maximes courantes que chacun ajuste à sa faiblesse, à son intérêt, ou à sa passion. Le meilleur frein contre les déréglements de la faveur et la corruption des magistrats, c'était, à son avis, l'appréhension des peines, et il aurait volontiers proposé, comme Solon, de faire payer une statue d'or de son poids, par l'aréopagite coupable d'une contravention à l'ordonnance. Ainsi, vous venez de le voir s'opposant de toutes ses forces à ce que la loi conférât aux juges le pouvoir de nommer d'office les experts, de peur que leur choix ne fût acheté par la partie récalcitrante.

Le sentiment du Conseiller d'état fut adopté. Cette ordonnance de 1667, pompeusement *donnée pour la réformation de la justice*, laissa subsister beaucoup d'abus ; et, sous la main étroite de son rédacteur, elle se réduisit aux mesquines proportions d'une recoupe de

procédures ; ce fut une espèce de *rifaccia-*
mento : il fallait que plus d'un siècle s'écou-
lât avant que les vœux prophétiques du
premier président pussent être entendus et
remplis.

Ce système d'expertise était encore vicieux,
lors même que l'un des experts n'avait point
été désigné d'office, et que chacune des parties était venue nommer le sien.

Un expert se considérait toujours comme
le défenseur naturel des intérêts de la partie
qui l'avait choisi ; c'était une sorte de patro-
nage obligé. On ne voyait jamais les deux
experts respectivement nommés, tomber d'accord sur l'appréciation des choses qu'ils
étaient chargés d'examiner et de vérifier ; ils
ne manquaient point de se tenir à une grande
distance l'un de l'autre, afin de constater
mieux la réciprocité de leur discordance.

Or, chacun d'eux faisait et déposait au
greffe un rapport séparé qu'il fallait lever et
signifier. C'était un préliminaire inutile de
tout point ; c'était une pure perte de temps et
d'argent.

Force était donc de revenir devant le tribunal, qui ne pouvait prendre d'autre mesure,
pour combler le vide que laissaient entre

eux ces antipodes d'expertises , que d'ordonner la nomination d'un tiers-expert. Celui
qu'une partie présentait étant toujours repoussé par l'autre, il fallait nécessairement
recourir à une nomination *d'office*. C'était
un nouveau jugement à expédier, à signifier ; c'était un nouveau procès-verbal de
prestation de serment; c'était une nouvelle
opération avec une nouvelle taxe de vacations ;
c'était un nouveau rapport à déposer , une
nouvelle expédition, une nouvelle signification à faire ; c'était enfin le grave inconvénient de confier, en définitive, la vérification
à un seul homme.

Telle se continuait la pratique des anciens
temps, lorsque, dans les discussions du Code
civil au Conseil d'état, on vint à débattre
la grande question du rétablissement de l'*Action en Rescision de la vente des immeubles*,
pour cause de lésion. Les adversaires du projet
se récriaient sur les imperfections et les dangers des expertises. On eut à cœur de les rassurer par une meilleure combinaison de formes et de garanties : il fut dit que les estima-
tions seraient faites par trois experts nommés
à la fois, et choisis *d'office* par le juge, s'ils
n'avaient pu l'être du commun accord des

parties ; qu'ils devraient opérer ensemble, dresser un seul procès-verbal, ne former qu'un seul avis à la pluralité des voix ; et que, s'il y avait des avis différents, le procès-verbal en contiendrait les motifs, *sans qu'il fût permis de faire connaître de quel avis chaque expert aurait été* (1). On les soumit aux mêmes règles et au même secret que les juges eux-mêmes.

C'était tout le bien possible, si ce n'était pas le mieux idéal ; car, en définitive, il faut que les affaires marchent.

Cependant les auteurs du Code de procédure avaient tout-à-fait perdu de vue cette notable amélioration quand ils rédigèrent le titre de la vérification des écritures. Nous y verrions encore le reflet de tout ce que l'ordonnance avait de plus vain, de plus compliqué, de plus dispendieux, si le Tribunat n'eût pas réclamé contre cette réapparition inattendue du vieux système des expertises. Les formes nouvelles du Code civil furent adoptées, non-seulement pour *les vérifications et comparaisons d'écritures*, mais encore pour toutes choses où doit échoir rapport

(1) Code civil, art. 1678 et 1679.

ART.   d'experts, sauf quelques modifications spéciales.

Par exemple : dans les expertises ordinaires, il est permis aux parties, lorsqu'elles
303.   ont la libre disposition de leurs droits, de
consentir à ce que l'opération soit faite par
un seul expert, au lieu de trois. Cette faculté
ne leur serait pas donnée pour une vérification d'écriture. La nature de l'affaire est trop
grave, et la science des vérificateurs trop
incertaine.

Ainsi encore, dans les expertises ordinaires,
la sentence qui nomme des experts d'office ne
305.   les désigne que sous condition, par pure
306.   précaution, pour le cas où les parties ne con-
viendront pas ultérieurement de leur en substituer d'autres. Cette convention ne serait pas
reçue après le jugement qui ordonne une
vérification d'écriture; il faut qu'elle soit déclarée d'avance et de prime abord, autrement le choix fait par le tribunal reste définitif (1).

J'ai déjà dit que la pièce à vérifier devait

(1) Quand il s'agit d'une inscription de faux, les
experts sont toujours nommés d'office. Voyez le chapitre suivant.

être mise au greffe ; elle appartient à la justice aussitôt que la vérité de l'écriture ou de
la signature est devenue suspecte. Il faut de
plus que son état soit constaté, qu'elle soit
signée par le demandeur ou par son avoué,
et par le greffier, qui rédige du tout un procès-verbal. Ces formalités ont pour but d'empêcher que plus tard des doutes ne s'élèvent
sur l'identité de la pièce, et que l'on ne s'a-
vise de prétendre qu'une autre se trouve
substituée à celle qui avait été déposée.

Constater l'état d'une pièce, c'est indiquer
ses dimensions, le nombre de ses pages, de
ses lignes, rapporter les mots par lesquels
elle commence et ceux par lesquels elle finit,
noter les surcharges, les renvois, les ratures,
les altérations, les différentes teintes de l'encre, et toutes les circonstances enfin qui peuvent concourir à la plus parfaite exactitude de
la description.

La loi n'ordonne point d'appeler le défendeur à cette description ; elle n'exige point
que le procès-verbal en soit dressé par le
juge-commissaire, et que le procureur du roi
y assiste, comme lorsqu'il s'agit d'un *faux incident* (1). Elle est moins ombrageuse, moins

(1) Voyez le chapitre suivant.

Art.

196.

Art.   attentive aux détails d'une simple vérification,
parce que la dénégation ou la méconnaissance
d'une écriture privée est moins aventureuse,
moins menaçante que l'inscription de faux,
moins exposée à de périlleuses éventualités et
aux atteintes de l'action publique.

198.   Celui qui a dénié ou méconnu la pièce déposée peut en prendre communication au
greffe, sans déplacement, dans les trois jours
qui suivent la notification de l'acte de dépôt (1). Il doit, en exerçant cette faculté, parapher la pièce ou la faire parapher, soit par
son avoué, soit par un fondé de pouvoir spécial, afin que l'identité demeure invariablement fixée. On a demandé s'il lui serait permis
de consigner ses remarques particulières, touchant l'état de la pièce, dans le nouveau procès-verbal que le greffier rédige pour constater
la communication et l'accomplissement de
tout ce qui s'y rattache. Je ne crois pas qu'on
puisse sérieusement en douter.

(1) Le Code dit : *dans les trois jours du dépôt.* Cette
disposition est expliquée par l'article 70 du tarif. Le
défendeur n'est en demeure de prendre communication
que par l'avis qu'il a reçu du dépôt, et il ne le reçoit
légalement que par une signification : *paria sunt non
esse et non significari.*

Le délai de trois jours n'est point prescrit ART.
à peine de déchéance. La communication peut
être prise, tant que le signal de *la vérification*
n'a pas été donné.

Sur une requête présentée au juge-commissaire par la partie la plus diligente (1), ce
magistrat rend une ordonnance portant indi- 199.
cation du jour où les parties seront tenues de
se présenter devant lui, afin de s'accorder sur
les pièces de comparaison. Il faut bien donner
aux experts un point de départ, convenir
d'une place où se puisse appuyer la pointe
de leur compas, et reconnaître le type auquel
ils devront rapporter leurs conjectures de
ressemblance ou de dissemblance.

Celui qui a requis l'ordonnance, la fait
notifier à son adversaire, avec sommation d'y 199.
obéir (2).

(1) Tarif, art. 76.
(2) La notification et la sommation sont signifiées
par acte d'avoué à avoué et par exploit à domicile, si
la partie qui doit les recevoir n'a pas constitué avoué.
Ce dernier cas est nécessairement très-rare, puisqu'il
y a eu dénégation ou méconnaissance d'une pièce produite. Mais il peut arriver qu'après la dénégation ou
la méconnaissance, une des parties vienne à décéder,
et que, sur la reprise d'instance, ses héritiers n'aient

Ici la procédure offre un intérêt particulier à raison de ce qui peut arriver, si la partie sommée ne comparaît pas.

La justice a besoin de croire que la sommation a été fidèlement remise, et, pour qu'elle en soit mieux assurée, l'ordonnance a désigné l'huissier chargé de la notification. Il est présumable alors, s'il y a un défaillant, qu'il n'ose pas se soumettre à l'épreuve qui se prépare.

Est-ce le demandeur qu'il a fallu sommer? est-ce lui qui manque à l'assignation, et qui déserte au moment où il s'agit d'apprêter les moyens de vérifier son titre? le juge-commissaire constate par un procès-verbal le défaut de comparution; puis, à la prochaine audience, et sans qu'un nouvel avertissement soit nécessaire, il fait son rapport au tribunal, qui rejette la pièce sans autre forme de procès.

Est-ce le défendeur qui ne se présente pas? on procède comme il vient d'être dit, et le

pas comparu; il faudra bien, dans cette supposition, que l'ordonnance soit signifiée à domicile. Cela se développera au chapitre *des reprises d'instance et constitution de nouvel avoué.*

tribunal *peut* tenir la pièce pour reconnue.
Observez que c'est une pure faculté qui lui
est donnée ; car il peut aussi , suivant des
circonstances et des indices qu'il apprécie,
ordonner qué la vérification sera faite sur
les pièces de comparaison apportées par le
demandeur. Supposez qu'un héritier éloigné
ait dû se borner à *méconnaître* une obligation
ou un testament attribué à son auteur, dont
il n'a jamais vu l'écriture : sera-t-il mieux en
état de produire, d'accepter, ou de rejeter des
pièces de comparaison? et les juges se déci-
deront-ils , sans examen, à tenir l'écriture
pour reconnue , parce que cet héritier , au
lieu de venir de fort loin peut-être, reste pas-
sif, attend et se confie en leur sagesse ? Ce
qu'il y a de plus sage, c'est de revenir à la
règle générale, et de n'adjuger les conclusions du demandeur que *si elles se trouvent
justes et bien vérifiées*.

Vous voyez que, dans l'une comme dans
l'autre de ces hypothèses, le juge-commissaire
ne prononce pas seul.

Le projet du Code ne s'expliquait pas positivement sur ce point, ni sur celui de savoir
si le jugement serait susceptible d'opposition.
Le droit commun pouvait y suppléer, car il

Art. y a toujours au fond des présomptions qui se tirent de l'absence ou du silence de l'une des parties, quelque chose d'incertain et de vacillant sur quoi l'on ne peut appuyer l'absolu d'une sentence définitive, à moins que, pour quelque cas particulier, la voie de rétractation ne soit spécialement et expressément interdite. Cependant le Tribunat fut d'avis qu'il valait mieux dissiper tous les doutes, et écarter tous les prétextes de controverse par une disposition formelle ; cet avis a été suivi.

155. Il s'ensuit que le jugement ne peut être exécuté avant l'échéance de huitaine, à partir du jour où il a été signifié (1).

Mais voici que les parties comparaissent devant le juge-commissaire.

Quand un plaideur produit en justice un titre, comme étant écrit et signé par son adversaire, et que celui-ci désavoue l'écriture ou la signature qui lui est attribuée, il est dans la condition ordinaire des choses humaines,

(1) S'il y a opposition, et si les moyens employés au soutien sont admis, la partie la plus diligente retourne devant le juge-commissaire, afin d'obtenir une nouvelle ordonnance et une nouvelle indication de jour pour convenir des pièces de comparaison.

sauf quelque cas particulier d'une simple AꭱT.
méconnaissance, qu'il y ait mauvaise foi d'un
côté, et défiance extrême de l'autre. L'accord
sur les pièces de comparaison doit donc être
fort difficile et fort rare.

Ce que l'un présente devient aussitôt suspect à l'autre. Et ce serait comme l'éternel travail des Danaïdes, s'il fallait préalablement,
et jusqu'à épuisement, faire autant de vérifications successives qu'il y aurait de pièces de
comparaison offertes et repoussées. Pour en
finir avec ces inconciliables difficultés, les
juges prononcent l'exclusion de tout ce qui
n'est pas marqué du sceau de l'authenticité.

C'est ce que je vais expliquer.

Un écrit authentique, selon Bentham, est
celui qui vient de la personne à qui on l'attribue, et qui n'a point été altéré (1). C'est la
périphrase française de cette expression *ge-*
nuine que les Anglais ont empruntée du latin
genuinus. De même ils disent *spurious*, pour
désigner un écrit faussement attribué à quelqu'un, ou qui, s'il est de lui, a été falsifié.

Dans son acception légale, le mot *authen-*

(1) *Traité des preuves judiciaires*, chap. 8.

Art. *tique*, appliqué aux actes, reçoit chez nous un sens plus restreint. L'acte authentique est celui qui a été reçu par officiers publics, ayant le pouvoir d'instrumenter dans le lieu où l'acte a été rédigé, et avec les solennités requises (1).

Cependant, tout ce qui participe de l'authenticité n'est point admis de droit pour servir aux comparaisons d'écriture.

200.   Le Code veut qu'on y emploie seulement :

1° Les signatures apposées aux actes par-devant notaires, à moins que l'une des parties ne veuille enter une inscription de faux sur la vérification ;

2° Les signatures apposées aux actes judiciaires en présence du juge et du greffier. Telles sont la signature d'un témoin sur un procès-verbal d'enquête, celle d'un expert sur un procès-verbal de prestation de serment, celle d'un plaideur sur un procès-verbal d'interrogatoire, etc. Le Tribunat fit observer, à ce sujet, que lorsque la loi dit *en présence du juge et du greffier*, elle entend que le juge et le greffier ont été présents simultanément à l'acte ou au procès-verbal, et que la présence de l'un d'eux ne suffit pas

(1) Code civil, art. 317.

pour le revêtir du degré de certitude qu'il doit offrir.

Les distinctions subtiles et les dissolvantes argumentations n'ont pas manqué de venir exploiter, comme à l'ordinaire, l'œuvre du législateur. On a mis en question le point de savoir si les signatures des parties, sur un procès-verbal rédigé en bureau de concilia- tion, par le juge de paix et son greffier, pou- vaient être employées comme moyens de com- paraison, pour une vérification d'écriture. On a fait plus que douter, on a très-formellement résolu que ce procès-verbal ne devait pas être admis.

M. Pigeau avait dit, en deux lignes, qu'un procès-verbal du bureau de paix n'était point, comme un acte passé devant notaires, léga- lement empreint de l'authenticité spéciale requise en pareille matière ; mais il n'avait pas remarqué que l'article 200 du Code de procédure met sur la même ligne d'authenti- cité les actes passés devant notaires, et ceux faits en présence du juge et du greffier.

M. Carré, qui vraisemblablement prévoyait l'objection, a complété le système négatif de M. Pigeau, en ajoutant que le procès-verbal du bureau de conciliation n'est pas un acte

ART.   judiciaire , *parce que le juge de paix ne le*
dresse point en qualité de juge , mais comme
conciliateur.

C'est une de ces erreurs qui ne peuvent
tirer à conséquence. Toutefois le nom des
auteurs que je combats m'impose le devoir
de discuter sérieusement leur avis.

Je le répète : le Code ne met aucune différence touchant leur degré d'authenticité
pour la vérification des écritures, entre les
signatures apposées aux actes passés devant
notaires, et celles apposées aux actes judiciaires en présence du juge et du greffier. Il
ne les distingue point en deux classes, ainsi
que M. Pigeau a cru devoir le faire; la contexture de l'article 200 exprime très-clairement
cette unité de disposition.

La difficulté se réduit donc à savoir s'il
n'est pas vrai qu'une signature mise sur un
procès-verbal du bureau de paix, soit une signature apposée à un acte judiciaire en présence du juge et de son greffier.

Le juge de paix ne juge point en bureau de
conciliation , mais c'est en sa qualité de juge
qu'il y siége, assisté de son greffier; c'est en
vertu de l'autorité attachée à son titre qu'il
constate les aveux, les dires, les arrangements

des parties, et qu'il reçoit le serment que l'une peut déférer à l'autre. Son procès-verbal devient une pièce authentique, il fait pleine foi des clauses et des énonciations qu'il renferme, et leur sincérité ne peut être attaquée que par la voie ouverte contre ce qu'il y a de plus authentique, par une inscription de faux.

C'est comme si l'on disait que le juge de paix perd sa qualité de juge, parce qu'il ne juge pas quand, assisté de son greffier, il préside un conseil de famille, ou lorsqu'il vaque à quelque autre acte de juridiction volontaire !

Le président d'un tribunal civil qui, sur une demande en séparation de corps, fait comparaître les époux devant lui pour essayer de les concilier, perd-il aussi sa qualité de juge ?

On objecte qu'un procès-verbal de conciliation n'a pas la force exécutoire et la vertu hypothécaire d'un jugement, ou d'un contrat passé devant notaire. Je réponds qu'il y a beaucoup *d'actes judiciaires*, tels, par exemple, que les procès-verbaux d'enquête ou d'interrogatoire sur faits et articles, qui ne

ART. produisent point hypothèque et ne portent point *exécution parée*. Mais il ne s'agit point ici de force exécutoire et de vertu hypothécaire.

Ne serait-ce pas un scrupule bien singulier que de retirer au juge de paix essayant ou opérant une conciliation, la foi qu'on lui accorde pour la confection d'une enquête! Je ne crois pas qu'il soit possible de prêter à la procédure une physionomie plus bizarre, plus fantasque, plus déréglée, et de fournir à ses détracteurs le sujet d'une moquerie plus piquante.

Ce n'est pas la faute de la loi. Son texte est aussi clair que sa pensée est transparente; elle définit elle-même ce que l'on doit entendre par *un acte judiciaire*. Tous les procès-verbaux que le juge de paix dicte à son greffier, dans le cercle de ses attributions, sont des actes judiciaires; et les signatures que les parties y apposent, sont un type légitime pour la comparaison des écritures.

Les registres de l'état civil n'ont point été assimilés, en cette matière, aux actes judiciaires, et ce fut une louable réserve, comme on le disait dans les observations du Tribu-

nat (1). Ils étaient admis autrefois (2), mais ART.
on n'a pas dû se reposer dans tout ce qui
avait été fait. L'officier de l'état civil, suivant
M. Carré, n'étant point obligé de connaître
les parties et les témoins, ne peut attester
l'identité d'une signature avec celle de la personne qui l'a tracée. Aux considérations tirées
de la facilité qui permet à la fraude de s'y
glisser, il faut ajouter que les omissions, les
méprises, les négligences et les fautes que les
tribunaux sont journellement occupés à réparer dans les actes de l'état civil, justifie-
raient assez de leur exclusion (3).

Toutefois, s'il s'agissait de vérifier l'écriture d'un officier de l'état civil, les registres
sur lesquels il a écrit ou signé seraient admis
de droit comme pièces de comparaison. Cette
règle s'applique à tous les fonctionnaires publics, soit dans l'ordre administratif, soit
dans l'ordre judiciaire, aux avoués, aux huissiers, etc. Ils auraient trop mauvaise grâce à
se contester à eux-mêmes le privilége de leur

(1) *Législ. civ.*, etc., de M. Locré, t. 21, p. 450.
(2) *Traité de la proc. civ.* de Pothier, 1re partie,
chap. 3, sect. 2, § 2.
(3) Voyez *les Comment.* de M. Thomines des Mazures, t. 1, p. 365.

Art.   qualité, et l'authenticité relative de leurs actes.

En 1808, on dut procéder à la vérification du testament du duc de la Vrillière, qui fut ministre d'état sous Louis XV. La Cour royale de Paris admit comme pièce de comparaison l'une des innombrables lettres de cachet par lui signées. Il était mort chargé du poids de leur authenticité (1).

Mais le Code, en parlant des pièces de comparaison qui doivent être reçues pour vérifier l'écriture d'une personne publique, s'exprime ainsi : « Les pièces *écrites* et *signées* par elle, en sa qualité. » L'occasion était précieuse pour disserter sur *la copulative* et sur *la disjonctive* ; on ne l'a point laissée échapper, et de là ces questions : Faut-il que la pièce soit tout à la fois écrite *et* signée par le fonctionnaire ? Suffirait-il qu'il l'eût écrite *ou* signée (2) ?

La copulative est souvent employée pour la disjonctive dans le langage des lois, et réciproquement (3). Et ce qui prouve que le

(1) Sirey, 1808-2-304.

(2) M. Carré, *Lois de la proc.*, t. 1, p. 518.

(3) *Sæpe ità comparatum est ut conjuncta pro disjunctis accipiantur et disjuncta pro conjunctis.* L. 53, *ff. de verborum signif.*

législateur les a confondues ici , c'est que si
l'écriture à vérifier était celle d'un juge ,
comme le suppose l'article 200, les pièces de
comparaison émanées de lui, dans le sens de
cet article, ne porteraient que sa signature,
l'écriture étant le fait du greffier.

Autre question : Une signature seule peut-
elle être admise pour la comparaison de l'é-
criture d'un acte entier ? « Cette difficulté s'est
présentée devant nous , dit M. Thomines des
Mazures , qui présidait le tribunal civil de
Caen ; le défendeur s'opposa à la vérification,
comme étant impossible , et ne pouvant offrir
ni certitude ni juste présomption ; il fut jugé
que la vérification serait continuée , sauf aux
experts à s'expliquer sur la prétendue impossibilité , et sauf au tribunal à apprécier le
mérite de leur rapport. Une seule signature
peut offrir des renseignements utiles, des indices qui , joints à d'autres , opéreront la conviction des magistrats (1). »

Celui à qui est attribuée la pièce à vérifier,
ne peut empêcher qu'on ne prenne, pour
terme de comparaison, les écritures et signatures privées qu'il a déjà *volontairement* re-

---

(1) *Commentaires*, t. 1 , p. 365.

ART.

200.

connues (1). Mais il n'en va pas ainsi pour celles qu'il a déniées ou désavouées, *encore qu'elles eussent été précédemment vérifiées en justice, et déclarées être de lui* (2).

Cette disposition est empruntée de l'ordonnance de 1737 sur le faux (3). M. l'avocat général Talon avait déjà dit dans les Conférences sur le projet de l'ordonnance criminelle de 1670 , *que l'on ne devait pas ajouter croyance entière à la déposition des experts écrivains ; que leur science était conjecturale et trompeuse.* C'est une vieille leçon qui se transmet ainsi d'âge en âge ; c'est le retentissement du discrédit où l'art des vérificateurs est tombé, et de la vanité de leurs formules.

Joignez-y qu'une sentence, qui aurait précédemment tenu pour reconnu l'écrit que

(1) Voyez ci-dessus, p. 461.

(2) Le texte porte : *encore qu'elles eussent été précédemment vérifiées et reconnues être de lui*.

Dans la séance du Conseil d'état du 19 floréal an XIII, le grand juge demanda si ces mots : *reconnues être de lui*, s'entendaient de la reconnaissance de la partie, ou de celle qui aurait été faite par experts ? Le rapporteur , M. Treilhard , répondit qu'ils devaient s'entendre de la reconnaissance par experts.

(3) Art. 14.

l'on présente aujourd'hui comme pièce de ART.
comparaison, ne peut avoir l'autorité de la
chose jugée par rapport aux lignes ou à la
signature qu'il s'agit de vérifier ; car la chose
demandée n'est pas la même, et la demande
n'est pas fondée sur la même cause (1).

On trouve dans les livres d'autres raisons
encore : la précédente vérification a peut-être
été faite par défaut et sans contradiction ; le
défendeur, même en comparaissant, avait pu
n'avoir pas beaucoup d'intérêt à se jeter dans
une dénégation sérieuse et dans l'incertitude
des opérations qu'elle entraîne, parce que
l'objet du procès était d'une trop modique
valeur, etc. (2). Ces aperçus peuvent être
vrais, mais ce ne sont que des motifs secondaires.

L'article 199 porte que, si le défendeur ne
comparaît pas au jour fixé par l'ordonnance
du *juge-commissaire*, afin de convenir des
pièces de comparaison, *le juge* pourra tenir
pour reconnue la pièce à vérifier, et que *le*

---

(1) Code civil, art. 1351.
(2) M. Berriat-Saint-Prix, *Cours de procédure*, t. 1,
pag. 303.

Art. *jugement* sera rendu à la prochaine audience, sur le rapport *du juge-commissaire.*

Il est manifeste que le mot *juge*, employé seul ici, signifie *le tribunal.* La même locution se retrouve dans beaucoup d'autres endroits. Tout le monde en convient, et il n'y a pas grand mérite à cela; le texte est trop clair.

L'article suivant suppose que les parties ne se sont point accordées sur le choix des pièces de comparaison respectivement présentées, sur la préférence que les unes ou les autres doivent obtenir; et comme il est nécessaire que ces difficultés soient aplanies, si l'on veut arriver à la vérification, la loi fait intervenir *le juge*, qui ne peut admettre pour être comparées que les pièces comprises dans les catégories qu'elle établit. Remarquez qu'elle dit le *juge*, et non pas le *juge-commissaire.*

On croirait que les auteurs qui les premiers se sont chargés d'expliquer le Code de procédure, étaient déjà bien loin de l'article 199, lorsqu'ils ont commenté l'article 200. Ils venaient de reconnaître, dans le premier, cette différence d'expression qui distingue *le juge*, c'est-à-dire le tribunal, du *juge-commissaire;* ils n'y ont plus songé pour le second; et, sans y laisser poindre le plus léger doute, ils ont dit cette fois : *Le juge* qui reçoit ou rejette les pièces de comparaison, n'est autre que *le juge-commissaire* (1).

Mais à ce juge commis par un tribunal de première instance, on ne pouvait créer une juridiction en dernier ressort; il est donc devenu indispensable de chercher une voie de recours, et d'aviser au moyen de faire réformer sa décision, pour le cas où il recevrait des pièces inadmissibles. Car, ainsi que l'observait naïvement M. Demiau, *c'est une question dont la loi ne parle point.*

Les uns ont prétendu qu'il fallait se pourvoir par opposition devant le tribunal, contre l'ordonnance de son délégué.

Les autres ont vu dans cette ordonnance tous les caractères d'un véritable jugement, et c'est l'appel à la Cour royale qui leur a paru le seul recours régulièrement praticable.

Cependant tous conseillent au juge-commissaire de ne point user de la compétence dont ils l'ont revêtu ; ils estiment que ce se-

_____

(1) MM. Pigeau, *Traité de la procéd.*, t. 1, p. 308 ; Demiau, *Éléments de droit et de pratique*, p. 161 ; Carré, *Lois de la procéd.*, t. 1, etc.

rait agir prudemment, s'il se bornait à consigner dans son procès-verbal les protestations
et les débats des parties sur l'admissibilité des
pièces de comparaison, pour en référer au
tribunal.

Ces systèmes, que chacun apporte comme
un tribut, afin de subvenir à ce qu'il appelle
les besoins de la loi, ne sont pas sans danger.
On creuse un vide pour le remplir ; et sur un
texte souvent très-uni, très-complet, viennent
s'entasser des essais de doctrine, des plans de
pratique et des vues d'achèvement. Il arrive
que le texte se couvre, s'obscurcit et s'oublie.

Le législateur eut une bonne raison pour
ne point parler du mode de recours à exercer
contre les décisions du juge-commissaire ;
c'est qu'il ne lui attribua point le pouvoir de
prononcer des décisions.

Un juge-commissaire ne reçoit du tribunal
qui le délègue, pour une vérification, une
enquête, etc., d'autre mission que celle de
conduire, de diriger et de régler les préliminaires extérieurs de l'opération.

Ce qui concerne l'appréciation et la valeur
des éléments qui doivent constituer une preuve
légale, appartient aux débats de l'audience et
au jugement du tribunal entier. Ainsi le juge

commis, pour procéder à une enquête, ne
statue point sur les reproches proposés contre
les témoins ; de même, celui qui dirige et sur-
veille une vérification d'écriture n'a pas le
pouvoir de prononcer sur l'admissibilité des
pièces de comparaison. Ces pièces sont
comme des témoins produits devant le juge
et les experts. L'analogie n'est point forcée.

ART.

287.
288.

Il est vrai que le juge-commissaire peut
ordonner qu'à défaut ou en cas d'insuffisance
des pièces de comparaison, il sera fait un
corps d'écriture par la partie contre laquelle
se poursuit la vérification. Mais ce n'est pas
un jugement qu'il rend ; ce n'est pas même
une opinion, un avis qu'il énonce sur un
droit, sur une qualité, sur une chose. Il ne
fait pas plus que le juge chargé d'interroger
un plaideur ; il fait moins encore, car ce sont
les experts qui dictent le corps d'écriture.
Toute la portée de son ordonnance se borne à
un mandement de comparution. Si la personne mandée ne comparaît pas, ou si elle
refuse d'écrire, ou si quelque débat s'élève à
ce sujet, il en fait mention sur son procès-
verbal, et ne porte aucune décision.

200.

Sommes-nous donc si loin des sources de
la loi, qu'on ne puisse les visiter sans fatigue

et grand labeur? Il faut y remonter encore : l'addition, le retranchement, le déplacement d'un mot révèlent toute une pensée, éclairent tout un titre, et rallient des dispositions dont un commentaire trop hardiment improvisé a pu souvent détruire le sens et l'harmonie.

Lorsque le projet du titre de la vérification des écritures fut discuté dans le sein du Tribunat, on proposa, pour éviter toute équivoque, d'ajouter le mot *commissaire* dans tous les articles où le mot *juge*, apposé seul, devait s'entendre exclusivement du *juge-commissaire*. Ce vœu du Tribunat fut adopté par le Conseil d'état, et l'addition fut faite aux articles 201, 206, 207 et 209. Mais il n'y eut ni observations, ni changements pour les articles 199 et 200; d'où il suit que le mot *juge*, qui y est resté seul, ne doit s'entendre que du juge *in eminenti*, c'est-à-dire du tribunal entier.

Voyez l'article 236, au titre du *Faux incident.* Il porte qu'on remettra aux experts, pour leur vérification, les pièces de comparaison, lorsqu'il en aura été fourni; le procès-verbal de leur présentation, et *le* JUGEMENT *par lequel elles auront été reçues.* Or, il est certain que ce *jugement* est l'œuvre du

tribunal ; et l'affinité est trop grande entre ART.
la vérification d'une pièce arguée de faux, et
la vérification d'une pièce déniée ou méconnue, pour que l'on puisse prêter au législateur l'idée d'avoir voulu les soumettre à des
règles différentes, relativement au droit d'admettre ou de rejeter les pièces de comparaison.

Toutes ces considérations ont été parfaitement senties et résumées dans un arrêt rendu
le 20 juillet 1832, par la Cour royale de
Bourges (1). Voici ses motifs :

« Attendu que si, dans la supposition de
dissentiment entre les parties sur l'admissibilité des pièces de comparaison, l'article 200
interdit *au juge* d'en recevoir d'autres, cette
expression, *le juge*, ne peut avoir une signification différente de celle qu'il faut bien lui
reconnaître dans l'article précédent, où il faut
l'entendre du tribunal entier ;

» Que, dans l'un comme dans l'autre article, il s'agit d'un défaut de convention ou
d'accord entre les parties, et que l'inconvénient de laisser prononcer *seul* le juge-commissaire dans le cas de l'article 200, n'étant
pas moins grave que dans le cas de l'article

(1) Sirey, 1832-2-218.

ART. 199, une même sollicitude appelait de la part du législateur la même précaution ;

» Qu'ainsi l'identité de signification du mot *juge*, dans les deux dispositions, est rationnellement indiquée, et qu'une interprétation contraire se trouverait en opposition et avec le droit commun et avec la loi spéciale... (1).»

M. Berriat-St-Prix avait dit d'abord, en citant l'autorité de M. Pigeau : « *Le juge* qui doit admettre ou rejeter les pièces de comparaison, *c'est le juge-commissaire.* » Il a dit à la suite, dans sa dernière édition : « Mais la Cour de Bourges a démontré selon nous, jusqu'à l'évidence, que *c'est le tribunal*, et qu'ainsi, en cas de contestation sur l'admission des pièces, le commissaire doit lui renvoyer les parties. »

201. Les minutes des actes judiciaires et celles des actes passés devant notaires reposent dans les dépôts publics. Ces dépôts sont la propriété de la société tout entière, et les officiers publics préposés à leur conservation ne peuvent refuser d'en extraire les pièces qui doi-

(1) Les motifs suivants contiennent les observations du Tribunat, que l'on a déjà lues.

vent servir à la vérification d'une écriture , Art.
pour les mettre sous les yeux de la justice.

Ils sont requis , en vertu d'une ordonnance
du juge-commissaire , d'apporter les actes
qu'ils détiennent , au lieu où se fera la vérification. S'ils ne viennent pas, il en est référé
au tribunal , qui les condamne par corps ,
dans le cas où ils n'ont pas d'excuses valables
à présenter (1).

Mais il peut y avoir du danger à transporter
des minutes à une grande distance ; et , quand
même il y aurait sûreté pour le transport , il   202.
est possible que leur déplacement porte préjudice à l'intérêt public ou particulier (2). Le
tribunal a tout pouvoir pour apprécier la nature des circonstances ; pour ordonner que
les experts, accompagnés du juge-commissaire
et du greffier, iront procéder à la vérification
dans le lieu que les dépositaires habitent, ou
pour indiquer les voies par lesquelles les
pièces seront envoyées au greffe.

(1) C'est la même procédure à suivre que celle qui
est prescrite, lorsque l'une des parties fait défaut sur
l'assignation qui lui a été donnée pour convenir des
pièces de comparaison.

(2) Comme s'il s'agissait d'opérer sur le registre cou-

Art.　　Il est bien entendu que, dans tous ces cas,
la partie poursuivante lève le jugement, prend
une ordonnance du juge-commissaire pour son
exécution, et signifie le tout, soit à l'autre
partie, soit aux experts, soit au dépositaire.

Quand les juges ordonnent qu'une pièce
sera envoyée à leur greffe, le dépositaire,
avant de s'en dessaisir, et dans la crainte qu'elle
ne s'égare ou se perde, en fait une copie,
dont l'exactitude est vérifiée par le président
du tribunal de son arrondissement. Cette
203.　copie tient lieu de la minute jusqu'au renvoi
de celle-ci, et il peut en être délivré des
grosses et des expéditions, comme si c'était
de la minute elle-même.

Les dépositaires qui apportent les pièces
tiennent quelquefois à ne pas les perdre de
vue, et à rester présents à la vérification,
pour les retirer et les représenter à chaque vacation. Cela dépend de la prudence du
juge-commissaire, qui peut ordonner aussi
que les pièces resteront déposées entre les
mains du greffier. C'est encore le cas d'en
faire faire une copie pour remplacer l'origi-

rant d'un greffier, d'un conservateur des hypothèques,
etc.

nal, pendant le temps que durera la vérification.

Toutes ces précautions se comprennent aisément, et leur mise en action n'exige aucune explication particulière.

Nul ne peut refuser de rendre témoignage à la justice ; il doit de même, lorsqu'il en est requis, fournir les documents et les pièces de comparaison qui sont entre ses mains, pour aider à l'opération des experts. La loi impose cette obligation à toutes personnes, aux dépositaires publics *et autres*. Mais il y a des différences qu'il importe de remarquer.

Les dépositaires publics qui ne sont pas venus sur la première injonction pour représenter les pièces qu'ils détiennent, doivent être condamnés par corps, à moins qu'ils ne justifient de quelque empêchement de force majeure.

Les *autres sont contraints par les voies ordinaires*. Mais s'ils ne se rendaient pas à des ordres réitérés, si c'était une obstination coupable, une mauvaise foi, une connivence avec l'une des parties pour entraver la vérification, ils pourraient eux aussi être contraints par corps.

Toutefois il ne serait pas juste qu'un par-

Art. ticulier fût tenu de venir, à raison d'un procès qui lui est étranger, s'exposer, par l'exhibition d'une pièce, aux poursuites du fisc ou à d'autres préjudices; et son excuse, dans ce cas, devrait être agréée. C'est ce que disait Pothier : « Si l'acte est entre les mains d'un tiers à qui il appartient, et que la production de cet acte puisse lui préjudicier, on ne peut l'obliger à le communiquer (1). »

Les juges doivent préférer parmi les pièces apportées celles qui se rapprochent le plus, par leur contemporanéité, de la pièce à vérifier. Le meilleur de tous les types, c'est cette pièce elle-même, si la dénégation ou la méconnaissance affecte seulement quelques lignes ou quelques mots; parce que le reste, maintenu véritable, sert alors pour la comparaison.

Tout étant préparé et communiqué, les

_____

(1) *Traité de la procédure*, 1re part., ch. 3, sect. 2, art. 2. C'est aussi ce qu'avait dit la loi dernière, au Code *de fide instrumentorum* : *Sin reapsè detrimentum ei prolatum instrumentum adferat, nequaquam eum cogi ad proferendum debere, cùm ei magis expediet eum occultare quàm publicare.*

parties font insérer au procès-verbal leurs dires et réquisitions, et se retirent. Les experts prêtent serment, et l'opération commence. Elle se fait tout entière au greffe, car les pièces ne peuvent en sortir, et doivent demeurer sous les yeux des experts, tant que la vérification dure. Le Tribunat estimait « qu'il serait extrêmement dangereux de dispenser le juge-commissaire d'y assister, pour s'en remettre au greffier, qui n'offre pas la même garantie à la justice, qui d'ailleurs ne pourrait pas communiquer aussi efficacement aux autres juges les observations nées de la manière d'opérer des experts (1). » Ces raisons étaient fort bonnes ; mais, au Conseil d'état, on n'y eut point égard, ou peut-être on n'y songea pas. Le juge-commissaire est resté le maître d'ordonner que les experts opéreront devant lui, ou devant le greffier.

On sait que les experts font ensemble la vérification, dressent un seul rapport, et ne forment qu'un seul avis à la pluralité des voix ; que, s'il y a des avis différents, le rapport en doit contenir les motifs, sans qu'il soit

Art. 207.

208.

208.

_____

(1) *Législ.* de M. Locré, t. 21, p. 452.

Art.
210.

209.

permis de faire connaître l'opinion particulière de tel ou tel expert (1).

Ce rapport est annexé à la minute du procès-verbal du juge-commissaire. Les journées et vacations des experts sont taxées; les pièces de comparaison sont remises à ceux qui les avaient déposées, et l'opération est close.

On a dû remarquer un défaut de méthode assez frappant dans la distribution que le Code de procédure a faite des matières qui ont rapport à la vérification des écritures. Les titres de *la vérification* et *du faux incident* ne sont, à vrai dire, qu'une application spéciale des règles concernant les enquêtes et les expertises, ils en présupposent une connaissance acquise. Cependant les *Enquêtes* et les *Rapports d'experts* ne viennent qu'après; l'opération complexe précède l'opération simple (2). C'est ce qui m'a entraîné, dans le cours de ce chapitre, à donner sur les expertises quelques notions qui me

(1) Voyez ci-dessus, pag. 496 et 497.

(2) A Genève, au contraire, on a fait précéder *la vérification* et *le faux incident* par *les enquêtes* et *les rapports d'experts*.

débordaient sur ma route, et que je ne pou-
vais refouler.

Vous savez que l'on admet à la fois, pour
les vérifications, la preuve par témoins et la
preuve par experts. Elles peuvent être employées isolément, et l'une à l'exclusion de
l'autre : *acerrimè indagatio fieri debet argu-
mentis, testibus, scripturarum collatione et
vestigiis...* (1).. Je me trouverais de même
engagé dans une explication anticipée sur *les
enquêtes*, si leur appropriation au titre de la
vérification des écritures comportait autant
de spécialités dans les formes et de modifications dans la marche de la procédure, que
l'emploi des expertises. Mais la loi n'y prescrit rien de particulier, si ce n'est que la pièce
déniée ou méconnue doit être représentée aux
témoins et paraphée par eux, afin qu'il n'y
ait aucun prétexte de dire, qu'en déclarant
avoir vu écrire ou signer l'acte, ils ont peut-
être entendu parler d'un acte autre que celui
qui fait l'objet du procès.

Faut-il rappeler ici que les témoins qui
déposent seulement de certains faits d'induction ne peuvent avoir le même poids que ceux

---

(1) L. 22, *Cod. de falsis.* Voy. ci-dessus, p. 476 et s.

ART. qui affirment avoir vu tracer l'écrit contesté?

« La chose essentielle pour former une preuve par témoins, dit M. Levayer, est que celui qui dépose du fait en dépose comme d'une chose qu'il sait de certitude, pour l'avoir vue lui-même. Il y a un texte merveilleux de Dumoulin où il enseigne que, lors même que quatre notaires auraient collationné une copie sur l'original, en ajoutant qu'ils savent que c'est le vrai original, toutefois leur copie ne ferait pas pleine foi sans la représentation de l'original; car des témoins ou notaires ne peuvent déposer que de ce qu'ils voient, et parce qu'ils n'ont pas vu faire l'original, ils n'en peuvent avoir une certitude qui vienne de leurs propres sens. Celui qui croit ne donne qu'une simple opinion, et ce n'est point un témoignage (1). »

Si l'on prenait pour une preuve certaine l'opinion d'un témoin qui déclare reconnaître une écriture, quoiqu'il ne l'ait pas vu tracer, on ferait de ce témoin un expert. Cependant la vérification par experts se distingue de la vérification par témoins. Les experts ne doi-

_____

(1) *Traité de la preuve par comparaison d'écriture,* pag. 644.

vent juger que sur des pièces de comparaison Art. mises sous leurs yeux, convenues entre les parties, ou admises par la loi; et comment laisserait-on au témoin qui donne son opinion sur la vérité ou la fausseté de l'écriture, une latitude indéfinie, et le privilége de prendre des éléments de comparaison dans le vague de ses souvenirs?

Les inductions que les témoins peuvent fournir ne sont que des *adminicules* qui ne forment point une preuve, à moins que les faits qu'ils rapportent ne supposent nécessairement, et par exclusion de toute possibilité contraire, l'existence de l'acte qu'il s'agit de vérifier.

Nos trois genres de preuves, pour la vérification des écritures, ont été réduits en formules pour le perfectionnement de cette branche de la logique judiciaire:

1º *Authenticité* inférée *ex concordantiá*: c'est la vérification par titres, lorsque l'écrit contesté se trouve mentionné dans un titre authentique;

2º *Ressemblance de la main* inférée *ex scripto nunc viso et comparato*: c'est la preuve par comparaison d'écritures;

Art. 3° *Ressemblance de la main* inférée *ex scriptis priùs cognitis* : c'est la déposition d'un témoin qui, ayant l'habitude de voir en nombre indéterminé des écrits de la même personne, est convaincu que celui qu'on produit leur ressemble ;

4° *Ressemblance de la main* inférée *ex scriptione olìm visâ* : c'est un témoin qui a vu dans une ou plusieurs occasions la personne à qui l'écrit est attribué, dans l'acte même d'écrire, et qui trouve une grande conformité entre cet écrit et ceux qu'il a vus sortir de sa plume ;

5° *Signes ou indices de forgerie d'actes ou de falsification* inférés *ex tenore*.

Exemples : mention de faits postérieurs ;

Emploi de mots qui n'ont été usités que longtemps après la date de l'écrit ;

Assertion de faits faux, et connus pour tels par celui qui a fait l'acte ;

Discordance du contrat avec des contrats antécédents ;

Silence ou secret par rapport à l'écrit en question, dans une conjoncture où l'on aurait dû en donner connaissance ;

Diversité de caractères en ce qui concerne le savoir, l'intelligence ou la moralité ;

Opposition des affections, des goûts, des Art. opinions;

Omission des faits que l'auteur de l'écrit aurait dû mentionner.

Viennent ensuite *les indices matériels* tirés du papier, de l'encre ou du sceau.

Du papier : par l'époque de l'établissement de la fabrique et par les marques plus ou moins récentes qu'elle imprime à ses feuilles; ou par le timbre, comme si une espèce de papier timbré, qui n'a été en usage que depuis l'an 1800, a été employée pour un contrat portant la date de 1799.

De l'encre : cet indice ne prend quelque force que dans les cas où la différence d'encre présente des taches, des mots çà et là diversement colorés, ou des traces d'une oblitération chimique.

A ces découpures analytiques, à ce latin *technical* qui se mêle souvent dans l'idiome judiciaire des Anglais, à ce néologisme, vous reconnaîtrez sans peine la manière de Jérémie Bentham; peut-être y trouverez-vous plus d'originalité que d'exactitude et de vérité.

S'il est vérifié que la pièce fut écrite ou

signée par celui *qui l'a déniée*, il sera condamné à cent cinquante francs d'amende envers le fisc, outre les dépens, dommages et
intérêts de l'autre partie; il pourra même
être condamné par corps au paiement du
principal, c'est-à-dire de la somme qui faisait l'objet du procès. C'est la juste peine de
la plus insigne mauvaise foi et du plus
odieux mensonge.

L'héritier qui ne fait que méconnaître l'é-
criture de son auteur n'encourt point cette
peine. On peut suspecter, mais non punir sa
déclaration; il faudrait pour cela qu'il fût
permis d'ouvrir les registres de sa conscience.

Un particulier fut assigné au tribunal de
commerce de Foix pour le paiement de
quatre lettres de change, montant ensemble
à 28,000 francs. Il dénia formellement les
écritures et les signatures qui lui étaient attri-
buées. Le tribunal de commerce ordonna
qu'il serait sursis au jugement de la demande
principale, et renvoya la cause et les parties
devant le tribunal civil, pour y être procédé
conformément à la loi.

Au moment où la vérification allait être ordonnée, le défendeur déclara, par acte extrajudiciaire, qu'il n'avait dénié que pour ga-

gner du temps , et fit offrir en même temps ART.
à deniers découverts les 28,000 fr. avec les
intérêts et les frais. Il n'en fut pas moins
condamné à 150 fr. d'amende.

Il y eut appel devant la Cour royale de
Toulouse , et le jugement fut réformé , « attendu qu'il résultait des circonstances de la
cause que, dans l'intention de l'appelant, la vérification ne devait point avoir lieu , et que la
dénégation n'avait été qu'un moyen employé
par lui pour retarder le paiement de sommes
qu'il n'avait pas au moment où elles lui
avaient été demandées en justice. »

Le procureur général se pourvut en cassation dans l'intérêt de la loi, et l'arrêt fut cassé.

L'amende est encourue au moment même
où se fait la dénégation ; il suffit, pour qu'elle
doive être prononcée, qu'il soit ultérieurement prouvé que la signature est l'œuvre de
celui qui l'a déniée. Il importe peu que la
preuve ait été faite par une vérification d'experts, par la déposition des témoins, ou par
l'aveu de la partie.

FIN DU TOME TROISIÈME.

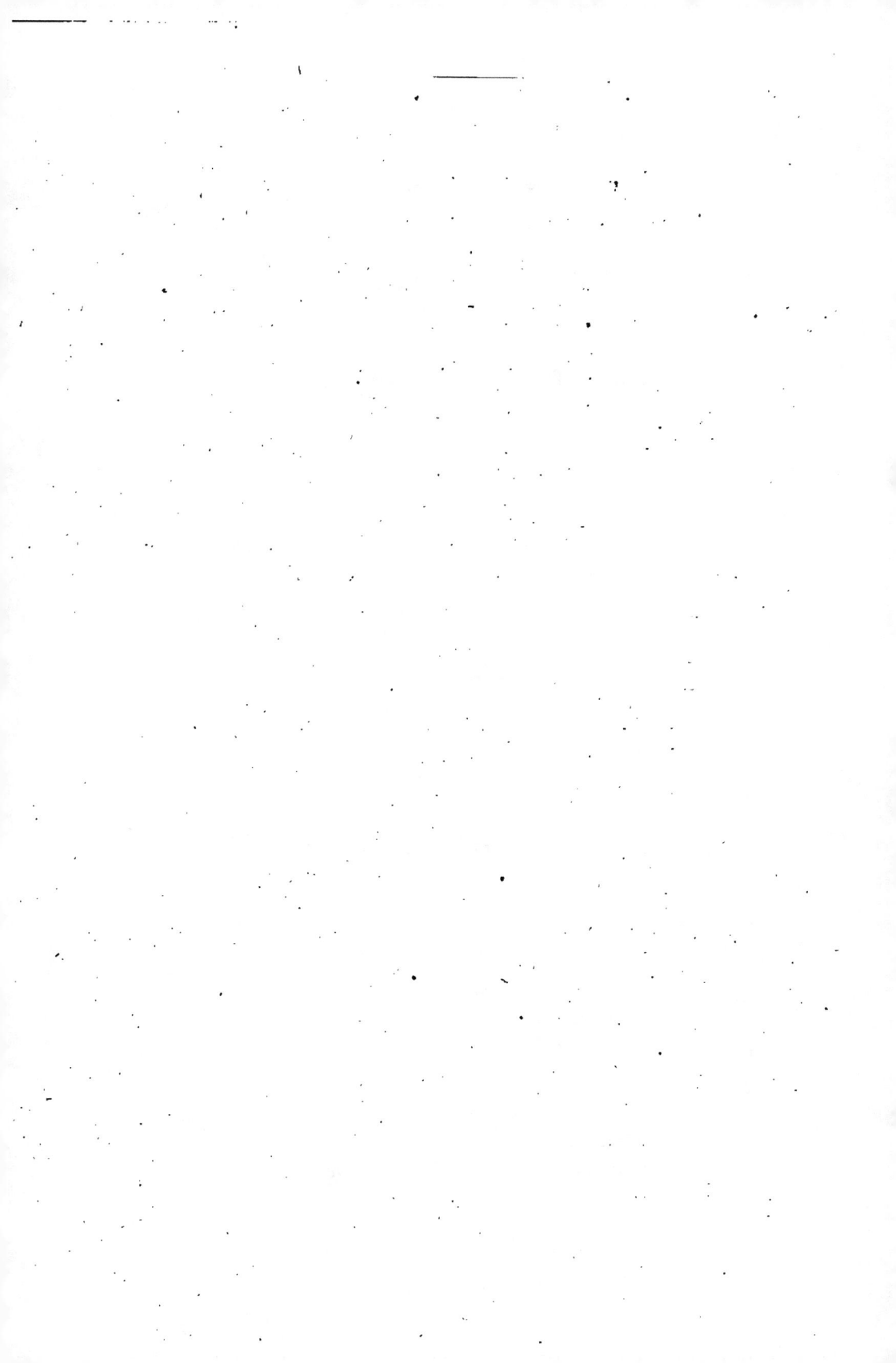

TABLE SOMMAIRE

DES CHAPITRES

CONTENUS

DANS LE TROISIÈME VOLUME.

CHAPITRE IX.

DES JUGEMENTS PAR DÉFAUT ET OPPOSITIONS.

Deux sortes de défaut peuvent être prononcés
contre le défendeur ; le défaut *faute de comparaître*, et le défaut *faute de défendre* ou *de con-*

CHAPITRE X.

DES EXCEPTIONS.

CHAPITRE XI.

DE LA CAUTION A FOURNIR PAR LES ÉTRANGERS.

III.   35

CHAPITRE XII.

DES EXCEPTIONS DÉCLINATOIRES.

Pages.

CHAPITRE XIII.

DE L'EXCEPTION DE NULLITÉ.

CHAPITRE XIV.

DES EXCEPTIONS DILATOIRES.

Avant comme depuis l'ordonnance de 1667, le
Parlement de Bordeaux admettait l'héritier
qui avait fait inventaire à prendre la qualité
d'héritier bénéficiaire, quoique d'abord il ne
l'eût pas prise, et qu'il eût fait acte d'héritier

CHAPITRE XV.

DE LA VÉRIFICATION DES ÉCRITURES.

FIN DE LA TABLE.

Poitiers. — Imp. de F.-A. Saurin.